国家自然科学基金资助项目（71673145，71973068）
江苏省社科基金重大项目（18ZD003）
江苏高校品牌专业建设工程（TAPP）资助项目
江苏省高校哲学社会科学重点研究基地"中国制造业发展研究院"资助项目
江苏高校哲学社会科学优秀创新团队建设项目（2015ZSTD006）

中国制造业发展研究报告2022

李廉水 刘 军 程中华 等 著

科学出版社
北 京

内 容 简 介

本书以"智能制造引领中国制造业发展"为主线,倡导制造业智能化的发展路径。根据世界银行集团以及主要制造业发达国家近年的相关报告,探究世界主要经济体的经济发展前景。对中国制造业智能化发展进行了区域研究、产业研究和企业研究,同时就智能化转型对企业劳动力成本上涨的影响、长三角智能制造关键技术的突破机制及路径、长三角地区装备制造业智能化发展、智能化改造对我国企业生产率的影响、工业机器人应用对企业生产效率的影响、智能化与制造企业网络韧性影响机制、智能制造与劳动力就业结构调整以及中小制造企业智能化转型中的动态能力演化开展了专题研究。

本书适合政府机关工作人员、企业领导、相关专业的研究人员以及关注中国制造业发展的所有人士阅读。本书对于从事制造业研究,尤其是智能制造领域的专家学者及政策制定者来说,具有重要的参考价值。

图书在版编目(CIP)数据

中国制造业发展研究报告 2022 / 李廉水等著. —北京:科学出版社,2022.7
ISBN 978-7-03-072365-9

Ⅰ. ①中… Ⅱ. ①李… Ⅲ. ①制造工业–经济发展–研究报告–中国–2022 Ⅳ. ①F426.4

中国版本图书馆 CIP 数据核字(2022)第 089178 号

责任编辑:王腾飞 沈 旭/责任校对:杨聪敏
责任印制:师艳茹/封面设计:许 瑞

科学出版社 出版
北京东黄城根北街 16 号
邮政编码:100717
http://www.sciencep.com

天津文林印务有限公司 印刷
科学出版社发行 各地新华书店经销

*

2022 年 7 月第 一 版　开本:787×1092　1/16
2022 年 7 月第一次印刷　印张:13
字数:308 000

定价:199.00 元
(如有印装质量问题,我社负责调换)

编 委 会

顾问委员 杜占元　方　新　吴贵生
主任委员 陈　劲　李廉水
委　　员 汪寿阳　柳卸林　穆荣平　赵兰香
　　　　　　黄群慧　王春法　李心丹　魏　江
　　　　　　胡汉辉　李有平　潜　伟　吕文栋
　　　　　　梁　凯　刘　俊　周显信　曹　杰
　　　　　　吴先华
学术秘书 刘　军　程中华

项 目 组

首席专家 李廉水
主要成员 刘　军　巩在武　吴先华　曹　杰
　　　　　　崔维军　郑　伟　周彩红　张慧明
　　　　　　唐德才　余菜花　张丽杰　程中华
　　　　　　王常凯　李健旋　徐常萍　吴敏洁
　　　　　　孙　薇　钟　念　季良玉　周飞雪
　　　　　　蔡　玫　葛和平　张三峰　韩会朝
　　　　　　王茂祥　李玮玮　刘　亮　姚帏之
　　　　　　岑　珊　张梦娜

前　言

制造业是一个国家经济社会发展的根基所在，打造具有国际竞争力的制造业，是提升综合国力、保障国家安全、建设世界强国的必由之路。改革开放之后，我国制造业取得了举世瞩目的成就，中国已经成为世界制造业第一大国。然而，我国制造业大而不强的问题依然十分突出，在自主创新能力、资源利用效率、产业结构水平、信息化程度、质量效益等方面与先进国家仍存在一定差距，制造业转型升级和高质量发展的任务紧迫而艰巨。

由李廉水和杜占元牵头组建的研究团队从 2004 年开始，全面深入地研究中国制造业的发展状况，经过十多年的研究和探索，《中国制造业发展研究报告》无论是在理念上、内容上，还是在方法上，都颇有可取之处。至今，我们围绕"制造业发展"的主题已经连续出版了 17 部《中国制造业发展研究报告》（2004、2005、2006、2007、2008、2009、2010、2011、2012、2013、2014、2015、2016、2017～2018、2019、2020、2021）。为扩大"中国制造业发展研究报告"的国际影响，2009 年和 2016 年分别在中文版的基础上，还出版了英文版。在此过程中，我们深切感受到中国制造业的快速发展，也见证了中国制造业在经济创造能力、科技创新能力和资源环境保护能力等方面的快速提升。我们希望这份研究报告能够在建设创新型国家、推进自主创新进程中，成为准确反映中国制造业自主创新能力提升轨迹的报告，成为助推中国制造业转型升级和高质量发展的报告。

《中国制造业发展研究报告 2022》是本系列第 18 部中文版研究报告，由江苏省高校哲学社会科学重点研究基地"中国制造业发展研究院"和教育部人文社会科学重点研究基地"清华大学技术创新研究中心"的研究人员为主体进行研究并编写，既传承了以往《中国制造业发展研究报告》的写作风格，又在研究内容上做了较大的创新和变动。本书以"智能制造引领中国制造业发展"为主线，倡导制造业智能化的发展路径，在保持原有学术动态篇的基础上，对中国制造业智能化发展进行了区域研究、产业研究和企业研究，同时就智能化转型对企业劳动力成本上涨的影响、长三角智能制造关键技术的突破机制及路径、长三角地区装备制造业智能化发展、智能化改造对我国企业生产率的影响、工业机器人应用对企业生产效率的影响、智能化与制造企业网络韧性影响机制、智能制造与劳动力就业结构调整以及中小制造企业智能化转型中的动态能力演化开展了专题研究。

本研究报告的特色和创新之处主要体现在三个部分。

第 1 部分，学术动态篇。 通过解读《新一代人工智能发展规划》《工业互联网创新发展行动计划（2021—2023 年）》《关于加快推动区块链技术应用和产业发展的指导意见》《中国新一代人工智能科技产业发展报告 2021》《"十四五"制造业高质量发展与产业政策转型白皮书》，以及美国工业互联网联盟首次发布的《工业数字化转型白皮书》，日本政府发布的《日本制造业白皮书 2021》及"东京倡议"，德国发布的《德国工业战略 2030：

对于德国和欧洲产业政策的战略指导方针》，日德联合声明"汉诺威宣言"等国家政策和行业报告，探究世界主要经济体的经济发展前景、产业革命对政府和企业的影响、美国制造业发展策略以及日本和德国制造业发展策略，并对中美智能制造进行对比分析。

第2部分，发展评价篇。 制造业智能化区域研究方面，以制造业智能化发展的五维特征构建智能化发展评价指标体系，进而分别对31个省份及智能制造城市展开了比较分析，并从制造业竞争力、经济效益、环境效益和社会效益四个方面考察分析智能化影响下区域制造业发展新进展。制造业智能化发展产业研究方面，从基础层、应用层和市场层三个层面建立了制造业智能化发展产业评价体系，采用离差最大化方法对汽车制造业，计算机、通信和其他电子设备制造业以及专用设备制造业这三个离散型制造业行业进行了智能化发展评价。制造业智能化发展企业研究方面，从制造型企业智能化转型发展的关注水平、管理水平、技术水平等层面构建制造型企业智能化发展水平评价指标体系，并以传统制造业上市公司为研究对象，评价分析传统制造业上市公司智能化发展状况，为促进传统制造业企业数字化、网络化和智能化进一步发展提供必要的依据。

第3部分，专题研究篇。 主要围绕智能化转型对企业劳动力成本上涨的影响、长三角智能制造关键技术的突破机制及路径、长三角地区装备制造业智能化发展、智能化改造对我国企业生产率的影响、工业机器人应用对企业生产效率的影响、智能化与制造企业网络韧性影响机制、智能制造与劳动力就业结构调整以及中小制造企业智能化转型中的动态能力演化这8个问题进行专题研究。

《中国制造业发展研究报告2022》的出版对于从事制造业研究，尤其是智能制造领域的专家学者及政策制定者来说，具有重要的参考价值。本研究报告既是一部系统研究中国制造业发展的年度报告，也是一部汇集中国制造业发展数据的权威工具书，还是一部较为全面反映全球制造业发展研究动态的学术导读书，同时是一部旨在推动制造业智能化发展的政策建议书。本书不但理念先进、方法科学，而且数据翔实、行文流畅，其出版无论是在理论上，还是在实践上，都会对我国制造业发展产生积极的影响。我们借此抛砖引玉，愿与更多关注中国制造业发展的朋友们合作，共同研究探索中国制造业发展的轨迹和路径，为铸就中国制造业的辉煌尽一份力量。由于水平所限，本书难免会出现疏漏或不当之处，敬请各位专家和读者批评指正。

目　录

前言

第 1 部分　学术动态篇

第 1 章　政府政策及报告解析 ... 3
1.1　中国智能制造发展 ... 3
1.1.1　国家政策解析 ... 3
1.1.2　行业报告解析 ... 4
1.2　美国智能制造发展 ... 5
1.2.1　企业数字化转型要点 ... 5
1.2.2　数字化关键技术 ... 6
1.3　日本智能制造发展 ... 8
1.3.1　"汉诺威宣言"及"东京倡议" ... 8
1.3.2　《日本制造业白皮书 2021》 ... 9
1.4　德国智能制造发展 ... 10
1.4.1　大力支持创新活动，实现技术突破 ... 10
1.4.2　采取有效措施，提高竞争力 ... 11
1.5　比较分析 ... 12
1.5.1　智能制造市场分析 ... 12
1.5.2　制造业企业水平对比 ... 12
1.5.3　启示 ... 12

第 2 部分　发展评价篇

第 2 章　中国制造业智能化发展：区域研究 ... 17
2.1　智能制造十大省份 ... 17
2.1.1　省级制造业智能化发展评价指标体系与评价方法 ... 17
2.1.2　省级制造业智能化发展评价 ... 20
2.1.3　省级制造业智能化发展综合评价 ... 24
2.2　智能制造十大城市 ... 25
2.2.1　城市制造业智能化发展评价指标体系 ... 26
2.2.2　城市制造业智能化发展评价 ... 27
2.2.3　城市制造业智能化发展综合评价 ... 30
2.3　智能化影响下区域制造业发展新进展 ... 32

2.3.1　制造业竞争力 ·· 33
　　2.3.2　制造业经济效益 ·· 37
　　2.3.3　制造业环境效益 ·· 38
　　2.3.4　制造业社会效益 ·· 39
参考文献 ·· 41

第 3 章　中国制造业智能化发展：产业研究 ··· 42
3.1　制造业细分产业的评价指标体系 ··· 42
3.2　汽车制造业 ·· 44
　　3.2.1　汽车制造业智能化评价 ·· 44
　　3.2.2　汽车制造业智能化能力综合化评价 ·· 50
3.3　计算机、通信和其他电子设备制造业 ·· 53
　　3.3.1　计算机、通信和其他电子设备制造业智能化评价 ························ 53
　　3.3.2　计算机、通信和其他电子设备制造业智能化能力综合化评价 ········ 59
3.4　专用设备制造业 ··· 62
　　3.4.1　专用设备制造业智能化评价 ··· 62
　　3.4.2　专用设备制造业智能化能力综合化评价 ····································· 67
3.5　行业比较 ··· 70
参考文献 ·· 71

第 4 章　中国制造业智能化发展：企业研究 ··· 72
4.1　引言 ·· 72
4.2　制造型企业智能化发展水平的评价体系 ··· 72
　　4.2.1　制造型企业智能化发展水平评价的内涵分析 ······························· 73
　　4.2.2　制造型企业智能化发展水平评价指标体系的构建 ························ 73
　　4.2.3　制造型企业智能化发展水平评价方法 ·· 74
4.3　制造型企业智能化发展水平评价 ·· 75
　　4.3.1　纺织服装企业智能化发展水平指标评价 ····································· 75
　　4.3.2　纺织服装企业智能化发展水平总体评价 ····································· 81
4.4　本章小结 ··· 85
参考文献 ·· 86

第 3 部分　专题研究篇

第 5 章　智能化转型对企业劳动力成本上涨的影响研究 ······························· 89
5.1　智能制造背景下的企业劳动力成本管理 ··· 89
5.2　劳动力成本构成及上涨机制 ··· 90
　　5.2.1　统计描述 ·· 90
　　5.2.2　机制解析 ·· 92
5.3　智能化转型对工业企业劳动力成本的影响 ··· 93

5.3.1　基准回归：截面数据检验 ··· 93
　　5.3.2　稳健性检验：面板数据回归 ······································· 96
5.4　应对劳动力成本上涨的政策建议 ··· 98
参考文献 ·· 99

第6章　长三角智能制造关键技术的突破机制及路径研究 ·················· 101
6.1　引言 ·· 101
6.2　智能制造关键技术领域研究进展 ··· 101
　　6.2.1　智能制造关键技术分析 ··· 101
　　6.2.2　智能制造关键技术的影响因素分析 ···························· 102
6.3　长三角智能制造关键技术的识别 ··· 103
6.4　长三角智能制造关键技术的突破机制研究 ···························· 104
　　6.4.1　"政学企"模式建设的基础条件 ································· 104
　　6.4.2　"政学企"模式的机理分析 ··· 105
　　6.4.3　以"企业"为关键技术突破主导者的分析 ··············· 106
　　6.4.4　智能制造关键技术突破的创新平台构建 ···················· 106
　　6.4.5　长三角智能制造关键技术的突破路径研究 ··············· 108
6.5　智能制造关键技术突破的对策建议 ··· 109
　　6.5.1　智能制造人才方面 ··· 109
　　6.5.2　智能制造网络化方面 ··· 109
　　6.5.3　智能制造产业发展方面 ··· 109
　　6.5.4　智能制造资金保障方面 ··· 110
参考文献 ·· 111

第7章　长三角地区装备制造业智能化发展研究 ······························· 113
7.1　长三角地区装备制造业智能化发展研究背景 ······················· 113
7.2　长三角装备制造业发展概述 ··· 114
　　7.2.1　装备制造业范围界定 ··· 114
　　7.2.2　长三角装备制造业发展历程 ······································· 115
7.3　装备制造企业智能化水平评价 ··· 116
　　7.3.1　评价方法 ·· 116
　　7.3.2　评价指标体系 ·· 117
　　7.3.3　样本选择与数据来源 ··· 118
　　7.3.4　评价结果 ·· 118
7.4　回归模型构建与数据说明 ··· 120
　　7.4.1　模型选择 ·· 120
　　7.4.2　变量说明 ·· 120
　　7.4.3　数据描述 ·· 121
　　7.4.4　实证结果分析 ·· 121
　　7.4.5　异质性分析 ·· 123

7.5 长三角装备制造企业智能化发展水平及政策建议 ································ 124
参考文献 ··· 124

第 8 章 智能化改造对我国企业生产率的影响研究 ··· 126
8.1 智能化改造和企业生产率研究进展 ·· 126
8.2 影响机制分析 ·· 127
8.2.1 "机器换人"带来劳动力成本的节约效应 ··· 127
8.2.2 智能化改造推动企业生产过程更为精准与高效 ·· 127
8.2.3 智能化改造推动产业资源的优化配置 ·· 127
8.3 智能化改造对企业生产率的实证检验 ·· 128
8.3.1 智能化改造对企业生产率的影响模型 ·· 128
8.3.2 核心变量选取 ··· 128
8.3.3 控制变量选择 ··· 129
8.3.4 数据来源 ··· 130
8.4 智能化改造和企业生产率变化实证研究 ·· 130
8.4.1 企业是否进行智能化改造的回归分析 ·· 130
8.4.2 智能化改造对企业生产率的影响效应分析 ·· 132
8.5 总结与政策建议 ··· 134
参考文献 ··· 134

第 9 章 工业机器人应用对企业生产效率的影响研究 ·· 136
9.1 人工智能和企业生产效率研究背景及进展 ··· 136
9.2 文献综述与假设 ··· 138
9.2.1 人工智能对劳动效率的影响 ·· 138
9.2.2 人工智能对资本效率的影响 ·· 139
9.2.3 人工智能对能源效率的影响 ·· 139
9.3 人工智能与要素生产效率关系分析 ·· 140
9.3.1 Tobit 综合分析模型 ··· 140
9.3.2 评价指标 ··· 140
9.3.3 数据管理 ··· 142
9.4 人工智能与要素生产效率的实证结果 ··· 142
9.4.1 基准估计结果 ··· 142
9.4.2 异质性分析 ·· 144
9.4.3 内生性检验 ·· 146
9.4.4 其他稳健性检验 ·· 147
9.5 进一步分析 ··· 148
9.6 人工智能与要素生产效率的研究结论 ··· 150
参考文献 ··· 150
附录 ·· 154

第 10 章　智能化与制造企业网络韧性影响机制研究 ·············· **157**
10.1　智能化与制造企业网络韧性研究背景 ························· 157
10.2　智能化与制造企业网络韧性研究背景的关系分析 ········· 158
10.2.1　制造企业风险传播模型 ··· 158
10.2.2　理论分析 ··· 159
10.3　数值仿真 ·· 161
10.3.1　制造企业网络风险传播特征 ·· 162
10.3.2　异质性感知行为对网络韧性的影响 ······························· 163
10.3.3　风险触发率 β 对网络韧性的影响 ································ 165
10.4　结语 ·· 166
参考文献 ·· 166

第 11 章　智能制造与劳动力就业结构调整 ·························· **168**
11.1　智能制造与就业结构调整的研究背景 ··························· 168
11.2　工业机器人应用对就业结构影响的研究进展 ················ 169
11.2.1　抑制派 ·· 170
11.2.2　促进派 ·· 170
11.2.3　分层派 ·· 171
11.3　理论机制和经验假说 ·· 171
11.3.1　经济自身发展规律约束 ··· 172
11.3.2　制造业智能化对制造业就业的冲击 ······························· 172
11.3.3　制造业智能化对服务业就业的冲击 ······························· 173
11.3.4　经验假说 ··· 173
11.4　实证研究 ·· 174
11.4.1　数据来源和处理 ·· 174
11.4.2　模型设定与变量解释 ·· 175
11.4.3　基准回归 ··· 176
11.4.4　区域异质、稳健性检验及其机制检验 ···························· 178
11.5　工业机器人应用对就业结构影响的结论与政策建议 ······ 180
参考文献 ·· 180

第 12 章　中小制造企业智能化转型中的动态能力演化 ········ **182**
12.1　中小制造企业智能化转型的研究背景 ························· 182
12.2　中小制造企业智能化转型的研究进展 ························· 182
12.2.1　制造业智能化转型 ·· 182
12.2.2　动态能力 ··· 183
12.3　中小制造企业智能化转型的研究设计与方法 ················ 184
12.3.1　研究方法 ··· 184
12.3.2　研究样本 ··· 185
12.3.3　转型阶段划分 ··· 185

12.3.4　数据收集 …………………………………………………………… 186
　　12.3.5　数据分析 …………………………………………………………… 187
12.4　案例分析与讨论 ………………………………………………………………… 189
　　12.4.1　中小制造企业智能化转型中动态能力的演变机制 ………………… 189
　　12.4.2　智能化探索阶段的动态能力：环境洞察能力为主导 ……………… 190
　　12.4.3　智能化转型发展阶段的动态能力：资源整合能力为主导 ………… 191
　　12.4.4　智能化转型升级阶段的动态能力：创新变革能力为主导 ………… 192
12.5　中小制造企业智能化转型中的动态能力演化结论与启示 …………………… 193
　　12.5.1　研究结论 …………………………………………………………… 193
　　12.5.2　启示 ………………………………………………………………… 194
参考文献 …………………………………………………………………………………… 194

第1部分

学术动态篇

第1章 政府政策及报告解析

作为世界第二大经济体，中国在过去几十年间不断创造经济发展的飞跃奇迹。制造业是中国立国之本、强国之基，制造业占据中国经济发展举足轻重的地位。随着世界科技进步日新月异，智能制造在制造业中已然越来越重要。对于中国来说，在智能制造中取得先机，便可以在世界制造业的竞争中先人一步，取得优势，加速中国从制造业大国走向制造业强国的脚步。如今，全球智能制造飞速发展，为此各国政府颁布了多项政策。本章将对主要国家的政府工作报告、研究机构报告进行解析和比较，以跟踪主要国家智能制造的发展趋势。

1.1 中国智能制造发展

1.1.1 国家政策解析

2020 年，一场突如其来的新冠肺炎疫情席卷全球，对世界经济发展造成了巨大冲击。在疫情严重的 2020 年上半年，传统制造业几乎全部停工，但是我国一批智能制造标杆企业凭借自动化生产线、智能工厂、网络运维平台等优势，率先实现复工复产，不仅增强了全社会抵御突发事件的韧性，也为市场主体平稳运转，产业链、供应链保持稳定发挥了坚实的保障作用，充分体现了智能制造强大的潜力。2019 年 4 月 26 日，习近平主席在第二届"一带一路"国际合作高峰论坛开幕式上强调，"我们要顺应第四次工业革命发展趋势，共同把握数字化、网络化、智能化发展机遇"。

早在 2017 年 7 月，我国便发布了《新一代人工智能发展规划》，提出要分三步走，实现我国人工智能发展战略目标，即到 2020 年人工智能总体技术和应用与世界先进水平同步；到 2025 年人工智能基础理论实现重大突破，部分技术与应用达到世界领先水平；到 2030 年人工智能理论、技术与应用总体达到世界领先水平，成为世界主要人工智能创新中心。

为保证国家战略顺利实施，2020 年 12 月 22 日，工业互联网专项工作组印发《工业互联网创新发展行动计划（2021—2023 年）》（以下简称《行动计划》）。《行动计划》共提出了 5 个方面、11 项重点行动和 10 大重点工程，着力解决工业互联网发展中的深层次难点、痛点问题，推动产业数字化，带动数字产业化。《行动计划》的 5 个方面包括新型基础设施进一步完善、融合应用成效进一步彰显、技术创新能力进一步提升、产业发展生态进一步健全和安全保障能力进一步增强，提出了具体的指导性建议，以切实保证在三年中推动互联网新兴技术与工业体系深度融合，实现关键技术突破创新。

此外，为了推动国家 2035 年远景目标顺利实现，进一步提升我国智能制造的竞争力，党中央高度重视区块链技术。习近平总书记在 2019 年提出，"要把区块链作为核心技术自主创新的重要突破口,明确主攻方向,加大投入力度,着力攻克一批关键核心技术,加快推动区块链技术和产业创新发展。"工业和信息化部、中央网络安全和信息化委员会办公室于 2021 年 6 月联合发布《关于加快推动区块链技术应用和产业发展的指导意见》(以下简称《指导意见》)。参考《指导意见》,可以发现全球数字化进程已深入推进,区块链产业竞争将更加激烈。为应对竞争,需要加速区块链技术与实体经济的深度融合,推动区块链融合应用,支撑行业数字化转型和产业高质量发展。

1.1.2 行业报告解析

根据中国新一代人工智能发展战略研究院发布的《中国新一代人工智能科技产业发展报告 2021》显示,2020 年是人工智能和实体经济全面融合的元年。中国人工智能科技产业内生于经济转型升级创造出的智能化需求。当今中国有至少 2205 家人工智能企业、15 家国家级人工智能开放创新平台、52 家人工智能新型研发机构和 48 家新型平台主导的农村网络空间产业生态。2205 家人工智能企业广泛分布在 20 个应用领域。其中,企业技术集成与方案、智慧商业和零售两个应用领域的企业数占比最高,分别为 17.20% 和 10.31%。智能机器人、智能硬件、科技金融、智慧医疗、智能制造领域企业数占比相对较高,分别为 8.39%、8.06%、7.39%、7.27%、6.26%。企业技术集成与方案提供应用领域占比最高,说明在全面融合发展阶段,突破应用领域的共性和关键技术是中国人工智能科技产业关注的焦点。

同时,2021 年 3 月 18 日,由中国电子信息产业发展研究院(赛迪研究院)主办的首届赛迪产业经济论坛在北京召开。赛迪研究院产业政策法规研究所栾群在论坛上发布了《"十四五"制造业高质量发展与产业政策转型白皮书》(以下简称《白皮书》)。《白皮书》指出,当今中国首要的任务便是大力发展实体制造业,扭转当今经济"脱实向虚"的趋势和避免制造业出现"空心化"的倾向,到 2030 年,中国制造业占国内生产总值(GDP)的比例至少应保持在 27%。此外,从微观上来看以信息、大数据、人工智能等为代表的新技术大量涌现,要求中国探索出一条市场与政府共同协调治理的新路线。《白皮书》剖析,"十四五"时期,中国制造业面临六大战略任务:以先进制造业为核心,保持制造业比重基本稳定,推动传统产业转型升级、新兴产业培育、壮大先进制造业;实施创新驱动战略,实现工业高质量发展,重点推进制造业数字化、智能化改造,实现创新驱动制造业的发展;推进工业高级化发展,构建现代化产业体系;实施"智能+"战略,推动产业深度融合,大力推动"互联网+制造""智能+制造",加快推进数字化、网络化、智能化、服务化转型;推进全面开放,增强全球价值链掌控力;释放内需潜力,增强内需对工业发展的拉动。

不难看出,受新型冠状病毒肺炎疫情刺激,全球工业数字化进程加速。中国要想在"工业 4.0"时代占得先机,最主要的便是进一步推动智能制造业发展,对于"互联网+""人工智能"等新兴技术加大投资力度,争取早日完成关键技术突破。

1.2 美国智能制造发展

美国作为世界第一大经济体,其制造业始终保持世界领先水平。但是,自20世纪80年代,随着环境问题日益严重,美国制造业逐渐受到社会资源、生态资源等一系列问题的约束,其在全球范围内的领先地位逐渐受到了冲击,出现衰落现象。在这样的背景下,美国迫切需要寻求一种工业节能减排、资源综合利用、先进环保的制造技术与发展模式,大力发展智能制造。2018年10月,美国国家科学与技术委员会起草了《美国先进制造业领先战略》(Strategy for American Leadership in Advanced Manufacturing);2019年6月,白宫公布《国家人工智能研究发展战略计划(2019更新版)》(The National Artificial Intelligence Research and Development Strategic Plan:2019 Update)。美国正在尽举国之力,发展人工智能,进一步提升其智能制造水平,力争在"工业4.0"的全球竞争中占据领先地位。截至2019年8月30日,美国已建成14家制造创新研究所。

2020年7月,美国工业互联网联盟首次发布《工业数字化转型白皮书》,指出工业数字化转型是指利用物联网改进流程及运营并获得更好的结果,其特点在于信息技术和运营技术的融合。本节将根据《工业数字化转型白皮书》重点分析美国智能制造政策。

1.2.1 企业数字化转型要点

1. 数字化计划的可信度控制

制造业向工业数字化转型的基础便是物联网技术。作为新兴技术,物联网技术还未得到长时间使用的认可。因此,要加速工业数字化转型,必须保证数字化技术即物联网技术具有可信度,即在面对外部干扰、人为错误、系统故障和攻击时,能够保持其安全性、保障性、隐私保护、可靠性和弹性。物联网可信度的最低标准即为满足安全性、保障性、隐私保护、可靠性和弹性这5个特征的最低要求。为此美国职业安全与健康管理局出台了保护隐私和安全性的法规,即工作场所安全标准。企业在根据自身的愿景、路线图以及市场定位发展的过程中,必须满足最低的可信度标准。同时,过多强调可信度,也不一定是好事(表1-1)。企业应当在对可信度投入不足的风险与对其过度投资的后果之间找寻折中方案,以此推动工业智能化快速转型。

表1-1 数字化技术可信度特征及过度强调可能导致的后果

可信度特征	过度强调可能导致的后果
安全性	解决方案灵活性降低,流程复杂化,生产率降低
保障性	成本增加,灵活性丧失,实用性降低
隐私保护	资金及维护成本过高,实用性降低
可靠性	资金及维护成本过高,灵活性及功能性降低
弹性	不必要的烦琐流程

2. 创新在数字化转型中的作用

《工业数字化转型白皮书》中提出，工业数字化转型应当围绕创新型流程来进行信息技术与运营技术的整合，其创新流程与现有流程存在 4 点不同。一是创新型流程包括探索应用新技术的可行性、整合信息技术与运营技术以及创建并实施信息技术与运营技术相结合的解决方案。二是创新型流程将是一个"快速的"流程，以构建"最简可行产品"为基础，继承了精实创业、设计思维和业务运维开发一体化（BizDevOps）的传统。三是创新型流程将呈现"开放"特征，通过不同部门和不同企业，以及信息技术与运营技术组织之间的合作，使信息技术与运营技术的整合不再复杂。在"开放"流程中，信息技术与运营技术组织相互学习彼此领域的知识、了解彼此的限制与困难，并为解决问题而相互合作。四是创新型流程应以客户思维为中心进行优化，利用万物互联和人机互联（包括客户）为客户提供解决方案，提供更好的客户体验和成效。只有通过不断创新，工业数字化转型才能最终实现。

3. 工业物联网项目的作用

工业企业的数字化转型进程可能涉及多个工业物联网项目的实施，此类项目可能会支持甚至在某些情况下驱动转型。这些项目应能增强企业应对日益严峻的挑战以及实现超预期的、更好的结果的能力。对于在数字化转型策略出炉时正在进行中的工业物联网项目，必须对其范围加以审查、分析、评估，必要时做出调整，以最大化其对于数字化转型策略的影响和贡献。

1.2.2 数字化关键技术

工业数字化的关键是将"实物"通过网络连接，并捕捉这些"实物"运行及关联数据，从而达到优化操作的目的。美国在《工业数字化转型白皮书》中，重点强调了 5 项应当着重注意的技术。

1. 云计算/边缘计算

云计算/边缘计算技术使信息处理更加靠近数据源，从而能够在本地设备无法稳定连接到数据中心资源的情况下提供（准）实时响应与改进功能。美国云计算/边缘计算产品与技术成熟度较高。从全球云计算/边缘计算科技企业的交易型开放式指数基金（exchange traded funds，ETF）指数来看，市值排名前十的企业中除 SAP 和 Shopify 以外均为美国企业。

2. 人工智能与分析

《韦氏词典》对于人工智能（artificial intelligence，AI）的定义是"计算机科学的一个分支，研究计算机对于智能行为的模仿"以及"机器模仿人类智能行为的能力"。人工智能与分析强化了对于数据的理解和学习能力。工业物联网系统产生的信息包含海量的数据，人工智能算法可将这些数据加以分解和分析，从而帮助企业进行合理决策。2020

年,美国联邦民政部门为人工智能的科学研究和试验设计工作拨款 11 亿美元(约合 71 亿元人民币)。2021 财年,美国在 AI 领域的研发投入达到 50 亿美元(约合 323.4 亿元人民币)。同时,人工智能民用领域的支出为 15 亿美元(约合 97 亿元人民币)。2021 年,美国国家科学基金会及其合作伙伴宣布向其管理的 11 个国家人工智能研究中心投资 2.2 亿美元,这项投资建立在 2020 年第一轮的 7 个人工智能研究机构(共计 1.4 亿美元)的基础上,但 2021 年的人工智能研究机构覆盖范围扩大到了美国 40 个州和华盛顿哥伦比亚特区。第一轮的投资中,每项资助总计约 2000 万美元(5 年内拨付),用于支持 7 个研究领域的进展:人机交互与合作、人工智能优化进展、人工智能与高级网络基础设施、计算机和网络系统中的人工智能、动态系统中的人工智能、人工智能增强学习、农业和粮食系统中的人工智能驱动创新。

3. 人机接口

人机接口是硬件与软件的集合体,可通过信息输入来触发信息输出,进而实现人机交互。从简单的按钮到复杂的图形显示系统,接口的形式多种多样。此处的人机接口是指尚未在工业领域成为主流的新颖接口,例如,增强现实(augmented reality,AR)显示器,通过视觉或音频的"叠加"使人所处的物理环境得到增强;或是虚拟现实(virtual reality,VR)头戴设备,能够让人们完全沉浸在计算机生成的情境之中。

4. 工业物联网

工业物联网是第四次工业革命浪潮中的一项核心技术。它指的是将传感器驱动的物联网扩展并运用在非消费类应用程序上。工业物联网系统将边缘计算与企业的系统、业务流程和分析技术连接并集成在一起。根据消费者技术协会(Consumer Technology Association,CTA)的一项研究显示,美国如今有大约 2200 万个家庭拥有不止一种智能家居产品。从 2020 年到 2026 年,美国家庭物联网设备市场预计将以 19.83%的两位数复合年增长率扩张。美国物联网市场未来的增长在于保证当前商业物联网设备的全球连接性,美国正全力推进商业物联网的发展。

5. 自主机器人系统

自主机器人系统可提升从自动驾驶车辆到无人机,再到工业机器人等多个领域的生产力,使设备无需人为操控或看管即可执行任务。2020 年,美国交通部(US Department of Transportation,USDOT)公布了自动驾驶汽车准则 4.0(AV 4.0)。为了确保美国在自动驾驶领域的领先地位,AV 4.0 确立了十大原则,这十大原则可分为三类:①保护用户和社区团体,优先考虑安全、强调网络安全、确保隐私和数据安全、增强移动性和可及性。②促进高效市场,保持技术中立、保护美国的创新和创造力、法规现代化。③促进协调一致,促进一致的标准和政策、确保一致的联邦方针、提高运输系统的水平。

1.3 日本智能制造发展

日本在智能制造行业中积极部署，推进智能化和自动化发展，构建智能制造的顶层设计体系，实施《新机器人战略》、"互联工业"战略等措施，巩固其在智能制造行业中的全球领先地位。

2015 年，日本发布《新机器人战略》。在战略中，日本力求在接下来的发展中继续巩固其"机器人大国"的领先优势，进一步将信息技术、大数据、人工智能等与机器人技术深度融合，在机器人创新技术中占领高地，引领全球机器人技术的发展。

2016 年 12 月，日本政府正式发布了《工业价值链参考架构》（Industrial Value Chain Reference Architecture，IVRA），形成独特的日本智能制造顶层架构。此次提出的架构包括了基础结构层、组织方式层、哲学观和价值观层 3 个层级；产品维、服务维和知识维 3 个维度。同时，该架构要求企业在产品维和知识维上开展生产活动，并在此基础之上形成四个周期，即产品供应周期、生产服务周期、产品生命周期、工艺生产周期。

2017 年 3 月，日本政府首次明确发布"互联工业"的概念，安倍晋三发表《互联工业：日本产业新未来的愿景》的演讲，其中三个主要核心是：人与设备和系统的相互交互的新型数字社会、通过合作与协调解决工业新挑战、积极推动培养适应数字技术的高级人才。发展互联工业已经成为日本国家层面的愿景。提出互联工业概念后，日本发布了最具代表性和影响力的"汉诺威宣言"（由日德联合声明）和"东京倡议"，推进互联工业的实施。此后，2018~2021 年，日本每年都发布《日本制造业白皮书》。本节根据"汉诺威宣言"及"东京倡议"、《日本制造业白皮书 2021》对日本制造业发展策略进行解读。

1.3.1 "汉诺威宣言"及"东京倡议"

日德联合声明"汉诺威宣言"提出要发展通过连接人、设备、技术等实现价值创造的互联工业，在物联网相关技术的国际标准规格上进行共同提案，促进日德在人工智能、电动交通、自动驾驶等领域的技术合作。日本经济产业省提出的"东京倡议"，将提供移动服务的无人驾驶技术、生产制造领域的机器人技术、生物学领域的新材料技术、工厂的基础设施安全技术和智慧生活 5 个领域确定为未来关键发展领域，如图 1-1 所示。

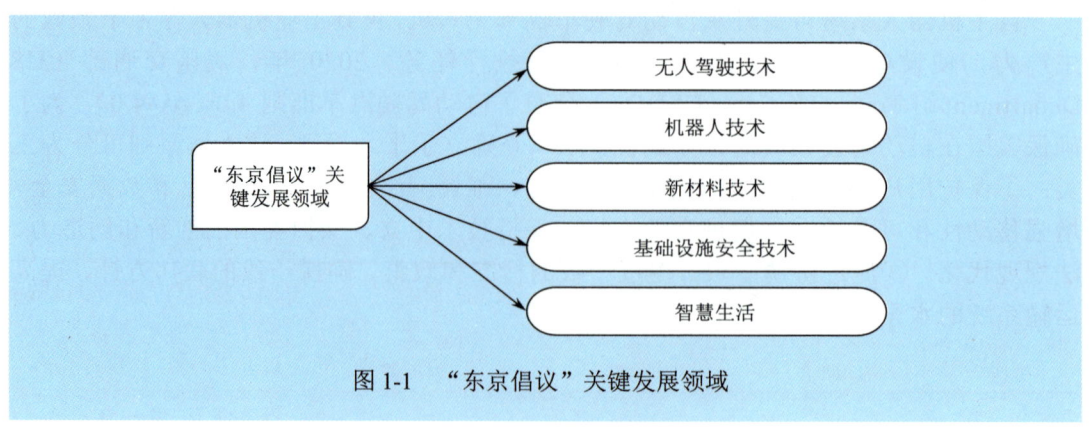

图 1-1 "东京倡议"关键发展领域

"东京倡议"实施了三类横向政策，交叉式推进互联工业的实施，大力推广工业大数据的实时共享与使用，加强基础设施建设与促进工业数据的有效利用，引导企业和行业的全球技术、业务的各种横向合作与推广等。

1.3.2 《日本制造业白皮书 2021》

日本政府 2021 年 5 月 28 日在内阁会议上敲定《日本制造业白皮书 2021》。受新冠肺炎疫情影响，日本政府在《日本制造业白皮书 2021》中强调了日本制造业供应链的风险性，有必要通过分散采购源头等强化抵御风险的能力。此外，日本政府认为推进去碳化和数字化必不可少，并提出制造业的新常态是以弹性绿色数字为主轴展开的观点。

1. 提升工业韧性，加强供应链

受新冠肺炎疫情影响，2021 年日本在供应链上风险增加。为应对供应链的风险增大，日本政府要求在半导体、蓄电池和上游材料等方面加强自身国内生产基础，以此在各方面提高抗风险能力。为此日本经济产业省向制定了业务持续规划的 20 000 多家中小企业提供了资金支持。同时，日本相关部门提醒有海外市场的企业，应当更加注重供应链问题，提前了解海外市场政策和国际情况，做好准备，以确保其海外业务不受影响。

2. 创建绿色工业，实现碳中和

《日本制造业白皮书 2021》重点强调绿色工业问题。为保证日本在 2050 年达到碳中和，实现脱碳社会，日本政府在确保稳定的能源供应和环境保护的同时，实施绿色增长战略"经济和环境的良性循环"。2020 年 12 月，日本制定了该绿色增长战略，并针对未来通过技术创新实现增长的 14 个重要领域（能源、运输、制造等）制定了行动计划。为此，日本相关部门设立 2 万亿日元的绿色创新基金，用以投资碳中和相关项目的创新型技术研发；投资 5000 亿日元协助设立长期的大学基金，强化学术界的研发基础，巩固人才队伍；设立 1.1485 万亿日元的业务重组补助框架，帮助中小企业转型，对进行节能和绿色转型投资的企业予以减税；投入 1094 亿日元，创设绿色住宅积分制度，引导居住领域绿色化，从技术研发、实证、推广、商业化各环节予以扶持。

3. 深化数字化工业转型

在此前发布的《日本制造业白皮书》中，日本便强调了工业数字化转型的重要性并付诸实施。在《日本制造业白皮书 2021》中，日本政府提出各工序间的数据联动对于数字化转型很重要，但各工序管理信息（顾客信息、经营信息、生产数据等）的种类等各不相同，使用的数字化工具也多种多样，各流程间的数据联动推进缓慢，部门间协同推进转型具有难度。因此，日本强调各工序间应当进行数据联动，共同加速数字化转型。同时，日本提出不可忽略数字化转型中的安全性问题。企业应当充分了解工业社会的结构以及供应链的组成部分，正确了解网络攻击风险源，推进工业数字化安全发展。

1.4 德国智能制造发展

德国作为传统工业强国，其制造业在全世界一直享有盛名。一直以来，德国政府都秉持着以工业为基础的治国理念，坚定打造以工业为基础的经济模式。据统计，德国制造业增加值占 GDP 的比例一直维持在 20%以上，2017 年德国制造业增加值占 GDP 21.06%，明显高于欧元区国家的平均水平（15.11%）、经济合作与发展组织（OECD）成员国的平均水平（14.17%）和世界平均水平（15.65%），同时也高于日本的 20.73%和美国的 11.15%。然而，在新一轮工业革命浪潮当中，德国制造业正面临全新的挑战。德国在全球先进制造业发展中创新动力不足，在科技创新和应用前沿领域落后于世界领先水平。为加强智能制造发展，德国在 2019 年 2 月发布了《德国工业战略 2030：对于德国和欧洲产业政策的战略指导方针》（以下简称《国家战略 2030》）。本节将基于《国家战略 2030》分析德国智能制造战略。

1.4.1 大力支持创新活动，实现技术突破

德国在新一轮技术变革中，发展动力不足，技术水平与国际领先水平之间的距离正在逐渐拉大。甚至，作为龙头的德国汽车产业，在现如今汽车发展智能化、电动化、自动驾驶化的浪潮之下，也逐渐落后。《国家战略 2030》首次将产业问题提高到了"工业主权和技术主导力"的高度，指出"德国经济中，掌握工业主权和技术主导力是维持德国未来生存能力的决定性挑战"。要在当今变革中迎头赶上，各国必须在人工智能等领域中实现关键技术突破，以下介绍德国具体政策措施。

1. 提议需要大力发展的具体突破性创新技术目录

《国家战略 2030》认为，应当把握住重点领域，加快核心技术突破。《国家战略 2030》认为，当今最重要的突破性创新就是数字化，尤其是人工智能，是"工业 4.0"时代最为重要的技术，人工智能技术的突破发展，将会带动平台经济、自动驾驶等领域的快速发展。同时，物联网技术是另一个极其重要的突破性技术，工业生产中应用物联网技术逐渐成为标配，实现制造、供应、销售信息的数据化、智慧化，对于智能制造发展至关重要。此外，纳米技术、生物技术、新材料和轻质建筑技术以及量子计算的发展都可能改变工业领域的"游戏"规则，成为突破性技术。

2. 修改竞争法，支持企业合并，打造龙头企业

德国认为，想要在"工业 4.0"时代的最新技术中获得突破性发展，需要投入大量的资金和人才储备，这样的资金和人才压力只有大企业才能负担。德国认为，自身在智能制造中迟迟未能实现核心技术突破，是因为在互联网、人工智能和自动驾驶等新兴产业领域缺乏全球性大企业。因此，《国家战略 2030》提出要支持这些关键领域企业的合并，增加规模优势，将龙头企业打造为本国及欧洲旗舰。鉴于着眼于全球市场的、有用且必要的德国或欧盟企业合并，经常因为现有法律过分聚焦本土而受到限制，阻碍了龙头企

业的形成，为此，《国家战略 2030》指出"鉴于当前的全球市场，德国或欧盟的公司合并是有用且有必要的"，并提出应该重审和修改德国和欧盟的竞争法，支持一些关键领域大企业的合并，打造龙头企业，提高国际竞争力。

3. 建立国家参与制度

由于一些战略性关键领域需要大量资金而且关乎国家安全利益，《国家战略 2030》提出国家可以购买和持有这些领域企业的股份。而且经济意义越大的领域，国家将会更加积极主动参与其中。德国认为，在战略性重要大企业中，国家应当加强宏观调控，可持有一定股份，参与并推动关键技术发展突破。

4. 修改补贴法

德国认为，在"工业 4.0"时代，其他国家在重要领域实行了大范围补贴政策，这导致德国企业在新时代的竞争中处于不公平状态。为了加速关键领域发展，《国家战略 2030》提出，一些具有突破性影响的创新领域有强大的竞争力，并服务于国家的整体经济利益，对于这些领域，国家应施行限时补贴政策。

1.4.2 采取有效措施，提高竞争力

工业是德国立国之本，为保证在全球工业中处于领先地位，德国必须采取措施，提高工业竞争力，以下是具体措施。

1. 扩大处于领先地位的工业产业的优势

在过去几十年中，德国在汽车行业、钢铁及铜铝工业、化工产业、设备和机械制造、光学产业、医学仪器产业、环保技术产业等数十个方面都处于领先地位。德国认为，在"工业 4.0"时代，德国必须保持自身领先行业的竞争力，继续维持其高水平状态，以提供更多就业机会，维持本国经济稳定发展，并继续提供高水平教育和社会福利。因此，《国家战略 2030》提出，要开展赶超进程，扩大这些关键工业领域的优势，必须继续提高其全球竞争力，维持其世界领先地位，并且要"为争取每一份工业岗位而奋斗"。

2. 强化对中小企业的支持

德国同样强调中小企业在"工业 4.0"时代的创新作用。在过去，德国中小企业发展十分优异，拥有许多隐形世界冠军，具备强大的技术专长和竞争力。同时，中小企业是德国的经济主体，维护中小企业稳定发展，就是维护国家经济平稳运行，维护社会居民安定。然而，如今技术革新具有颠覆性，对中小企业发展具有巨大冲击，中小企业面临巨大挑战。因此，《国家战略 2030》认为，"中小企业需要个性化的优惠与扶持"，但并没有明确提出优惠与扶持的具体措施。

1.5 比较分析

本节依据赛迪智库发布的《中美 500 强企业对比研究白皮书（2021 年）》与德勤发布的关于中国人工智能产业研究的白皮书，对中美智能制造进行对比。

1.5.1 智能制造市场分析

我国人工智能产业发展迅速。从市场规模来看，自 2015 年开始，中国人工智能制造市场规模逐年攀升。截至 2017 年，中国人工智能制造市场规模已达到 216.9 亿元人民币，同比增长 52.8%。截至 2020 年，中国人工智能市场规模约 1858 亿元，占全球人工智能市场的 12.2%，预计 2022 年将达到 3705 亿元。但是，我国人工智能制造行业仍然处于人工智能发展初期，基础研究、芯片、人才多项关键指标与美国差距较大。

据半导体产品国际占有率统计，美国市场占有率达 50%，而中国仅占有 4%。在现场可编程门阵列（field programmable gate array，FPGA）芯片制造中，中国只有 34.4 百万美元，而美国则高达 192.5 百万美元，约为中国的 6 倍。中国具有世界最大的市场规模和完整的工业产业链，在传统工业上优势明显。但在高新技术中，中国仍然处于落后位置，需进一步加大投资。

1.5.2 制造业企业水平对比

根据《财富》世界 500 强排行榜，2020 年中国企业发展水平得到重大突破，其中，中国内地和香港地区合计上榜企业 124 家，超过美国上榜企业总数 121 家，加上台湾地区企业，我国共有 133 家公司上榜，上榜企业数量位列第一。但是，中国上榜企业数量在各段中分布较为均匀，在 400~500 名中所占比例较高，达到 23.3%。美国上榜企业数量主要分布在前 400 名，其中在前 100 名中企业数量占比最大，达到 26.4%。在世界头部企业中，美国仍然具有较为明显的优势。中国制造业企业的潜力不容忽视，在入选的企业中制造业企业最多，共有 45 家上榜，占上榜企业总数的三分之一左右。同时，中国是世界人工智能领域获得投资最多的国家，2017 年中国人工智能企业融资总额占全球融资总额的 70%，由此超过美国，成为人工智能领域获得投资最多的国家。

1.5.3 启示

1. 加强中小型企业扶持

中小型企业在中国市场经济中占比极大，对于维护经济发展，保持社会稳定具有重大意义。根据各国政策可以看出，世界各国都十分重视中小型企业在智能制造创新领域的重要性。中国应在原有基础上，继续对中小型企业进行资金等方面的扶持，激活中小型企业的发展创新动力。同时，在扶持过程中要注意筛选相对具有潜力的企业，要确保扶持的有用性。

2. 加强国家宏观调控

在技术创新大变革的浪潮中，美国、德国的政策中都提及了核心技术创新需要大量资金与人才储备，要在当今完成技术创新光凭企业的能力是做不到的。因此，各国都加强了国家宏观调控，利用国家政策统一协调、调配相关资源。中国与美国、日本、德国不同，我国是社会主义国家，国有企业是国家经济的支柱，在"集中力量办大事"方面有天然优势。因此，我们应当充分利用这一优势，大力发展高新技术，加快关键技术突破。

撰稿人：余菜花　张　恒
审稿人：刘　军

第2部分

发展评价篇

第 2 章　中国制造业智能化发展：区域研究

《中国制造 2025》为我国全面实施制造强国战略提供了第一个十年行动纲领，智能制造是实现制造业高质量发展的主攻方向，也是制造大国向制造强国转变的根本路径。在纲领指导下，各地区纷纷以智能制造为抓手，加速制造业转型升级进程。新一轮技术变革对制造模式、生产方式和管理模式带来了全方位、深层次影响，并进一步重构区域制造版图。本章围绕当前各区域制造业智能化发展展开评价，揭示区域制造业智能化发展新进展。

2.1　智能制造十大省份

全国共有 34 个省级行政区，其中 4 个直辖市、23 个省、5 个自治区和 2 个特别行政区。本节研究区域未包含台湾地区、香港特别行政区、澳门特别行政区，仅将北京市、天津市、河北省、山西省、内蒙古自治区、辽宁省、吉林省、黑龙江省、上海市、江苏省、浙江省、安徽省、福建省、江西省、山东省、河南省、湖北省、湖南省、广东省、广西壮族自治区、海南省、重庆市、四川省、贵州省、云南省、西藏自治区、陕西省、甘肃省、青海省、宁夏回族自治区、新疆维吾尔自治区，共计 31 个省级行政区纳入分析。

2.1.1　省级制造业智能化发展评价指标体系与评价方法

1. 省级制造业智能化发展评价指标体系

本节省级制造业智能化发展评价指标体系借鉴国际电信联盟可持续智慧城市行业数字化转型指标体系框架，结合制造业智能化内涵和指标数据可获得性，综合调整后，得到表 2-1 所示的省级制造业智能化发展评价指标体系，一级指标分为基础支持层、领域应用层和创新突破层三个层面。

表 2-1　省级制造业智能化发展评价指标体系

一级指标	二级指标	三级指标
基础支持层	设备支持	生产设备数字化率
	网络支持	工业云平台应用率
领域应用层	研发设计	数字化研发设计工具普及率
	生产管理	关键工序数控化率
创新突破层	业务模式	应用电子商务比例
		开展个性化定制的企业比例
	供应链协同	实现网络化协同的企业比例

下文介绍省级制造业智能化发展评价指标体系三个层面的具体含义。

（1）基础支持层。基础支持层评估制造业智能化发展所需要的基础设施和支持，从设备支持和网络支持两方面来衡量。一方面，制造业智能化离不开生产设备的数字化控制，生产设备数字化率较好地代表了制造业实现智能化的设备支持；另一方面，不同生产设备只有相互连接才能够实现智能化协调与控制，工业云平台是连接工业和互联网的纽带，贯穿整个工业生产流程，工业云平台应用率在一定程度上体现了制造业智能化的网络基础。

（2）领域应用层。领域应用层主要评估制造业智能化在制造业环节中某个领域的应用，制造业运作环节包含了研发、生产、交付和服务环节。综合数据可得性，从制造业智能化在研发设计和生产管理环节两方面应用进行评估。采用数字化研发设计工具普及率和关键工序数控化率分别代表智能化在研发设计、生产管理环节的应用。

（3）创新突破层。创新突破层主要评估制造业智能化在关键的传统业务流程改革与重建中的应用，智能化技术有助于业务流程的创新与突破，以往大规模、小批量的制造模式逐渐与当前复杂、多变的市场需求不相适应，智能化技术的运用在一定程度上促进了企业制造的柔性化、网络化、服务化运营，赋能于制造业转型升级。智能化技术应用的创新突破主要表现为业务模式和供应链协同两方面。采用应用电子商务比例和开展个性化定制的企业比例反映企业业务模式上的创新突破，而供应链协同方面的创新突破由实现网络化协同的企业比例表示。

2. 评价方法

对省级制造业的智能化发展进行评价和排序涉及多个指标，因此这是一个多属性决策问题。多属性决策也称多准则决策，其核心和关键是指标权重的确定，本章采用离差最大化方法确定权重。该方法是一种完全客观的评价方法，消除了主观评价方法中人为因素的影响，而且这种方法概念清楚、含义明确、算法简单，因此在实践中得到了广泛的应用。

令 $A = \{A_1, A_2, \cdots, A_n\}$ 表示多指标评价问题的方案集，$G = \{G_1, G_2, \cdots, G_m\}$ 表示指标集，$y_{ij}(i=1,2,\cdots,n; j=1,2,\cdots,m)$ 表示 A_i 方案对 G_j 指标的指标值，$Y = (y_{ij})_{n \times m}$ 矩阵表示 A 方案集对 G 指标集的"属性矩阵"，即"评价矩阵"。

通常，根据指标的性质，指标可以分为"效益型""成本型""固定型""区间型"四类。因为评价指标不同，量纲和单位也会不同。因此，我们将评价指标进行无量纲化处理，即规范化处理，从而解决了量纲和单位不同造成的不可公度性问题。本节指标仅涉及"效益型"和"成本型"两类，"效益型"指标为指标值越大越好的指标，"成本型"指标为指标值越小越好的指标，其规范化处理方法如下：

针对成本型指标，令

$$Z_{ij} = \frac{y^{\max} - y_{ij}}{y^{\max} - y^{\min}} \quad i = 1, 2, \cdots, n; \quad j = 1, 2, \cdots, m \qquad (2\text{-}1)$$

针对效益型指标，令

$$Z_{ij} = \frac{y_{ij} - y^{\min}}{y^{\max} - y^{\min}} \quad i = 1, 2, \cdots, n; \quad j = 1, 2, \cdots, m \tag{2-2}$$

其中，$y^{\min}$、$y^{\max}$ 分别表示指标 G_j 的最小值、最大值。

以 $\mathbf{Z} = (Z_{ij})_{n \times m}$ 表示无量纲化处理后所得到的评价矩阵，很明显，Z_{ij} 总是越大越好。令 $\mathbf{w} = (w_1, w_2, \cdots, w_m)^{\mathrm{T}} > 0$ 表示评价指标的加权向量，同时，还需满足单位化约束条件：$\sum_{j=1}^{m} w_j^2 = 1$。

在求得加权向量 $\mathbf{w}$ 之后，构造评价矩阵：

$$\mathbf{c} = \begin{array}{c} \\ A_1 \\ A_2 \\ \vdots \\ A_n \end{array} \begin{bmatrix} G_1 & G_2 & \cdots & G_m \\ w_1 Z_{11} & w_2 Z_{12} & \cdots & w_m Z_{1m} \\ w_1 Z_{21} & w_2 Z_{22} & \cdots & w_m Z_{2m} \\ \vdots & \vdots & & \vdots \\ w_1 Z_{n1} & w_2 Z_{n2} & \cdots & w_m Z_{nm} \end{bmatrix} \tag{2-3}$$

再由简单算术平均加权法，得到 A_i 方案的多指标综合评价值：

$$D_i(w) = \sum_{j=1}^{m} Z_{ij} w_j \quad i = 1, 2, \cdots, n \tag{2-4}$$

同样，$D_i(w)$ 总是越大越好，$D_i(w)$ 越大表明 A_i 方案越优。因此，当加权向量 $\mathbf{w}$ 已知时，根据式（2-1）～式（2-4）可以对各方案 A_i 进行评价并排序。接着，我们进一步分析确定加权向量 $\mathbf{w}$ 的方法。如果某一指标 G_j 对决策方案 A_i 的最终评价值和排序没有影响，那么，可以令 G_j 的权重取 0；相反，如果某一指标 G_j 可以让决策方案 A_i 的最终评价值和排序有很大变化，可以令这类指标 G_j 取得较大的权重。针对指标 G_j，用 $v_{ij}(w)$ 表示 A_i 方案与其他决策方案的离差，则有

$$v_{ij}(w) = \sum_{i=1}^{n} \left| w_j Z_{ij} - w_j Z_{kj} \right| \quad i = 1, 2, \cdots, n; \quad j = 1, 2, \cdots, m$$

令

$$v_j(w) = \sum_{i=1}^{n} v_{ij}(w) = \sum_{i=1}^{n} \sum_{k=1}^{n} \left| Z_{ij} - Z_{kj} \right| w_j \quad j = 1, 2, \cdots, m$$

那么，$v_j(w)$ 表示在 G_j 指标下，所有方案 A_i 与其他方案的离差之和。因为选择的加权向量 $\mathbf{w}$ 需使得所有指标对所有方案的离差之和取得最大值，所以，构造目标函数：

$$\max F(w) = \sum_{j=1}^{m} v_j(w) = \sum_{j=1}^{m} \sum_{i=1}^{n} \sum_{k=1}^{n} \left| Z_{ij} - Z_{kj} \right| w_j \tag{2-5}$$

于是，求加权向量 $\mathbf{w}$ 的问题等价于求非线性规划问题：

$$\begin{cases} F(w) = \sum_{j=1}^{m} v_j(w) = \sum_{j=1}^{m}\sum_{i=1}^{n}\sum_{k=1}^{n} |Z_{ij} - Z_{kj}| w_j \\ \text{s.t.} \quad \sum_{j=1}^{m} w_j^2 = 1 \end{cases} \quad (2\text{-}6)$$

解此非线性规划问题，并将 w^* 作归一化处理，得

$$w_j^* = \frac{\sum_{i=1}^{n}\sum_{k=1}^{n}|Z_{ij}-Z_{kj}|}{\sum_{j=1}^{m}\sum_{i=1}^{n}\sum_{k=1}^{n}|Z_{ij}-Z_{kj}|} \quad j=1,2,\cdots,m \quad (2\text{-}7)$$

综上，采用离差最大化方法对多指标问题进行评价与排序的步骤可概括为三步：

（1）将效益型及成本型指标进行处理得到规范化评价矩阵 $\boldsymbol{Z}=(Z_{ij})_{n\times m}$；

（2）采用离差最大化方法求出最优的加权向量 $\boldsymbol{w}^*=(w_1^*,w_2^*,\cdots,w_m^*)^{\mathrm{T}}$，然后根据加权向量求出各方案 A_i 的综合评价值 $D_i(w)$，$i=1,2,\cdots,n$；

（3）根据步骤（2）中各评价方案的综合评价值大小，对多指标问题做出合理评价及排序分析。

2.1.2 省级制造业智能化发展评价

智能制造是两化融合的主攻方向，本节数据来自国家工业信息安全发展研究中心建设并运营的两化融合公共服务平台（http://cspiii.com）。

1. 基础支持层评价

以生产设备数字化率和工业云平台应用率为三级指标，采用离差最大化方法对2项指标分配权重，得到指标权重依次为0.5126和0.4874。结合各指标的规范化数值，得到2019年我国31个省（自治区、直辖市）制造业智能化发展基础支持层综合评价指数及其排序，见表2-2。

表2-2 省级制造业智能化发展基础支持层评价结果

地区	生产设备数字化率/%	工业云平台应用率/%	综合评价指数	排序
浙江	54.0000	65.0000	0.9703	1
江苏	55.6000	54.4000	0.9205	2
山东	53.4000	56.6000	0.8962	3
上海	52.9000	57.3000	0.8921	4
天津	52.8000	55.2000	0.8745	5
北京	54.5000	40.5000	0.7958	6
安徽	48.0000	54.7000	0.7816	7
四川	46.7000	50.5000	0.7260	8

续表

地区	生产设备数字化率/%	工业云平台应用率/%	综合评价指数	排序
福建	48.2000	45.1000	0.7133	9
广东	48.5000	40.5000	0.6844	10
重庆	46.3000	45.3000	0.6796	11
湖南	46.6000	43.3000	0.6701	12
河南	47.7000	40.4000	0.6688	13
山西	47.0000	40.3000	0.6551	14
湖北	45.0000	43.2000	0.6397	15
河北	47.0000	33.6000	0.6048	16
海南	50.4000	23.9000	0.5952	17
内蒙古	46.4000	30.7000	0.5719	18
江西	40.2000	39.8000	0.5250	19
陕西	42.6000	31.8000	0.5096	20
贵州	39.0000	40.4000	0.5072	21
辽宁	41.7000	31.2000	0.4884	22
甘肃	42.8000	26.7000	0.4751	23
宁夏	40.7000	31.8000	0.4743	24
黑龙江	36.9000	40.4000	0.4682	25
广西	40.1000	30.7000	0.4549	26
新疆	42.4000	24.9000	0.4542	27
吉林	35.5000	33.9000	0.3935	28
青海	36.5000	22.1000	0.3236	29
云南	41.5000	0.0000	0.2507	30
西藏	28.0000	0.0000	0.0000	31

表 2-2 显示，2019 年省级制造业智能化发展基础支持层排名前 5 位的地区依次为：浙江、江苏、山东、上海和天津。前 5 强中第 1、第 2 和第 4 位均位于长三角区域，珠三角地区的广东省位列第 10。在省级制造业智能化发展基础支持层面，长三角完胜珠三角区域，成为制造业智能化基础支持环境最好的区域。值得注意的是，东北三省均位列榜单后 10 位中，智能化浪潮下，东北老工业基地的振兴，亟待"智能化"基础支持来改善。

2. 领域应用层评价

以数字化研发设计工具普及率和关键工序数控化率为三级指标，采用离差最大化方法对 2 项指标分配权重，得到指标权重依次为 0.5662 和 0.4338。结合各指标的规范化数值，得到 2019 年我国 31 个省（自治区、直辖市）制造业智能化发展领域应用层综合评价指数及其排序，见表 2-3。

表 2-3 省级制造业智能化发展领域应用层评价结果

地区	数字化研发设计工具普及率/%	关键工序数控化率/%	综合评价指数	排序
江苏	83.8000	55.0000	0.9764	1
浙江	82.8000	55.1000	0.9705	2
山东	82.0000	54.5000	0.9606	3
福建	80.5000	53.6000	0.9438	4
天津	81.0000	52.9000	0.9418	5
上海	85.4000	49.0000	0.9411	6
重庆	76.7000	52.9000	0.9132	7
安徽	74.3000	49.9000	0.8744	8
广东	76.1000	47.4000	0.8672	9
四川	73.9000	49.0000	0.8648	10
北京	68.8000	52.8000	0.8601	11
河南	73.1000	48.2000	0.8534	12
湖北	68.6000	52.0000	0.8527	13
山西	63.0000	56.7000	0.8515	14
河北	63.5000	53.7000	0.8318	15
辽宁	66.2000	49.0000	0.8138	16
湖南	73.0000	43.0000	0.8130	17
陕西	64.4000	47.7000	0.7919	18
内蒙古	54.3000	54.1000	0.7739	19
江西	62.3000	42.2000	0.7359	20
广西	54.6000	45.1000	0.7070	21
宁夏	50.1000	48.4000	0.7025	22
吉林	56.8000	39.2000	0.6765	23
海南	37.3000	53.0000	0.6528	24
甘肃	47.8000	42.5000	0.6421	25
贵州	53.9000	35.8000	0.6313	26
新疆	41.7000	45.1000	0.6215	27
青海	35.5000	48.6000	0.6072	28
黑龙江	43.7000	35.7000	0.5629	29
云南	0.0000	0.0000	0.0000	30
西藏	0.0000	0.0000	0.0000	30

表 2-3 表明，2019 年省级制造业智能化发展领域应用层水平最高的 5 个省级区域依次为：江苏、浙江、山东、福建和天津，均为东部地区；排名后 5 位中 4 个为西部省份，云南和西藏制造业在智能化发展领域应用层的两大指标上表现空白，表明在一些制造业

基础薄弱的地区实现智能化任重道远。

3. 创新突破层评价

以应用电子商务比例、开展个性化定制的企业比例和实现网络化协同的企业比例为三级指标，采用离差最大化方法对3项指标分配权重，得到指标权重依次为0.3527、0.2647和0.3826。结合各指标的规范化数值，得到2019年我国31个省（自治区、直辖市）制造业智能化发展创新突破层综合评价指数及其排序，见表2-4。

表2-4 省级制造业智能化发展创新突破层评价结果

地区	应用电子商务比例/%	开展个性化定制的企业比例/%	实现网络化协同的企业比例/%	综合评价指数	排序
江苏	74.9000	15.3000	47.6000	0.9833	1
山东	71.9000	16.0000	45.1000	0.9566	2
浙江	69.5000	14.0000	37.0000	0.8402	3
四川	66.6000	13.9000	35.7000	0.8021	4
天津	68.8000	11.9000	36.1000	0.7781	5
上海	62.6000	12.0000	36.3000	0.7207	6
安徽	68.0000	8.0000	37.6000	0.6853	7
广东	62.2000	9.5000	36.1000	0.6559	8
湖南	60.7000	9.3000	35.8000	0.6347	9
河南	63.5000	8.9000	26.9000	0.6031	10
重庆	62.3000	8.1000	32.2000	0.6017	11
福建	69.0000	5.1000	32.8000	0.5991	12
江西	59.1000	8.9000	33.7000	0.5977	13
湖北	57.8000	8.3000	26.6000	0.5311	14
陕西	54.8000	7.5000	27.0000	0.4847	15
贵州	51.0000	8.0000	30.2000	0.4771	16
山西	50.9000	9.0000	24.5000	0.4684	17
吉林	49.0000	5.2000	38.8000	0.4384	18
河北	50.7000	6.9000	26.5000	0.4273	19
内蒙古	55.0000	4.7000	26.3000	0.4158	20
广西	53.6000	3.5000	25.0000	0.3662	21
北京	56.8000	0.0000	30.4000	0.3439	22
辽宁	45.2000	3.5000	25.1000	0.2842	23
宁夏	45.0000	4.0000	19.3000	0.2619	24
云南	53.5000	0.0000	7.7000	0.1853	25
海南	44.3000	0.0000	23.1000	0.1805	26

续表

地区	应用电子商务比例/%	开展个性化定制的企业比例/%	实现网络化协同的企业比例/%	综合评价指数	排序
新疆	40.5000	0.0000	29.3000	0.1777	27
甘肃	48.3000	0.0000	12.9000	0.1631	28
黑龙江	39.0000	0.0000	21.2000	0.1179	29
西藏	44.2000	0.0000	0.0000	0.0511	30
青海	39.3000	0.0000	5.2000	0.0319	31

创新突破层体现了智能制造技术在关键领域的创新应用，是智能制造价值创造的关键环节。本层中开展个性化定制的企业比例和实现网络化协同的企业比例两项指标的平均值分别为 6.50%和 28.13%，在各层面指标中分值最低，反映了当前智能技术在个性化定制和供应链协同领域的应用存在较大改善空间。表 2-4 数据显示，江苏、山东、浙江、四川、天津是创新突破层表现最佳的 5 个地区，在东部省份包围中，西部强省四川挤入前 5，表明该地区制造业企业具备出色的智能化创新转型意识。中部强省安徽、湖南、河南同样表现不俗，成功进入榜单前 10。

2.1.3 省级制造业智能化发展综合评价

以制造业智能化发展基础支持层、领域应用层和创新突破层 3 层的 7 个三级指标为基础，采用离差最大化方法对各项指标分配权重，依次为 0.1362、0.1296、0.1392、0.1066、0.1723、0.1293 和 0.1869。结合各指标的规范化数值，得到 2019 年我国 31 个省（自治区、直辖市）制造业智能化发展综合评价指数及其排序，见表 2-5。

表 2-5 省级制造业智能化发展综合评价结果

地区	基础支持层	领域应用层	创新突破层	综合评价指数	排序
江苏	0.9205	0.9764	0.9833	0.9649	1
山东	0.8962	0.9606	0.9566	0.9415	2
浙江	0.9703	0.9705	0.8402	0.9068	3
天津	0.8745	0.9418	0.7781	0.8439	4
上海	0.8921	0.9411	0.7207	0.8204	5
四川	0.7260	0.8648	0.8021	0.7973	6
安徽	0.7816	0.8744	0.6853	0.7574	7
广东	0.6844	0.8672	0.6559	0.7154	8
福建	0.7133	0.9438	0.5991	0.7142	9
重庆	0.6796	0.9132	0.6017	0.6990	10
湖南	0.6701	0.8130	0.6347	0.6879	11
河南	0.6688	0.8534	0.6031	0.6821	12
湖北	0.6397	0.8527	0.5311	0.6390	13

续表

地区	基础支持层	领域应用层	创新突破层	综合评价指数	排序
江西	0.5250	0.7359	0.5977	0.6124	14
山西	0.6551	0.8515	0.4684	0.6122	15
北京	0.7958	0.8601	0.3439	0.5909	16
河北	0.6048	0.8318	0.4273	0.5739	17
陕西	0.5096	0.7919	0.4847	0.5668	18
内蒙古	0.5719	0.7739	0.4158	0.5453	19
贵州	0.5072	0.6313	0.4771	0.5230	20
吉林	0.3935	0.6765	0.4384	0.4850	21
广西	0.4549	0.7070	0.3662	0.4735	22
辽宁	0.4884	0.8138	0.2842	0.4686	23
宁夏	0.4743	0.7025	0.2619	0.4267	24
海南	0.5952	0.6528	0.1805	0.4068	25
甘肃	0.4751	0.6421	0.1631	0.3638	26
新疆	0.4542	0.6215	0.1777	0.3603	27
黑龙江	0.4682	0.5629	0.1179	0.3204	28
青海	0.3236	0.6072	0.0319	0.2508	29
云南	0.2507	0.0000	0.1853	0.1571	30
西藏	0.0000	0.0000	0.0511	0.0250	31

表 2-5 数据显示，2019 年中国制造业智能化发展排名前 10 的地区依次是：江苏、山东、浙江、天津、上海、四川、安徽、广东、福建和重庆。前 10 榜单中，东部 7 席、西部 2 席、中部 1 席，东北地区无一入围，其制造业智能化表现滞后于中国大部分地区。制造强省广东位列第 8，江苏和广东同为东部沿海经济发达省份，制造业长期以来领跑各地区，两地区 7 个位次的排名差距一方面归咎于抽样数据的随机误差，另一方面是因为本节数据为各地区企业智能化表现比例数据，反映的是地区制造业智能化环境氛围。广东省制造企业数量众多，但发展不均衡，华为、正威、富士康、美的、格力等龙头企业贡献了地区制造业大部分业绩，但在数量上仅为极小部分，因此，凭借龙头企业的突出表现，广东省虽为智造高地，但被不均衡发展状况制约了制造业智能化的综合表现。

2.2 智能制造十大城市

目前中国共有大中小城市 600 多个，为了在众多城市中遴选出样本城市，本节采用"中心城市"的概念。中心城市作为区域制造业的核心，对区域制造业的发展起着重要的带动和辐射作用。因此，研究中心城市制造业的发展对于区域制造业的智能化发展研究具有重要意义。要想充分起到对区域制造业的带动和辐射作用，制造业中心城市必然是制造业发展程度较高的城市，因此，本节首先选择省会/首府城市（27 个城市）、非省会副省级城市（厦门、深圳、大连、青岛、宁波）和少数制造业特别发达城市（苏州、无锡、东莞）作为样本城市；其次，为了扩大样本量，选取 2019 年地区生产总值超过省会/首府城市平均值（7760 亿元）的城市（南通、泉州、烟台、佛山），共计 39 个城市。最终基于指标数据的可获得性，选取 21 个样本城市作为研究对象，分别是：沈阳、大连、南京、苏州、无锡、南通、杭州、宁波、合肥、厦门、南昌、济南、青岛、烟台、长沙、广州、深圳、东莞、南宁、西安和西宁。

2.2.1 城市制造业智能化发展评价指标体系

关于智能制造的衡量和评价方法，目前学术界还没有统一定论，一部分学者采用单一指标进行衡量，主要是以工业机器人数量来衡量，如蔡秀玲等（2017）、杨晓峰（2018）；另一部分学者采用综合评价指标体系进行测算和衡量，如董志学等（2016）、孙早等（2019）。以工业机器人数量来衡量智能制造有一定的合理性，但无法反映智能制造的全部内涵，而综合评价指标体系能在可行范围内最大限度地反映制造业智能化的主要内容；此外，城市口径缺乏工业机器人的统计。因此，本节基于李廉水等（2019）关于制造业智能化的内涵研究，构建制造业智能化发展的综合评价指标体系。

本节城市制造业智能化发展评价指标体系主要包括三个一级指标：设施基础层、软件应用层和市场实践层，通过智能制造设施基础层反映城市制造业智能化发展的硬件基础，通过智能制造软件应用层反映城市制造业发展的软件支持，并通过智能制造市场实践层反映城市制造业智能化发展的效果和回报。据此，本节基于指标设置的科学性、合理性以及城市口径指标数据的可获得性，构建城市制造业智能化发展评价指标体系，如表 2-6 所示。

表 2-6 城市制造业智能化发展评价指标体系

一级指标	二级指标	三级指标
设施基础层	通信基础	电信业务收入
	网络基础	固定互联网宽带接入用户数
	产业基础	计算机、通信和其他电子设备制造业营业收入
软件应用层	软件投入	信息传输、计算机服务和软件业从业人员数
	软件产出	信息传输、计算机服务和软件业营业收入
市场实践层	成本效率	制造业成本费用率
	生产效率	制造业劳动生产率
	经济效率	制造业利润率

（1）设施基础层是城市制造业智能化发展的物理基础，主要从通信基础、网络基础和产业基础三方面来衡量。第一，制造业智能化需要通过通信设施连接不同生产系统，电信业务收入指标可大致反映各城市制造业智能化发展的通信基础；第二，不同生产系统的连接还依赖于网络来实现，通过制造业主体的协调从而体现"智能"特征，我们以固定互联网宽带接入用户数来反映各城市制造业智能化发展的网络基础；第三，制造业

的智能化发展离不开计算机控制系统的发展,因此,计算机、通信和其他电子设备制造业营业收入是衡量制造业智能化发展产业基础的指标。

(2)软件应用层是赋予制造业"智能化"的关键,是衡量城市制造业智能化发展的重要方面,以软件投入和软件产出两方面来衡量。智能制造要求实现新一代信息通信技术和先进制造技术的融合,而这又需要落实到软件应用的开发与使用。因此,一方面,以信息传输、计算机服务和软件业从业人员数作为软件投入的衡量指标;另一方面,对于如何通过软件应用来有效地协调和支撑制造业智能化最终体现软件服务能力,我们把信息传输、计算机服务和软件业营业收入作为衡量软件产出的指标。

(3)市场实践层反映智能制造的市场盈利能力和市场效率情况,是制造业智能化在市场中的具体体现。鉴于各城市制造业规模差异较大,我们以效率指标作为衡量。因为随着制造业智能化的发展,必然会实现成本效率、生产效率和经济效率的提高,本节以制造业成本费用率反映制造业的成本效率,以制造业劳动生产率反映制造业的生产效率,以制造业利润率来反映制造业的经济效率。各指标的具体计算公式如下:

$$制造业成本费用率 = \frac{\sum_{j=1}^{m} \text{TVP}_j}{\sum_{j=1}^{m} \text{Expense}_j} \times 100\% \quad (2-8)$$

$$制造业劳动生产率 = \frac{\sum_{j=1}^{m} \text{TVP}_j}{L} \times 100\% \quad (2-9)$$

$$制造业利润率 = \frac{\sum_{j=1}^{m} \text{Profit}_j}{\sum_{j=1}^{m} \text{TVP}_j} \times 100\% \quad (2-10)$$

其中,TVP_j 为制造业行业 j 营业收入;Expense_j 为制造业行业 j 成本费用总和,具体包括营业成本、管理费用、销售费用和财务费用;L 为制造业从业人员数;Profit_j 为制造业行业 j 利润总额。

2.2.2 城市制造业智能化发展评价

本节所有指标数据均来源于 2020 年版的各城市统计年鉴、中国城市统计年鉴,以及各省份统计年鉴。

1. 设施基础层综合评价

以固定互联网宽带接入用户数,电信业务收入,计算机、通信和其他电子设备制造业营业收入为三级指标,采用离差最大化方法对 3 项指标分配权重,得到指标权重依次为 0.3941、0.2492 和 0.3367。结合各指标的规范化数值,得到 2019 年我国 21 个城市的制造业智能化发展设施基础层综合评价值及其排序(表 2-7)。

表 2-7 城市制造业智能化发展设施基础层指标规范化数值及评价结果

城市	固定互联网宽带接入用户数	计算机、通信和其他电子设备制造业营业收入	电信业务收入	综合评价值	排序
深圳	0.7682	1.0000	0.7442	0.8174	1
苏州	1.0000	0.4499	0.3578	0.6339	2
广州	0.8253	0.0923	0.6716	0.5878	3
厦门	0.2543	0.1113	1.0000	0.4847	4
杭州	0.7526	0.1039	0.3320	0.4409	5
南京	0.7751	0.0595	0.2100	0.3952	6
西安	0.6055	0.0438	0.2107	0.3247	7
宁波	0.5830	0.0496	0.1342	0.2900	8
无锡	0.5294	0.1023	0.1200	0.2769	9
东莞	0.1592	0.4578	0.2770	0.2756	10
长沙	0.5035	0.0435	0.1370	0.2581	11
青岛	0.5035	0.0264	0.1257	0.2498	12
济南	0.5311	0.0238	0.0849	0.2456	13
合肥	0.4481	0.0788	0.0863	0.2270	14
南通	0.4585	0.0322	0.0543	0.2081	15
南宁	0.3633	0.0248	0.0819	0.1786	16
沈阳	0.2785	0.0039	0.1084	0.1494	17
南昌	0.3045	0.0539	0.0266	0.1429	18
西宁	0.0000	0.0000	0.3883	0.1385	19
烟台	0.2561	0.0365	0.0000	0.1100	20
大连	0.1920	0.0194	0.0697	0.1054	21

由表 2-7 可知，2019 年制造业智能化发展设施基础层排名前 5 位的城市依次为：深圳、苏州、广州、厦门和杭州。从地域上看，前 5 位城市均位于东南沿海地区，其中，深圳和广州隶属珠江三角洲城市群，而苏州和杭州则隶属于长江三角洲城市群。改革开放以来，"珠三角"和"长三角"一直是中国投资环境最好、经济增长最快的两大区域。排名结果表明，这两大区域也是现在中国智能制造基础环境最好的区域。

2. 软件应用层综合评价

以信息传输、计算机服务和软件业营业收入和从业人员数为三级指标，采用离差最大化方法对 2 项指标分配权重，得到权重依次为 0.4620、0.5380。结合各指标的规范化数值，得到 2019 年我国 21 个城市制造业智能化发展软件应用层综合评价值及其排序，见表 2-8。

表 2-8　城市制造业智能化发展软件应用层指标规范化数值及评价结果

城市	信息传输、计算机服务和软件业营业收入	信息传输、计算机服务和软件业从业人员数	综合评价值	排序
深圳	0.7503	1.0000	0.8846	1
杭州	1.0000	0.5226	0.7432	2
广州	0.4762	0.7031	0.5983	3
南京	0.2206	0.3899	0.3116	4
西安	0.1240	0.2858	0.2110	5
厦门	0.0559	0.2356	0.1526	6
苏州	0.0825	0.2058	0.1488	7
济南	0.0412	0.1648	0.1077	8
大连	0.0412	0.1590	0.1046	9
合肥	0.0456	0.1419	0.0974	10
无锡	0.0382	0.0634	0.0518	11
青岛	0.0446	0.0364	0.0402	12
南宁	0.0235	0.0461	0.0356	13
宁波	0.0291	0.0333	0.0314	14
南昌	0.0084	0.0493	0.0304	15
东莞	0.0333	0.0259	0.0293	16
沈阳	0.0180	0.0382	0.0288	17
烟台	0.0092	0.0096	0.0094	18
长沙	0.0000	0.0150	0.0081	19
南通	0.0105	0.0031	0.0065	20
西宁	0.0020	0.0000	0.0009	21

由表 2-8 可知，2019 年制造业智能化发展软件应用层排名前 5 位的城市依次为：深圳、杭州、广州、南京和西安。这一排名首先反映了东部地区在制造业智能化发展软件应用领域的巨大优势，这也与东部地区发达的科技与教育优势紧密相关；其次，西安作为最亮眼的西部城市，力压众多传统的制造业大市，位居制造业智能化发展软件应用层的第 5 位，显示出西部地区在制造业智能化发展中的巨大潜力。

3. 市场实践层综合评价

以制造业利润率、制造业劳动生产率和制造业成本费用率为三级指标，采用离差最大化方法对 3 项指标分配权重，得到各指标权重依次为 0.2735、0.3478 和 0.3787。结合各指标的规范化数值，得到 2019 年我国 21 个城市制造业智能化发展市场实践层综合评价值及其排序，见表 2-9。

表 2-9 城市制造业智能化发展市场实践层指标规范化数值及评价结果

城市	制造业利润率	制造业劳动生产率	制造业成本费用率	综合评价值	排序
长沙	1.0000	0.5900	1.0000	0.8574	1
大连	0.8918	0.6543	0.5797	0.6910	2
广州	0.7839	0.5239	0.7514	0.6812	3
南昌	0.6640	0.6962	0.6302	0.6624	4
南京	0.7005	1.0000	0.2374	0.6293	5
无锡	0.8009	0.6377	0.4204	0.6000	6
济南	0.6050	0.7359	0.4132	0.5779	7
沈阳	0.7171	0.6991	0.3131	0.5579	8
宁波	0.8721	0.2877	0.5326	0.5403	9
深圳	0.7526	0.2956	0.5736	0.5259	10
青岛	0.6610	0.5108	0.4093	0.5135	11
烟台	0.6314	0.5951	0.3370	0.5073	12
南通	0.7380	0.3585	0.4354	0.4914	13
南宁	0.6125	0.4246	0.4278	0.4772	14
苏州	0.6858	0.3988	0.3904	0.4741	15
杭州	0.8955	0.5040	0.0066	0.4227	16
西安	0.6676	0.4199	0.2426	0.4205	17
合肥	0.6017	0.5759	0.0000	0.3649	18
厦门	0.7031	0.1472	0.2706	0.3460	19
西宁	0.0000	0.5630	0.1010	0.2341	20
东莞	0.5104	0.0000	0.2298	0.2266	21

由表 2-9 可知，2019 年制造业智能化发展市场实践层评价排名首位的是长沙，大连、广州、南昌和南京紧随其后。值得注意的是，中部地区城市在制造业智能化发展市场实践层的表现亮眼，前 5 席中位列 2 席，且长沙居首位。与此同时，很多传统制造业大市的经济效益相对不足，如苏州、杭州、东莞等。

2.2.3 城市制造业智能化发展综合评价

以城市制造业智能化发展设施基础层、软件应用层和市场实践层 8 个三级指标，采用离差最大化方法对各项指标分配权重，依次为 0.1519、0.0960、0.1375、0.1146、0.1335、0.1002、0.1275 和 0.1388。结合各指标的规范化数值，得到 2019 年我国 21 个城市制造业智能化发展的综合评价值及其排序，见表 2-10。

表 2-10 城市制造业智能化发展综合评价结果

城市	固定互联网宽带接入用户数	计算机、通信和其他电子设备制造业营业收入	电信业务收入	信息传输、计算机服务和软件业营业收入	信息传输、计算机服务和软件业从业人员数	制造业利润率	制造业劳动生产率	制造业成本费用率	综合评价值	排序
深圳	0.7682	1.0000	0.7442	0.7503	1.0000	0.7526	0.2956	0.5736	0.7272	1
广州	0.8253	0.0923	0.6716	0.4762	0.7031	0.7839	0.5239	0.7514	0.6246	2
杭州	0.7526	0.1039	0.3320	1.0000	0.5226	0.8955	0.5040	0.0066	0.5093	3
南京	0.7751	0.0595	0.2100	0.2206	0.3899	0.7005	1.0000	0.2374	0.4603	4
苏州	1.0000	0.4499	0.3578	0.0825	0.2058	0.6858	0.3988	0.3904	0.4550	5
长沙	0.5035	0.0435	0.1370	0.0000	0.0150	1.0000	0.5900	1.0000	0.4157	6
厦门	0.2543	0.1113	1.0000	0.0559	0.2356	0.7031	0.1472	0.2706	0.3514	7
无锡	0.5294	0.1023	0.1200	0.0382	0.0634	0.8009	0.6377	0.4204	0.3395	8
济南	0.5311	0.0238	0.0849	0.0412	0.1648	0.6050	0.7359	0.4132	0.3331	9
西安	0.6055	0.0438	0.2107	0.1240	0.2858	0.6676	0.4199	0.2426	0.3316	10
大连	0.1920	0.0194	0.0697	0.0412	0.1590	0.8918	0.6543	0.5797	0.3198	11
宁波	0.5830	0.0496	0.1342	0.0291	0.0333	0.8721	0.2877	0.5326	0.3175	12
南昌	0.3045	0.0539	0.0266	0.0084	0.0493	0.6640	0.6962	0.6302	0.3054	13
青岛	0.5035	0.0264	0.1257	0.0446	0.0364	0.6610	0.5108	0.4093	0.2944	14
沈阳	0.2785	0.0039	0.1084	0.0180	0.0382	0.7171	0.6991	0.3131	0.2692	15
南通	0.4585	0.0322	0.0543	0.0105	0.0031	0.7380	0.3585	0.4354	0.2619	16
南宁	0.3633	0.0248	0.0819	0.0235	0.0461	0.6125	0.4246	0.4278	0.2525	17
合肥	0.4481	0.0788	0.0863	0.0456	0.1419	0.6017	0.5759	0.0000	0.2454	18
烟台	0.2561	0.0365	0.0000	0.0092	0.0096	0.6314	0.5951	0.3370	0.2306	19
东莞	0.1592	0.4578	0.2770	0.0333	0.0259	0.5104	0.0000	0.2298	0.1965	20
西宁	0.0000	0.0000	0.3883	0.0020	0.0000	0.0000	0.5630	0.1010	0.1394	21

由表 2-10 可得，2019 年中国制造业智能化综合发展水平最高的 10 大城市依次为：深圳、广州、杭州、南京、苏州、长沙、厦门、无锡、济南和西安。

深入分析各样本城市制造业智能化发展的三维综合评价（设施基础层、软件应用层、市场实践层），以各样本城市的三维综合评价值为基础，做出雷达图（图 2-1），可见杭州和广州的智能化综合发展相对较为均衡，而其他城市制造业的智能化发展都存在相对薄弱的环节，如长沙、大连、南昌等城市制造业的市场实践层表现很亮眼，但其设施基础层和软件应用层明显滞后；厦门、杭州、西安等城市制造业的设施基础层和软件应用层具有明显优势，但市场实践层却明显不足；也有传统的制造业大市在制造业智能化发展的过程中远远滞后，如东莞的制造业智能化评价位居倒数第二，究其原因是东莞的软件应用层和市场实践层能力欠佳，有待提高。

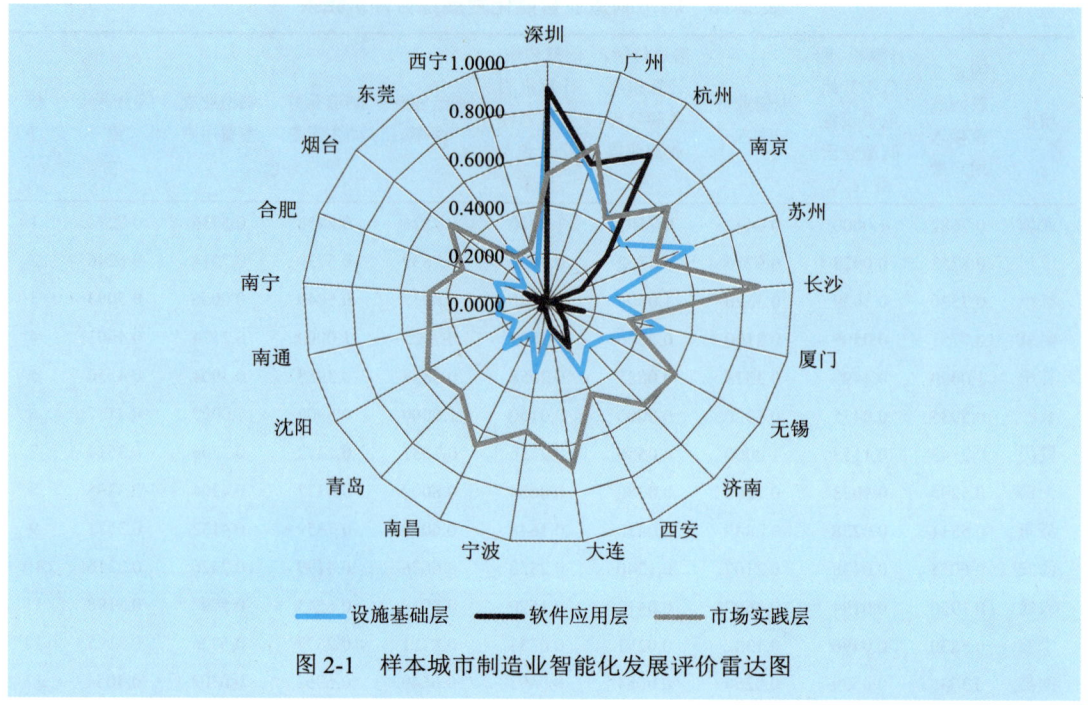

图 2-1 样本城市制造业智能化发展评价雷达图

从前 10 强的地理区域分布看，横贯东西，作为东中西互动合作协调发展带的长江流域囊括了 10 强中的 5 席，包括长江中游的长沙，以及下游长三角地区的南京、无锡、苏州和杭州。可见，长江流域不仅是我国最重要的工业走廊之一，也是中国智能制造的优势区域。从长三角和珠三角两大城市群的表现来看，珠三角（深圳、广州）走在城市制造业智能化发展的前端，但长三角的整体表现则比较突出（杭州、南京、苏州、无锡）。

纵观各样本城市的智能化发展水平排名，我们可以明显看出作为制造业传统优势区域的广东、浙江和江苏三省，在中国制造业智能化发展进程中仍优势明显，尤其是广东省。进一步从传统的东中西区域划分看，东部地区 8 个城市，中部地区 1 个城市（长沙），西部地区 1 个城市（西安），这表明中国制造业"东强西弱"的特征在智能制造阶段仍然存在。并且，本系列报告连续三年的城市制造业智能化发展排名都反映出这一特征，说明中西部制造业的发展仍任重道远。

2.3 智能化影响下区域制造业发展新进展

以智能制造为核心的《中国制造 2025》计划推进时间已过半，伴随制造业智能化进程加速，各地区制造业发展表现如何？借鉴国际电信联盟可持续智慧城市行业数字化转型指标体系框架，本节从制造业竞争力、经济效益、环境效益和社会效益四个方面展开考察（图 2-2）。考虑到数据的一致性，本节中制造业数据均为工业口径。

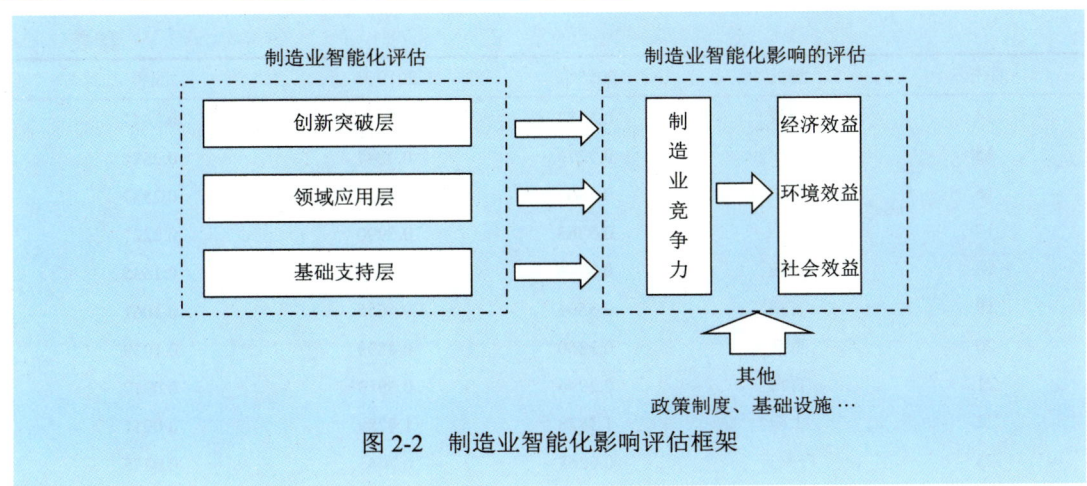

图 2-2 制造业智能化影响评估框架

2.3.1 制造业竞争力

本小节从创新能力、运营能力和新市场渗透能力 3 个方面描述地区制造业竞争力及其改善。

1. 创新能力

制造业发展离不开创新，离不开研究与发展（R&D）活动，大规模、高强度研究与发展活动经费投入决定了地区制造业创新产出，由于创新产出类型的多样性及部分创新产出的隐含性，国际上通常采用 R&D 强度（R&D 经费投入与主营业务收入之比）反映地区或产业创新能力，本节参考该做法，采用制造业 R&D 强度指标表示制造业创新能力，各地区制造业 R&D 强度改善情况如表 2-11 所示。

表 2-11 地区制造业 R&D 强度　　　　　（单位：%）

序号	地区	2015 年	2019 年	改善
1	江苏	1.0243	1.8620	0.8377
2	安徽	0.8246	1.5432	0.7186
3	河南	0.5027	1.2156	0.7129
4	重庆	0.9552	1.5665	0.6113
5	山东	0.8870	1.4561	0.5691
6	湖南	0.9956	1.5642	0.5686
7	贵州	0.4630	0.9322	0.4692
8	江西	0.4476	0.9146	0.4670
9	河北	0.6261	1.0672	0.4411
10	湖北	0.9432	1.2901	0.3469
11	浙江	1.3503	1.6762	0.3259
12	广东	1.2761	1.5777	0.3016
13	四川	0.5791	0.8790	0.2999

续表

序号	地区	2015年	2019年	改善
14	宁夏	0.5772	0.8419	0.2647
15	辽宁	0.7276	0.9847	0.2571
16	云南	0.6303	0.8840	0.2537
17	广西	0.3763	0.5990	0.2227
18	福建	0.8764	1.0399	0.1635
19	甘肃	0.5594	0.6655	0.1061
20	吉林	0.3860	0.4899	0.1039
21	青海	0.2996	0.3913	0.0917
22	上海	1.3878	1.4789	0.0911
23	内蒙古	0.6268	0.7043	0.0775
24	陕西	0.8765	0.9254	0.0489
25	西藏	0.1908	0.1883	−0.0025
26	黑龙江	0.7513	0.7108	−0.0405
27	山西	0.6899	0.6472	−0.0427
28	新疆	0.4464	0.3830	−0.0634
29	北京	1.2939	1.2177	−0.0762
30	天津	1.2609	1.1252	−0.1357
31	海南	0.6730	0.4677	−0.2053

数据来源：2016、2020年中国工业统计年鉴，中国科技统计年鉴

表 2-11 显示，2015～2019 年，江苏省制造业 R&D 强度从 1.0243%提高至 1.8620%，成为提高幅度最大的地区，装备制造业是江苏的主导和优势产业，也是实施智能化和高质量发展的重要依托产业。"十三五"期间，江苏省加快转型升级，着力发展高端智能制造装备，研发创新能力不断提升。中部省份安徽、河南创新能力改善分列第 2、3 位，湖南、江西、湖北 R&D 强度改善均进入前 10，中部地区制造业在创新能力改善上整体表现突出，反映了中部崛起战略的有效推进。

2. 运营能力

存货周转率是一定时期营业成本与平均存货余额的比值，反映存货的流动性。存货周转天数是存货周转率的时间形式表达。存货周转天数越大，存货周转率越低，存货流动性越差。从存货周转率指标可以综合看出企业从原材料购入、投产到销售各个环节运转是否高效，因此成为运营能力的直接体现。地区制造业存货周转天数改善情况见表 2-12。

表 2-12 地区制造业存货周转天数 （单位：天）

序号	地区	2015年	2019年	改善
1	宁夏	32.9400	16.1000	16.8400
2	海南	26.9800	15.1500	11.8300

续表

序号	地区	2015年	2019年	改善
3	西藏	25.6900	16.7300	8.9600
4	甘肃	25.9300	17.2100	8.7200
5	云南	26.5400	18.1500	8.3900
6	新疆	26.1900	17.9500	8.2400
7	山西	23.1100	17.2500	5.8600
8	贵州	19.3000	15.9700	3.3300
9	福建	15.3500	13.6400	1.7100
10	上海	19.8000	18.8400	0.9600
11	陕西	19.3900	18.6000	0.7900
12	湖北	15.9300	15.2000	0.7300
13	浙江	22.4100	21.7900	0.6200
14	青海	23.4000	22.8200	0.5800
15	重庆	15.0100	15.0000	0.0100
16	四川	14.5100	14.8300	−0.3200
17	北京	17.8300	18.8600	−1.0300
18	湖南	11.3800	12.7300	−1.3500
19	天津	15.7300	17.2300	−1.5000
20	黑龙江	17.3800	19.6800	−2.3000
21	辽宁	16.5100	18.9700	−2.4600
22	广西	15.8800	18.5100	−2.6300
23	广东	16.3200	18.9800	−2.6600
24	江西	9.8400	12.7500	−2.9100
25	内蒙古	14.8500	17.8700	−3.0200
26	安徽	13.4000	16.7800	−3.3800
27	河北	12.9600	16.4200	−3.4600
28	河南	9.3100	13.1700	−3.8600
29	江苏	13.1300	20.4500	−7.3200
30	山东	12.7400	21.2000	−8.4600
31	吉林	12.7500	21.3400	−8.5900

数据来源：2016、2020年中国工业统计年鉴

  由表2-12中2015~2019年数据变化情况看，15个省（自治区、直辖市）存货周转天数表现出不同程度的下降，下降幅度前10的地区中以西部地区为主。上海和浙江成为该指标表现突出的东部强省（市），而山东、江苏、广东的存货周转天数均有所提高。智能制造提高了生产效率，有助于减少存货周转天数；智能制造亦有助于构建多品种、小批量柔性化生产模式，品种数的丰富增大了库存，但在一定情形下也抑制了存货周转天数的改善。

3. 新市场渗透能力

根据市场需求不断开发新产品、提高新产品市场渗透能力是制造业部门保持竞争力的关键，新产品市场渗透能力的提升有助于制造业部门提质增效、降本增益。本节采用制造业新产品销售比例，即制造业新产品销售收入占制造业主营业务收入的比例反映制造业产品新市场渗透能力。地区制造业新产品销售比例改善见表2-13。

表 2-13 地区制造业新产品销售比例 （单位：%）

序号	地区	2015年	2019年	改善
1	江西	6.2467	18.0754	11.8287
2	安徽	15.0578	25.9605	10.9027
3	吉林	8.1657	18.8172	10.6515
4	广东	19.0021	29.2858	10.2837
5	江苏	16.6333	25.4056	8.7723
6	湖北	13.1473	21.3538	8.2065
7	河北	7.6153	15.7798	8.1645
8	山东	10.0931	16.2094	6.1163
9	河南	7.8912	13.5559	5.6647
10	陕西	5.2867	9.8616	4.5749
11	浙江	29.8020	34.3321	4.5301
12	贵州	3.9940	8.3860	4.3920
13	青海	1.0513	5.1523	4.1010
14	西藏	4.1331	7.7727	3.6396
15	山西	5.6984	9.3241	3.6257
16	辽宁	10.0392	13.5961	3.5569
17	上海	21.8626	25.3921	3.5295
18	北京	18.8924	22.2903	3.3979
19	内蒙古	3.5129	6.7084	3.1955
20	黑龙江	4.3609	7.2946	2.9337
21	广西	7.9901	10.5397	2.5496
22	四川	7.4846	9.5452	2.0606
23	云南	5.2209	6.4000	1.1791
24	福建	8.9049	10.0592	1.1543
25	宁夏	8.1402	9.0665	0.9263
26	甘肃	6.6069	7.2759	0.6690
27	湖南	20.7560	21.3751	0.6191
28	天津	20.4786	20.2786	−0.2000
29	新疆	6.0264	4.8344	−1.1920
30	重庆	21.6968	20.3590	−1.3378
31	海南	8.0090	4.0453	−3.9637

数据来源：2016、2020 中国工业统计年鉴，中国科技统计年鉴

表 2-13 数据显示，2015～2019 年全国 27 个省（自治区、直辖市）新产品市场渗透能力均有所提升，江西、安徽、吉林是新产品市场渗透能力改善最大的区域，制造业强省广东、江苏、浙江同样表现突出，三区域制造业销售收入中新产品销售收入占四分之一以上，新产品开发能力及市场渗透能力两方面的改善领先于绝大多数的地区，反映了地区制造业较强的新产品开发和市场开拓能力。

2.3.2 制造业经济效益

本小节采用制造业人均增加值代表制造业经济效益，制造业增加值反映了一个地区制造业产出的价值量，劳动力投入是制造活动中重要的投入要素，核心产出与投入的比值可以较为准确地反映一个地区制造业劳动生产力及相应的经济效益。对智能制造而言，主要通过机器人和智能化技术辅助或取代人工，提高劳动强度较大岗位的劳动效率。此外，常规简单重复劳动的减少也意味着整体劳动生产率的提升。地区制造业人均增加值改善情况如表 2-14。

表 2-14 地区制造业人均增加值 （单位：万元/人）

序号	地区	2015 年	2019 年	改善
1	内蒙古	33.0834	61.3257	28.2423
2	青海	24.6609	51.1450	26.4841
3	贵州	31.2781	55.5500	24.2719
4	西藏	36.9347	59.3243	22.3896
5	云南	42.7040	63.6927	20.9887
6	天津	23.8697	44.4339	20.5642
7	山东	22.2524	41.1009	18.8485
8	江苏	25.3049	43.9719	18.6670
9	广西	24.2005	41.9661	17.7656
10	辽宁	23.9400	41.6845	17.7445
11	北京	31.3193	48.8803	17.5610
12	安徽	24.6013	41.8195	17.2182
13	吉林	20.7416	37.6115	16.8699
14	宁夏	26.6677	42.8884	16.2207
15	河南	20.6293	36.6729	16.0436
16	上海	33.7538	49.6398	15.8860
17	陕西	40.2339	56.0952	15.8613
18	新疆	38.4794	54.1944	15.7150
19	甘肃	31.8283	47.4785	15.6502
20	河北	26.3409	40.8834	14.5425
21	海南	42.3454	56.3525	14.0071
22	湖北	32.8281	46.7669	13.9388
23	四川	30.2097	44.0537	13.8440
24	重庆	29.2802	42.3243	13.0441

续表

序号	地区	2015年	2019年	改善
25	山西	23.2018	35.1941	11.9923
26	江西	26.6740	37.3481	10.6741
27	福建	25.2395	35.5886	10.3491
28	黑龙江	28.7696	38.9987	10.2291
29	浙江	25.2468	33.1712	7.9244
30	湖南	31.6655	38.8956	7.2301
31	广东	21.3933	28.2496	6.8563

数据来源：国家统计局网站和2016、2020年中国工业统计年鉴

可见，2019年各地区制造业人均增加值均高于2015年水平，说明中国制造业劳动生产率改善显著，反映了中国制造业技术水平的提升。然而，影响劳动生产率的因素诸多，除了智能化技术进步，地区制造业规模效应、竞争程度以及产业结构等因素均对其有较大影响。2015～2019年制造业人均增加值改善最高的5个省份皆来自西部地区，反映了区域的后发优势。而制造强省山东和江苏改善幅度分列第7和第8位，表明了两地区制造业高水平的竞争实力。制造强省广东和浙江制造业人均增加值改善较小，与两地区出色的智能化水平不符，对此的解释是两地区的传统劳动密集型制造业占有相当份额，制造业就业人数基数大，产业结构较为刚性，智能化难以在短期内对两地区的制造业整体生产率造成较大影响。

2.3.3 制造业环境效益

制造业生产中会消耗大量的化石能源，给地区环境带来沉重负担。本小节选取制造业单位增加值能源消耗量代表地区制造业环境效益。制造业单位增加值能源消耗量越小，表明能源使用的效率越高，环境效益越好。地区制造业单位增加值能源消耗量改善，见表2-15。

表2-15　地区制造业单位增加值能源消耗量　（单位：万吨标准煤/亿元）

序号	地区	2015年	2019年	改善
1	青海	6.2081	3.8764	2.3317
2	新疆	4.1387	3.3346	0.8041
3	山西	2.7271	2.0166	0.7105
4	内蒙古	3.1481	2.4499	0.6982
5	贵州	1.7302	1.0754	0.6548
6	吉林	1.6634	1.0476	0.6158
7	甘肃	2.7155	2.1092	0.6063
8	四川	1.3219	0.9020	0.4199
9	河南	1.1333	0.7262	0.4071
10	河北	2.2725	1.9326	0.3399
11	广西	1.6466	1.3281	0.3185

续表

序号	地区	2015年	2019年	改善
12	黑龙江	1.9423	1.6410	0.3013
13	湖北	0.9052	0.6099	0.2953
14	天津	1.4621	1.2179	0.2442
15	云南	1.6800	1.4432	0.2368
16	海南	1.9307	1.6943	0.2364
17	福建	0.7920	0.5769	0.2151
18	安徽	1.0014	0.7897	0.2117
19	上海	0.7633	0.5926	0.1707
20	江苏	0.8013	0.6313	0.1700
21	浙江	0.5734	0.4083	0.1651
22	北京	0.4500	0.3354	0.1146
23	陕西	0.9579	0.8443	0.1136
24	江西	0.8200	0.7226	0.0974
25	辽宁	1.7559	1.6707	0.0852
26	广东	0.5543	0.4747	0.0796
27	重庆	0.6873	0.6117	0.0756
28	山东	1.3669	1.3299	0.0370
29	湖南	0.8920	0.8879	0.0041
30	宁夏	5.2691	5.3642	−0.0951
31	西藏	—	—	—

数据来源：国家统计局和2016、2020年各省统计年鉴计算整理

从表2-15中可以看出，除了西藏、宁夏，2019年各地区制造业单位增加值能源消耗量均低于2015年，各地区平均制造业单位增加值能源消耗量下降了0.3555万吨标准煤/亿元，全国制造业能源效率普遍得到提升。青海、新疆、山西、内蒙古、贵州能源效率提升最大，前4个省份皆为制造业单位增加值能源消耗量排名前10的地区，与劳动生产率改善一样，反映了后发优势。值得注意的是，后发优势并未表现在制造业单位增加值能源消耗量最高的省份——宁夏；相反，相比2015年，宁夏制造业单位增加值能源消耗量还有小幅提升。

2.3.4 制造业社会效益

科技创新是社会发展的首要推动力，作为科技创新的核心部门，制造业部门的创新成果为社会发展提供了大量社会资本，发明专利是其中拥有自主产权的创新成果，对社会进步意义重大。结合制造业创新活动的人力投入，本小节选取地区制造业人均发明专利数代表区域制造业社会效益。地区制造业人均发明专利数改善，见表2-16。

表 2-16　地区制造业人均发明专利数　　　　　（单位：件/万人）

序号	地区	2015年	2019年	改善
1	北京	215.0398	560.4884	345.4486
2	广东	120.9503	271.0184	150.0681
3	上海	131.8514	277.9542	146.1028
4	江苏	75.1041	213.6750	138.5709
5	安徽	84.0631	204.9443	120.8812
6	天津	109.0033	211.9512	102.9479
7	山东	35.5351	122.6356	87.1005
8	重庆	32.9601	118.0943	85.1342
9	辽宁	34.8955	118.2792	83.3837
10	四川	49.5314	132.6976	83.1662
11	云南	48.6221	119.4834	70.8613
12	湖南	57.7886	128.5367	70.7481
13	陕西	42.5149	111.3259	68.8110
14	浙江	44.8714	111.6021	66.7307
15	宁夏	27.6829	93.5962	65.9133
16	湖北	47.6933	113.1390	65.4457
17	河北	20.3342	77.6685	57.3343
18	贵州	40.0861	96.4246	56.3385
19	福建	28.4843	78.8160	50.3317
20	河南	15.7603	61.8330	46.0727
21	黑龙江	26.8252	72.8974	46.0722
22	内蒙古	17.4601	61.6897	44.2296
23	广西	21.7095	65.3975	43.6880
24	甘肃	29.5159	69.8526	40.3367
25	江西	18.0897	56.7318	38.6421
26	吉林	17.7773	54.5220	36.7447
27	青海	12.9417	47.2931	34.3514
28	新疆	21.5664	47.4042	25.8378
29	西藏	45.2261	70.2703	25.0442
30	山西	22.5497	46.0811	23.5314
31	海南	118.3849	141.4703	23.0854

数据来源：2016、2020年科技统计年鉴计算整理

表2-16数据显示，2015~2019年全国31个省份人均发明专利数量均呈现上升趋势，上升幅度排前5位的区域分别是：北京、广东、上海、江苏和安徽。值得注意的是，前4个区域同时也是中国智能制造人才最为集中、人均发明专利数量最高的地区，这反映了制造业部门创新活动集聚带来的社会效益存在聚合、叠加和倍增效应。作为进入前5的唯一中部地区，安徽省近年来积极推进创新驱动，建设了"合肥综合性国家科学中心""合肥国家新一代人工智能创新发展试验区"等一大批高质量创新平台，制造业部

门社会效益贡献显著。

参 考 文 献

蔡秀玲, 高文群. 2017. 中国智能制造对农业转移劳动力就业的影响[J]. 福建师范大学学报: 哲学社会科学版, 1: 68-78.

董志学, 刘英骥. 2016. 我国主要省市智能制造能力综合评价与研究——基于因子分析法的实证分析[J]. 现代制造工程, 1: 151-158.

李廉水, 石喜爱, 刘军. 2019. 中国制造业40年: 智能化进程与展望[J]. 中国软科学, 1: 1-9, 30.

孙早, 侯玉琳. 2019. 工业智能化如何重塑劳动力就业结构[J]. 中国工业经济, 5: 61-79.

杨晓峰. 2018. 智能制造是否有助于提升制造业平均工资?——基于2001—2016年17省工业机器人数据研究[J]. 经济体制改革, 6: 169-176.

撰稿人：吴敏洁
审稿人：刘　军

第 3 章　中国制造业智能化发展：产业研究

本章首先从基础层、应用层和市场层 3 个层面建立中国制造业产业的智能化评价体系，共计 12 个指标。然后选取 2015~2019 年的数据，对汽车制造业，计算机、通信和其他电子设备制造业和专用设备制造业 3 个离散型制造业行业进行智能化评价，并利用离差最大化方法计算行业每个年份的综合评价值，得出 2015~2019 年该行业智能化能力和排序。

3.1　制造业细分产业的评价指标体系

制造业智能化能力涉及多学科、多领域、多视角，难以对其进行科学客观的评价，而且还缺乏相关成熟的研究。因此需要建立一套评价指标体系来反映制造业智能化的能力。根据我国制造业智能化历年发展所体现的特点，遵循指标选取标准，结合统计数据的可得性和完整性，本章确定由下列评价指标来构建我国的制造业智能化评价指标体系（表 3-1）。评价指标体系主要包括基础层、应用层、市场层 3 个一级指标和 12 个二级指标。

表 3-1　制造业智能化评价指标体系

总指标	一级指标	序号	二级指标
制造业智能化指标体系	基础层	A1	R&D 经费内部支出
		A2	新产品开发经费
		A3	R&D 人员数
		A4	R&D 人员全时当量
	应用层	B1	专利拥有数
		B2	专利申请数
		B3	新产品开发项目数
		B4	R&D 人员占用工人员人数比例
	市场层	C1	企业利润总额
		C2	主营业务收入
		C3	用工人员数
		C4	人均利润率

从制造业智能化发展历程来看，发展初期的工作重心为资源建设，是智能制造的基础，伴随着制造业智能化后续的深入发展，资源建设还将不断得到加强和完善。考虑 3 个行业的共性特征和发展规律，基础层主要设置了 4 个二级指标，即 R&D 经费内部支

出、新产品开发经费、R&D 人员数和 R&D 人员全时当量。

资源建设具备一定基础后,智能制造在各个环节的应用得到逐渐推行和重视,智能化的应用层次不断提高。智能化的应用是对工业化各环节的促进,对其的评价包括 4 个二级指标,即专利拥有数、专利申请数、新产品开发项目数和 R&D 人员占用工人员人数比例。

智能化的终极目标是转方式、调结构、提效率,进而提升人民的生活水平。智能制造涉及全社会固定资产的更新升级,在很大程度上依托于国家和企业的经济实力。随着制造业产业结构转型升级,着力推行"智能制造",制造业由原来的粗放式、劳动密集型转向集约式、智能化、无人化。这种转变大大减少工人数量,降低劳动力成本,对制造业就业产生影响。因此,对市场层选取 4 个二级指标进行评价,包括企业利润总额、主营业务收入、用工人员数和人均利润率。

1. 基础层

(1) R&D 经费内部支出是指调查单位在报告年度用于内部 R&D 活动的实际支出。包括 R&D 项目(课题)活动的直接支出,以及间接 R&D 活动管理费、服务费、与 R&D 相关的基本建设支出和外协加工费等。不包括生产活动支出、偿还贷款费用、与外部单位合作或委托外单位进行 R&D 活动而转拨给对方的经费支出。

(2) 新产品开发经费是指报告期内企业科技活动内部支出中新产品研发费用。包括新产品研究、设计、模型开发、测试、试验等费用。

(3) R&D 人员数是指从事基础研究、应用研究和试验发展活动的人员数量。

(4) R&D 人员全时当量是指 R&D 全时人员(全年 R&D 活动累计工作时间占全部工作时间 90%或更多的人员)工作量与非全时人员按实际工作时间折算的工作量之和。

2. 应用层

(1) 新产品开发项目数指的是使用新技术原理和新设计概念开发和生产的全新产品,或者在结构、材料、工艺等方面显著改善了产品的性能或扩展了产品的使用范围。

(2) 专利申请数是该行业的专利申请数量。

(3) 专利拥有数是该行业拥有的专利数量。

(4) R&D 人员占用工人员人数比例为 $\frac{L'}{L} \times 100\%$,其中,$L'$ 为制造业 R&D 人员数(人),L 为制造业用工人员数(人)。

3. 市场层

(1) 企业利润总额是指企业生产经营活动的最终结果。它是企业在一定时期内实现的利润与亏损相抵后的总利润,等于营业利润加补贴收入加投资收益加营业外净收入再加上以前年度损益调整,以字母 S 表示。

(2) 主营业务收入是指会计"利润表"中相应指标的累计数量。未实施 2001 年《企业会计制度》的企业,用"产品销售收入"的本期累计数代替。

（3）用工人员数以字母 L 表示。

（4）人均利润率为 $\dfrac{S \times 100\,000\,000}{L}$，其中，$S$ 为制造业企业利润总额（亿元）；L 为制造业企业用工人员数（人）。

本章利用制造业基础层、应用层、市场层 3 个层面的相关数据，运用多指标离差最大化方法，先对制造业基础层、应用层、市场层进行分析，然后综合 3 个维度评价制造业各行业的智能化发展。

制造业各行业综合发展的评价和顺序涉及多个指标，因此这是一个多属性的决策问题。多属性决策也称为多准则决策，其核心和关键是指标权重的确定，本章采用离差最大化方法确定权重。该方法是一种完全客观的评价方法，它消除了主观评价方法的影响，概念清晰、意义明确、算法简单，已在实践中得到广泛应用。

3.2 汽车制造业

3.2.1 汽车制造业智能化评价

1. 基础层

（1）R&D 经费内部支出。R&D 经费内部支出指的是实际用于各个单位内部研究开发方面的全部支出。从图 3-1 可以看出，汽车制造业的 R&D 经费内部支出从 2015 年的 9 041 561 万元上升到 2019 年的 12 896 141 万元，2019 年的支出是 2015 年的 1.43 倍，上升趋势明显。尤其是 2015～2018 年，年增长率均超过 11%。虽然 2019 年支出较 2018 年下降 225 270 万元，但整体来看，五年来的 R&D 经费内部支出仍呈上升趋势。这说明汽车制造业企业一直以来都非常重视科技研发创新工作。在一段时间内，汽车制造业 R&D 经费内部支出不会减少。

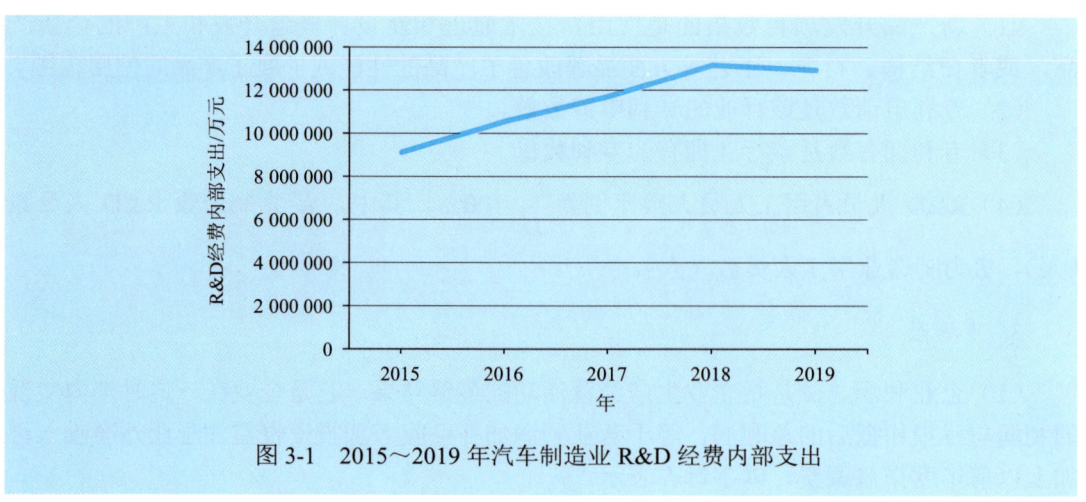

图 3-1　2015～2019 年汽车制造业 R&D 经费内部支出

（2）新产品开发经费。创新是行业活力的源泉。由图 3-2 可知，汽车制造业的新产品开发经费整体呈现上升趋势。从 2015 年的 10 488 318 万元上升到 2019 年的 17 351 599 万元，2019 年是 2015 年的 1.65 倍，且 2015~2018 年的年增长率均超过 13%，其中 2016 年的年增长率最大，为 20.73%。预计未来新产品开发经费会不断增加。

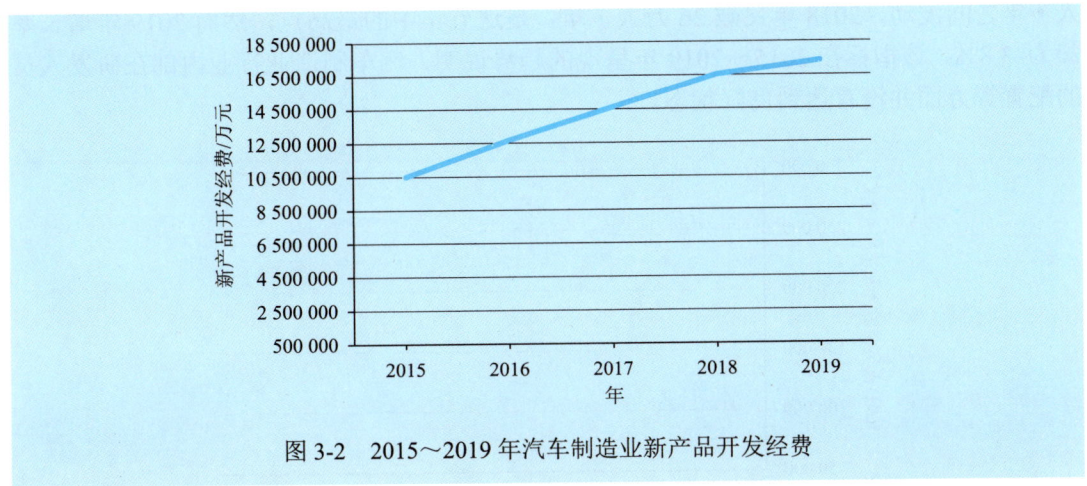

图 3-2　2015~2019 年汽车制造业新产品开发经费

《中国制造 2025》等文件明确提出要实现我国汽车行业的产业结构优化与升级，加快相关前沿技术和装备的研发。在此类政策、文件的引导和制造业本身竞争的双重压力作用下，加快开发新产品、新技术成为产业升级的必由之路。

（3）R&D 人员数。从图 3-3 呈现的信息来看，汽车制造业 R&D 人员数在 2015~2018 年呈上升趋势，年增长率一直在 7% 以上，其中 2018 年人数最多为 365 477 人。2019 年出现下降趋势，但人数仍在 350 000 人以上。从前述分析可发现，R&D 经费内部支出、新产品开发经费都呈现上升趋势，尤其是新产品开发经费上升幅度较大，与之相对比的每年 R&D 人员数却没有太大变化，说明汽车制造业研发人员、研发团队建设尚有待加强。

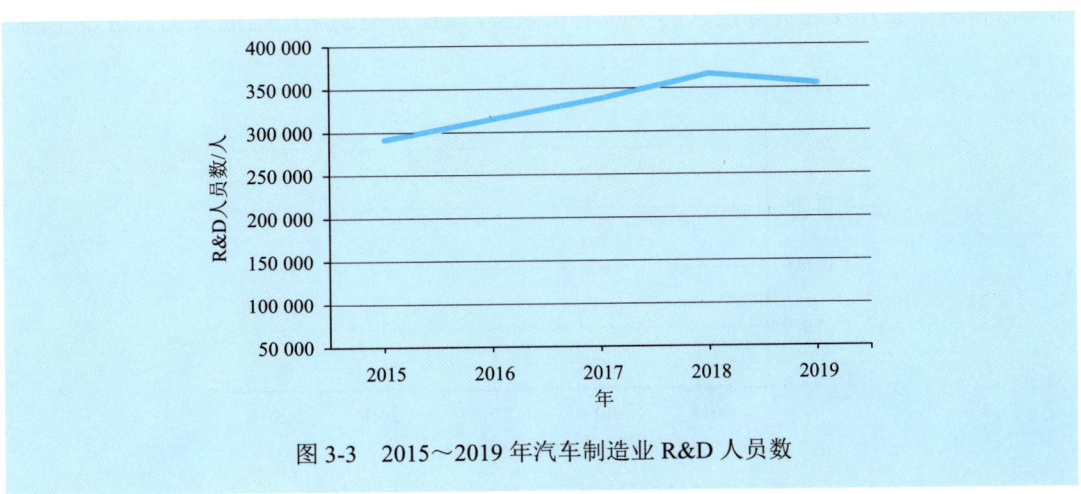

图 3-3　2015~2019 年汽车制造业 R&D 人员数

（4）R&D 人员全时当量。研发人员是技术创新的实践者，因此 R&D 人员全时当量在一定程度上展现了行业的技术进步水平。由图 3-4 可知，汽车制造业 R&D 人员全时当量的趋势与该行业 R&D 人员数呈现的趋势相似，都是在 2015～2018 年呈上升趋势，之后 2019 年下降。汽车制造业 R&D 人员全时当量于 2015～2017 年一直在 20 万～25 万人·年之间波动，2018 年突破 26 万人·年，是这五年中的最高点，然而 2019 年增长率却为–3.8%。该指标在 2015～2019 年呈现的趋势说明，汽车制造业行业内部在研发人员的配置等方面并没有达到良好状态。

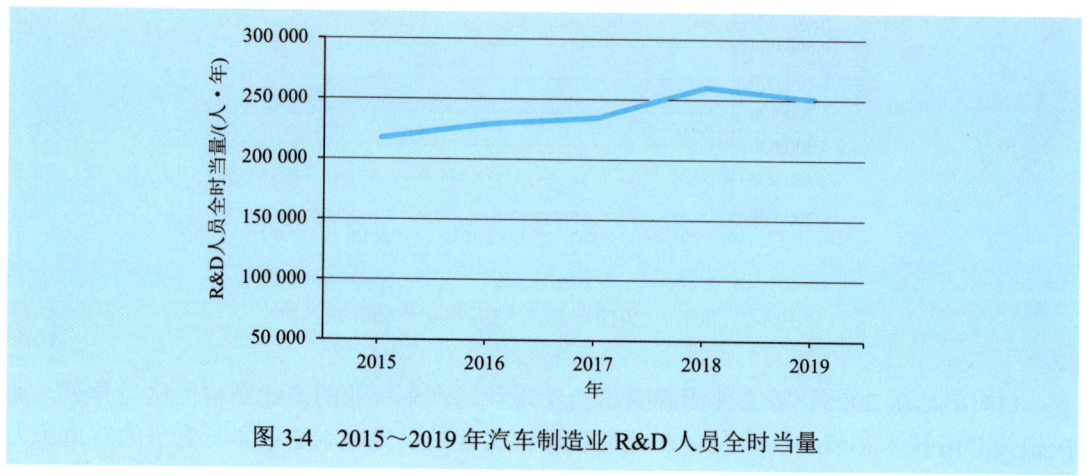

图 3-4　2015～2019 年汽车制造业 R&D 人员全时当量

2. 应用层

（1）专利拥有数。专利拥有数是反映单位产出效果的指标之一。通过图 3-5 可知，2015～2019 年汽车制造业专利拥有数是不断增加的，其中 2016 年和 2018 年的增长幅度较为突出，分别为 19.7% 和 17.8%。相比前面四年，2019 年的增长大幅度减少，专利拥有数为 19 955 项，一年仅增加了 277 项。结合 2015～2019 年汽车制造业在 R&D 经费内部支出和新产品开发经费等投入的不断增长来看，该行业的创新产出成果仍有进步空间。

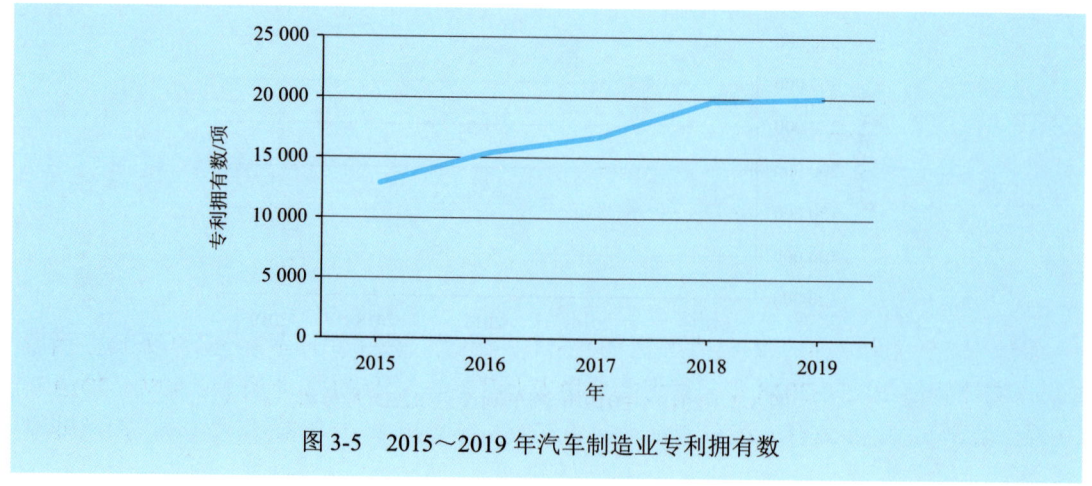

图 3-5　2015～2019 年汽车制造业专利拥有数

（2）专利申请数。通过图 3-6 可以看到，汽车制造业的专利申请数从 2015 年的 46 820 项到 2019 年的 70 247 项，一直保持不断上涨，与专利拥有数的趋势大致相似。其中 2015～2018 年的专利申请数年增长率均超过 10%，2019 年增长速度放缓，增长率为 5.8%。由此可以看到，该行业的知识产权意识不断加强。结合专利拥有数来看，该行业在有效专利的转化工作上仍有待加强。

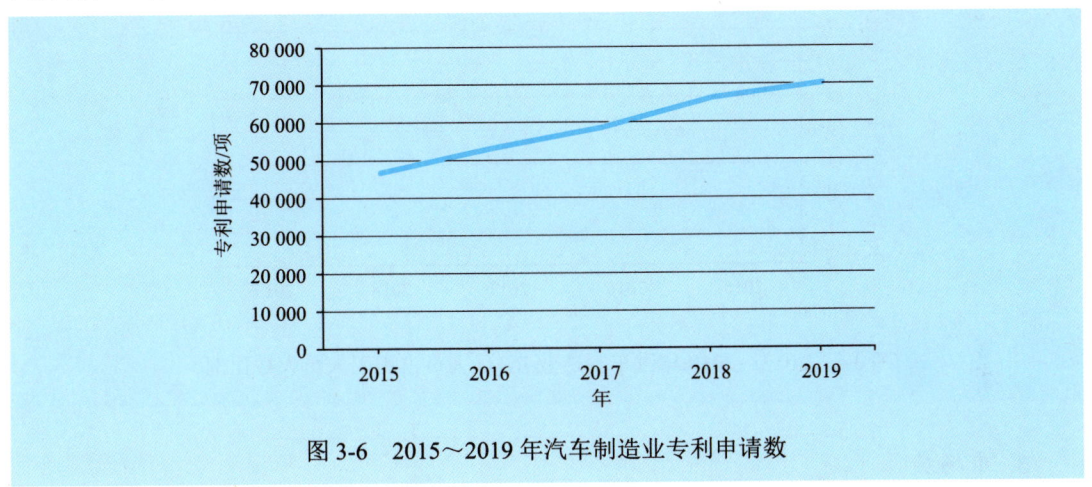

图 3-6　2015～2019 年汽车制造业专利申请数

（3）新产品开发项目数。由图 3-7 可知，汽车制造业新产品开发项目数在 2015～2019 年期间保持稳步增长，2019 年新产品开发项目数达到 45 188 项，是 2015 年数量的 1.8 倍。2016～2019 年增长率均超过 12%，其中 2017 年增长率达到最高，为 18.35%。图 3-7 的趋势特点与汽车制造业新产品开发经费的折线图特点一致，反映该行业在新产品开发上的投入与产出成正比。

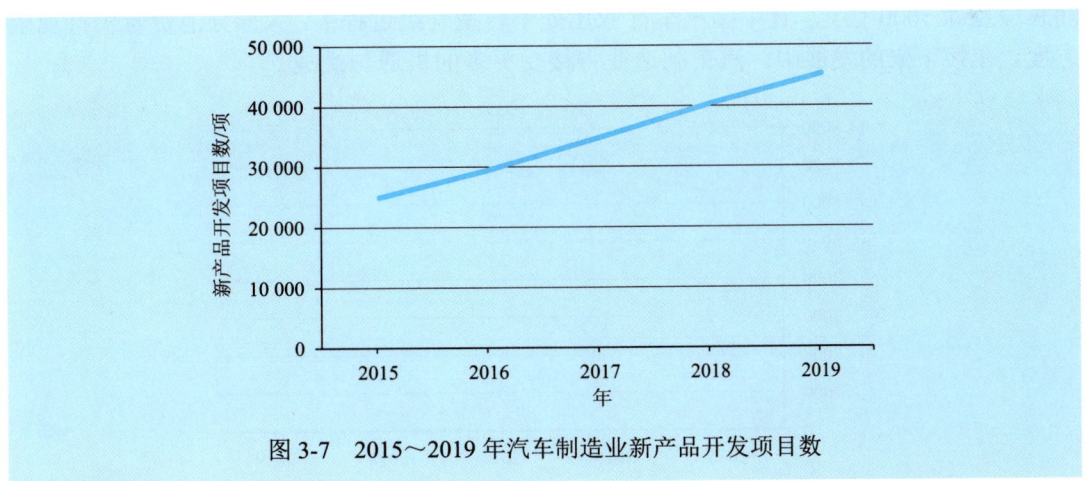

图 3-7　2015～2019 年汽车制造业新产品开发项目数

（4）R&D 人员占用工人员人数比例。从图 3-8 看，汽车制造业的 R&D 人员占用工人员人数比例在 2015～2018 年一直保持着稳步上升趋势，从 6.15% 上升到 7.97%，2019 年下降至 7.86%。具体来看，汽车制造业的 R&D 人员数在 2019 年前逐渐上升，而从业人员在逐渐下降，因此是 R&D 人员占用工人员人数比例上升的主要原因。这也从侧面反映智能化背景下，一些传统岗位被精简化，甚至被科技所取代，行业整体正在向科技、创新、智能方向迈进。

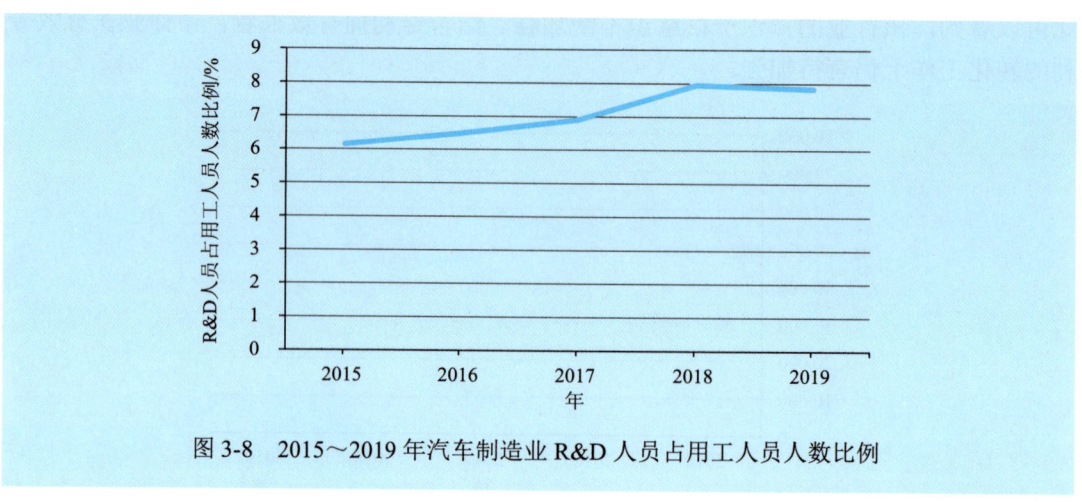

图 3-8　2015～2019 年汽车制造业 R&D 人员占用工人员人数比例

3. 市场层

（1）企业利润总额。近年来汽车制造业的企业利润总额波动较大。从图 3-9 可知，该行业 2015～2017 年的利润额在不断提升，2018～2019 年大幅度下降，于 2019 年跌破 6000 亿元。汽车制造业主要涉及 6 个行业领域，其行业表现与这 6 个行业领域息息相关，单一行业领域的波动对该行业的整体影响较大。2018～2019 年，中国汽车市场下滑，汽车产销量下降，使得汽车制造业企业利润总额随之呈现向下发展的态势，2019 年企业利润总额直逼 5000 亿元。且中国汽车行业正处于转型升级过程中，大部分消费者仍持观望态度。在接下来的发展中，汽车制造业将接受更多的机遇与挑战。

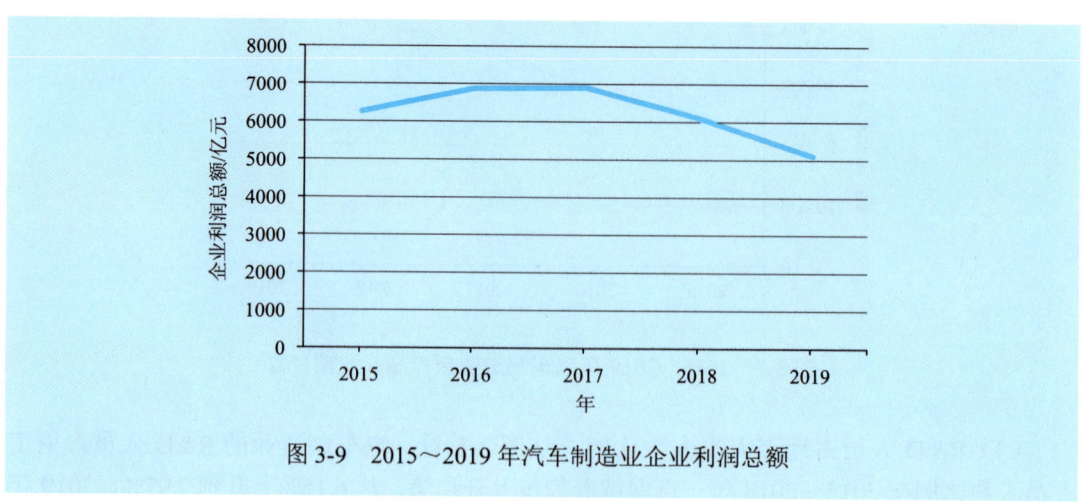

图 3-9　2015～2019 年汽车制造业企业利润总额

（2）主营业务收入。从图 3-10 可以看出，汽车制造业的主营业务收入在 2015～2017 年保持上升态势，但增长率不断下降，2017 年增长率仅为 4%，2018～2019 年主营业务收入下降，且下降趋势不断增加，2019 年的下降幅度增至 3.5%。在制造业转型升级背景下，汽车制造业的企业利润和主营业务收入情况均处于下降状态，说明该行业仍有很大的提升空间，需要不断进行智能化改造，实现技术升级，从而达到技术与效益的双赢。

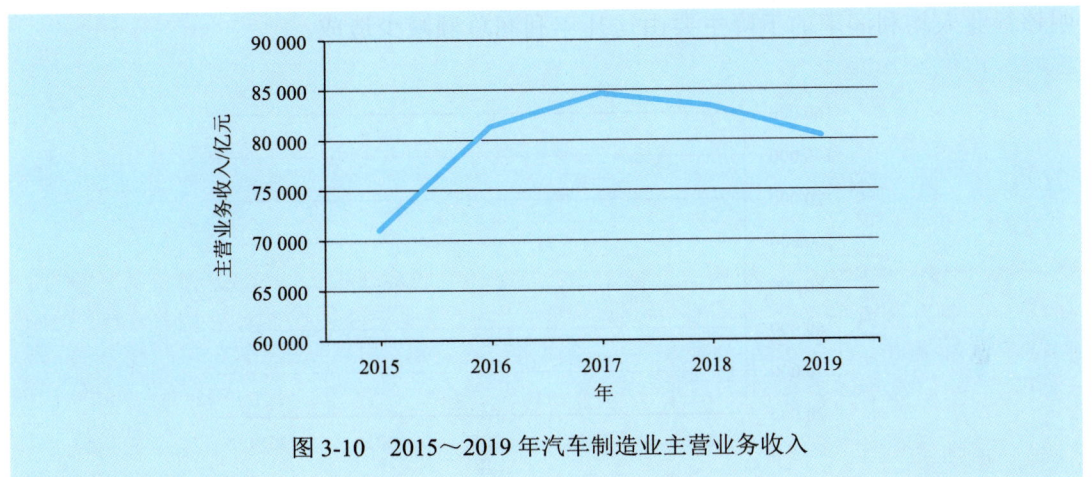

图 3-10　2015～2019 年汽车制造业主营业务收入

（3）用工人员数。从图 3-11 可以看到，汽车制造业用工人员数可以分为两个阶段，2015～2017 年该行业就业人数呈现上升趋势，但上升幅度不断降低，此后便进入急剧下降阶段，至 2019 年用工人员数低至 4 510 500 人。随着制造业的智能化升级改造，用工人员数的下降是大部分制造业行业都将面临的问题。智能化过程中，很多传统岗位存在被智能机器替代的风险，出于成本考虑，不少企业也会乐于接受新技术、新机器对传统行业岗位的改造。从长期来看，虽然传统岗位被替代，但是智能化可能会产生新的岗位。用工问题关乎民生，在制造业智能化背景下处理好人的角色问题，也是考验行业竞争力的重要指标。

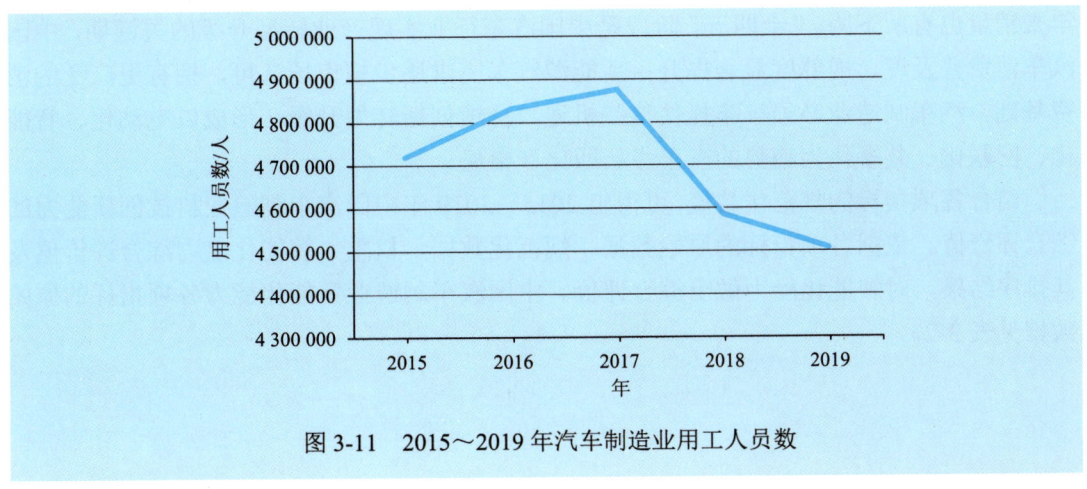

图 3-11　2015～2019 年汽车制造业用工人员数

（4）人均利润率。人均利润率指标的提升，说明用工人员的人均贡献提升。由图 3-12 可知，汽车制造业的人均利润率在 2015～2016 年保持缓慢增长，从 2015 年的 132 224.62 元/人上升至 2016 年的 141 767.92 元/人。2017 年后，人均利润率开始下降，下降幅度小于 1%，2018～2019 年则大幅度下降，2019 年人均利润率为 113 067.07 元/人。该指标减少幅度低于汽车制造业的企业利润总额指标的减少幅度，说明该行业人均利润率的下降主要由这几年利润总额减少造成。

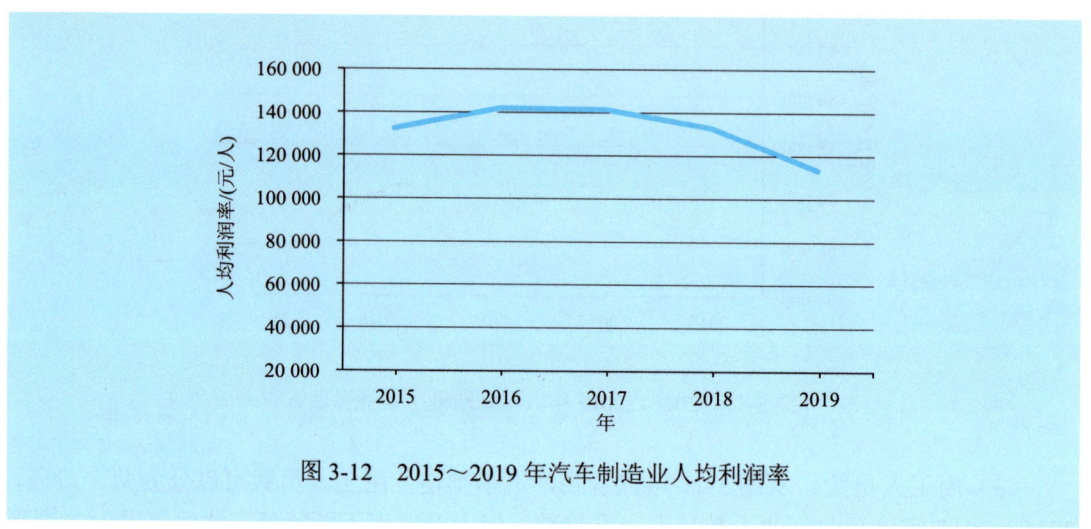

图 3-12　2015～2019 年汽车制造业人均利润率

3.2.2　汽车制造业智能化能力综合化评价

汽车制造业是我国国民经济发展的支柱产业之一，在经济和社会发展中占据着重要地位。汽车制造业具有产业链长、覆盖领域广、关联产业多等特点，对于工业增长的带动作用十分明显。其行业景气度与宏观经济、居民收入水平、消费者偏好、产业政策等因素密切相关，虽然汽车产业实现了几十年的快速发展，但受宏观经济形势影响，近几年来销量也有所下降。"十四五"阶段是中国汽车行业实现产业转型升级的关键期，中国汽车消费普及度、成熟度显著提升；新能源汽车需求逐步被市场认可，拥有更广泛的消费基础。汽车制造业必须牢牢抓住这些机遇，持续创新转型升级，形成以电动化、智能化、网联化、共享化为趋势的汽车"新四化"格局。

结合各项指标的规范化数值，可得出 2015～2019 年中国汽车制造业科技创新能力的综合评价值。依据各项指标的原始数据、规范化数据、权重、智能化能力综合评价值及其排序结果，对智能化能力做出综合评价。中国汽车制造业智能化能力各项指标的原始数据见表 3-2。

表 3-2 2015~2019 年汽车制造业智能化能力各项指标

序号	指标	2015 年	2016 年	2017 年	2018 年	2019 年
A1	R&D 经费内部支出/万元	9 041 561	10 487 371	11 645 572	13 121 411	12 896 141
A2	新产品开发经费/万元	10 488 318	12 662 062	14 613 834	16 529 584	17 351 599
A3	R&D 人员数/人	290 196	313 965	337 408	365 477	354 306
A4	R&D 人员全时当量/（人·年）	217 682	229 363	234 798	260 473	250 600
B1	专利拥有数/项	12 840	15 367	16 701	19 678	19 955
B2	专利申请数/项	46 820	53 133	58 579	66 367	70 247
B3	新产品开发项目数/项	24 859	29 409	34 806	40 322	45 188
B4	R&D 人员占用工人员人数比例/%	6.15	6.49	6.92	7.97	7.86
C1	企业利润总额/亿元	6243.25	6853.77	6890.92	6091.3	5099.89
C2	主营业务收入/亿元	71 069.4	81 347.16	84 637.11	83 372.6	80 418.07
C3	用工人员数/人	4 721 700	4 834 500	4 878 300	4 588 000	4 510 500
C4	人均利润率/（元/人）	132 224.62	141 767.92	141 256.59	132 765.91	113 067.07

运用离差最大化方法构造 2015~2019 年汽车制造业智能化能力各项指标规范化数据，计算结果如表 3-3 所示。

表 3-3 2015~2019 年汽车制造业智能化能力各项指标规范化数据

序号	指标	2015 年	2016 年	2017 年	2018 年	2019 年
A1	R&D 经费内部支出	0	0.3544	0.6383	1	0.9450
A2	新产品开发经费	0	0.3167	0.6011	0.8802	1
A3	R&D 人员数	0	0.3157	0.6271	1	0.8520
A4	R&D 人员全时当量	0	0.2730	0.4000	1	0.7690
B1	专利拥有数	0	0.3552	0.5427	0.9611	1
B2	专利申请数	0	0.2695	0.5019	0.8344	1
B3	新产品开发项目数	0	0.2238	0.4893	0.7606	1
B4	R&D 人员占用工人员人数比例	0	0.1914	0.4234	1	0.9390
C1	企业利润总额	0.6384	0.9793	1	0.5535	0
C2	主营业务收入	0	0.7575	1	0.9068	0.6890
C3	用工人员数	0.5742	0.8809	1	0.2107	0
C4	人均利润率	0.6675	1	0.9822	0.6864	0

根据 2015~2019 年汽车制造业各项指标权重，综合评价汽车制造业各年度智能化能力，计算结果如表 3-4 所示。

表 3-4　2015～2019 年汽车制造业综合智能化能力及排序

序号	指标权重	指标	2015 年	2016 年	2017 年	2018 年	2019 年
A1	0.0856	R&D 经费内部支出	0	0.3544	0.6383	1	0.9450
A2	0.0847	新产品开发经费	0	0.3167	0.6011	0.8802	1
A3	0.0838	R&D 人员数	0	0.3157	0.6271	1	0.8520
A4	0.0825	R&D 人员全时当量	0	0.2730	0.4000	1	0.7690
B1	0.0861	专利拥有数	0	0.3552	0.5427	0.9611	1
B2	0.0847	专利申请数	0	0.2695	0.5019	0.8344	1
B3	0.0838	新产品开发项目数	0	0.2238	0.4893	0.7606	1
B4	0.0908	R&D 人员占用工人员人数比例	0	0.1914	0.4234	1	0.9390
C1	0.0801	企业利润总额	0.6384	0.9793	1	0.5535	0
C2	0.0733	主营业务收入	0	0.7575	1	0.9068	0.6890
C3	0.0882	用工人员数	0.5742	0.8809	1	0.2107	0
C4	0.0765	人均利润率	0.6675	1	0.9822	0.6864	0
		评价值 $D_t(w)$	0.1529	0.4838	0.6765	0.8162	0.6907
		排序号	5	4	3	1	2

由表 3-4 可知，2015～2019 年汽车制造业的智能化综合评价值虽然有轻微动荡，但整体呈现上升趋势，这反映汽车制造业智能化水平正逐年提高。结合图 3-13，汽车制造业的用工人员数的整体趋势处于下降状态。总体来说，从 2018 年后，专利拥有数、新产品开发经费、专利申请数和新产品开发项目数的评价值不断上升，除了企业利润总额、人均利润率外，其余指标稍有回落。就综合评价来说，从 2015～2019 年，汽车制造业各方面的评价值都有一定程度的进步，应当关注的是用工人员的数量与质量问题，以及经济新常态阶段如何提高效益的问题。

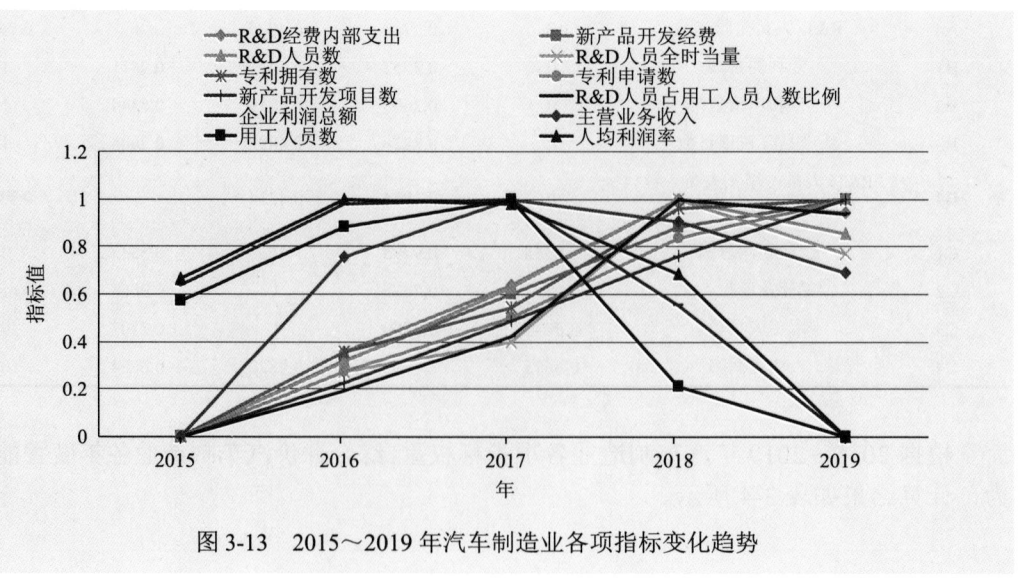

图 3-13　2015～2019 年汽车制造业各项指标变化趋势

人才是智能制造时代最宝贵的资源,汽车制造业存在着用工人员数量整体下降、科研从业者数量提高不明显的问题。《智能制造工程实施指南(2016—2020)》中也提到,要对创新人才、团队等进行系统建设。为此,需要建设提供人才供需信息的服务平台,更重要的是加强高校、研究院所与企业之间的互动,进一步推动产学研一体化建设,使高校、研究院所等机构的知识成果可以有效地转化为实际生产力。另外,汽车作为该行业的最终产品,具有高度综合性,需要各部门生产步骤相互协调配合;也正因如此,汽车制造业的效益分析涉及影响因素更复杂。因此该行业要更加重视自身竞争力的评估,遵循市场规律,广泛开展国际交流,拓展国际合作渠道,探索开发并实现智能化改造,在创新中引领时代潮流,在智能化中造福全行业。

3.3 计算机、通信和其他电子设备制造业

3.3.1 计算机、通信和其他电子设备制造业智能化评价

1. 基础层

(1)R&D经费内部支出。"十三五"规划和《中国制造2025》中有多处涉及信息化、通信行业的智能化产业升级的内容,智能化的高速发展对于传统的计算机、通信和其他电子设备制造业来说,能够加快推动信息技术与经济社会发展的深度融合,加快推动信息经济的发展壮大。在研发上的大量投入是其创新的基础,从2015~2019年该行业的发展情况(图3-14)来看,其R&D经费内部支出处于不断上升趋势,由2015年的16 116 757万元增长至2019年的24 480 937万元,2019年约是2015年的1.52倍。其中2016~2018年年增长率均超过10%,2019年增长速度放缓。

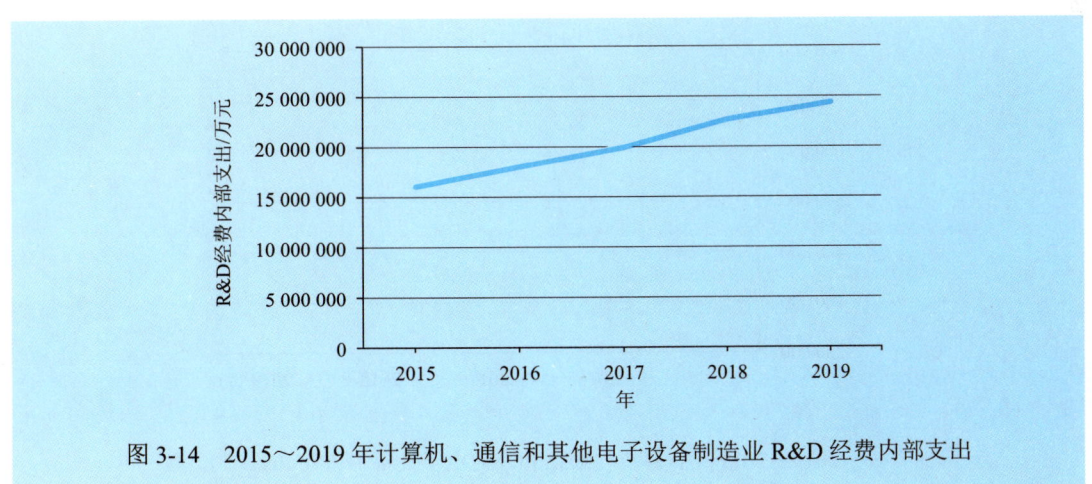

图3-14 2015~2019年计算机、通信和其他电子设备制造业R&D经费内部支出

(2)新产品开发经费。从图3-15来看,在2015~2019年,计算机、通信和其他电子设备制造业新产品开发经费呈现出稳定增长趋势,2019年新产品开发经费是2015年的1.86倍,且2016~2019年,连续四年年增长率均超过14%。计算机、通信和其他电

子设备制造业涉及领域较为广泛，包括计算机制造、通信设备制造、电子元件制造、电子器件制造等，这些基础性和先导性领域的创新升级发展对于行业整体实现智能化发展有着不可或缺的推动作用。总体来说，该行业的新产品开发经费不断提高，呈正向发展。

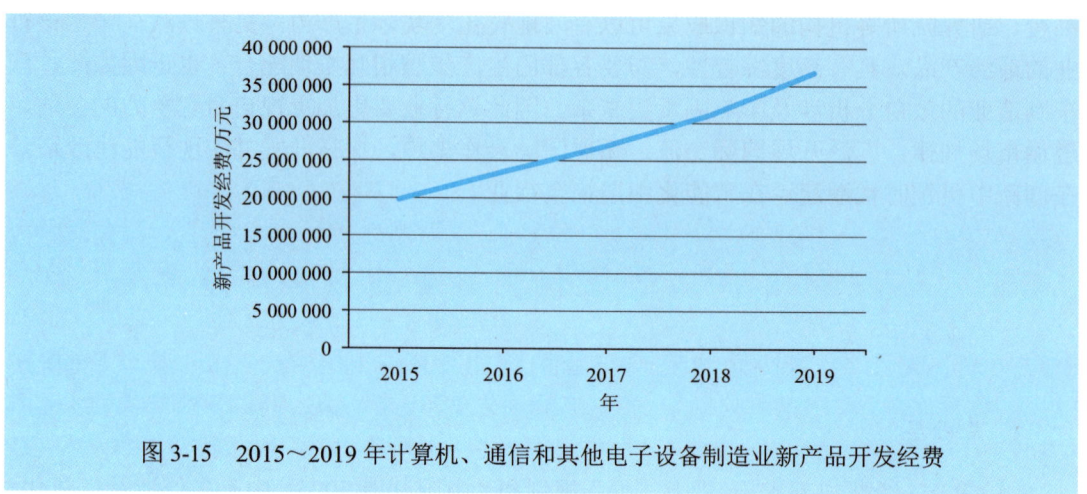

图 3-15　2015～2019 年计算机、通信和其他电子设备制造业新产品开发经费

（3）R&D 人员数。从图 3-16 可知，计算机、通信和其他电子设备制造业 R&D 人员数在 2015～2018 年呈现逐步上升趋势，年增长率最低为 2016 年的 9.10%，最高为 2018 年的 14.64%。2019 年 R&D 人员数虽然有所减少，但仍不低于 700 000 人。2015～2019 年，该行业的 R&D 人员数增加了约 19 万人，2017 年起该行业的 R&D 人员数突破 60 万。该行业科研队伍的不断壮大反映出行业从业人员结构正不断优化，具有强劲的科技创新潜力。

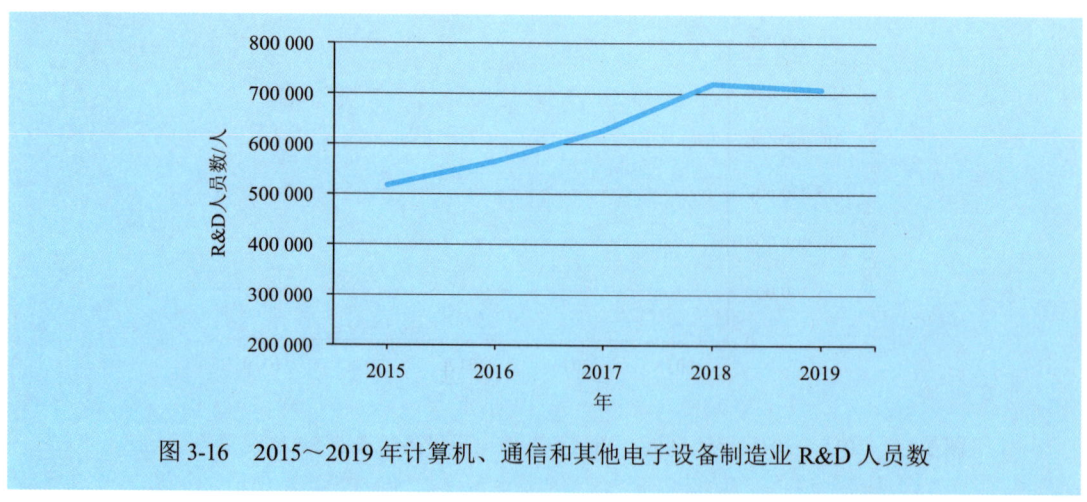

图 3-16　2015～2019 年计算机、通信和其他电子设备制造业 R&D 人员数

（4）R&D 人员全时当量。从图 3-17 可以看出，计算机、通信和其他电子设备制造业 R&D 人员全时当量指标的年度变化趋势与 R&D 人员数的趋势基本保持一致，只是上升幅度略小于 R&D 人员数。具体来看，5 年间 R&D 人员全时当量共增长了 117 198 人·年，

其中 2018 年增长率最高，达到 20.67%。

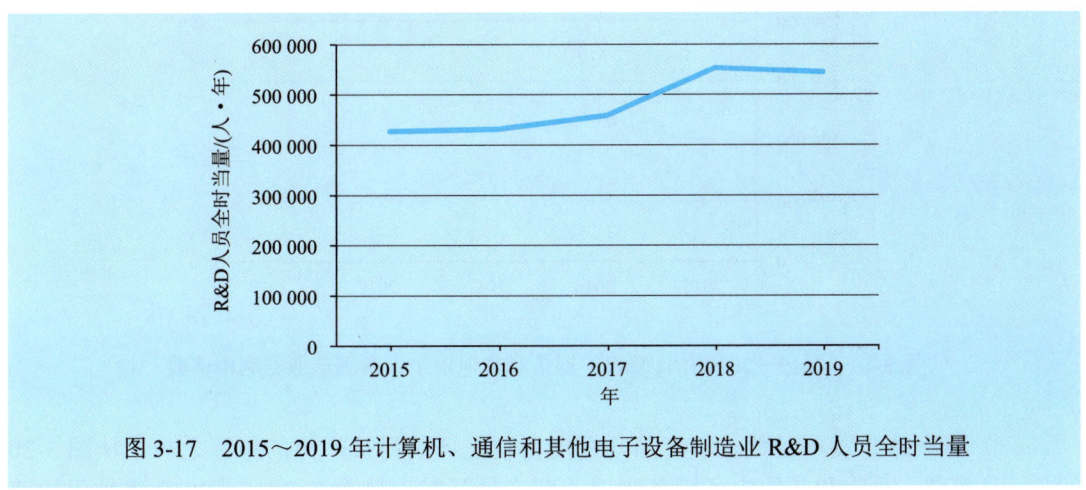

图 3-17　2015～2019 年计算机、通信和其他电子设备制造业 R&D 人员全时当量

2. 应用层

（1）专利拥有数。2015 年计算机、通信和其他电子设备制造业专利拥有数为 60 533 项，2019 年达到了 120 512 项，2019 年是 2015 年的 1.99 倍。根据趋势图 3-18，该行业的专利拥有数年增长率均在 17% 以上，2018 年达到 20.39%，增长态势良好。5 年间专利拥有数的高速增长表明该行业在研发上的大量投入得到了较好成果。但需要注意的是，拥有专利之后如何提高专利转化率、如何让专利变为产品及如何产业化。

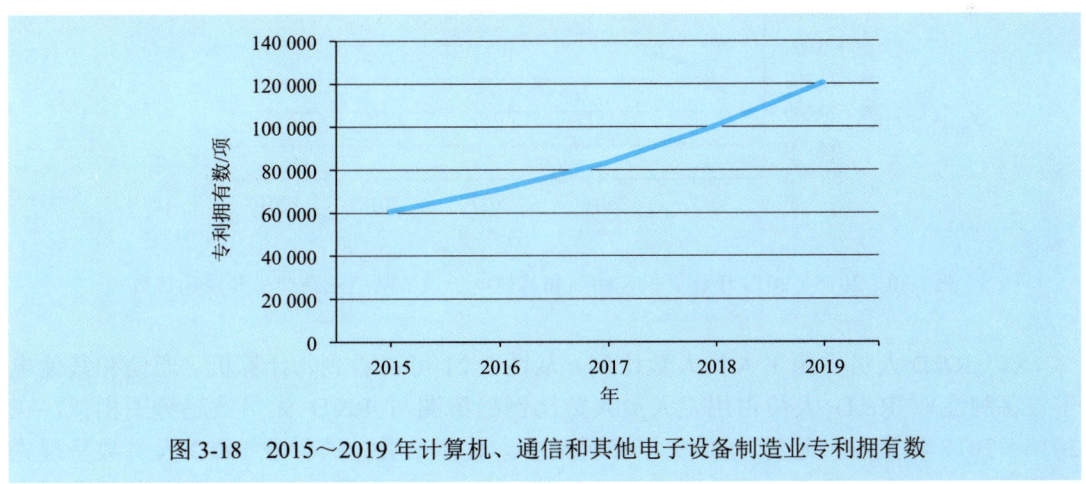

图 3-18　2015～2019 年计算机、通信和其他电子设备制造业专利拥有数

（2）专利申请数。由图 3-19 可看到计算机、通信和其他电子设备制造业专利申请数在 5 年中呈增长趋势，与专利拥有数的趋势大致相同。2019 年的专利申请数是 2015 年的 2.03 倍，2018 年的增长率最高，达到了 23.47%。观察该行业专利拥有数和专利申请数，可以发现从 2015 年到 2019 年，该行业专利拥有数占专利申请数比例均在 55% 左右，且呈上升趋势，反映出该行业的专利质量正不断提升。

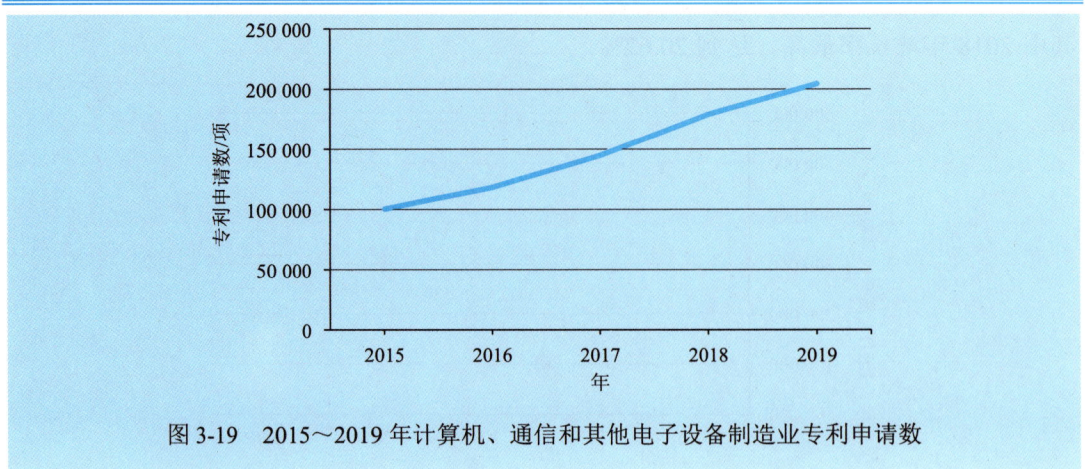

图3-19 2015~2019年计算机、通信和其他电子设备制造业专利申请数

（3）新产品开发项目数。新产品开发项目数是评估科技产出的指标之一。从图3-20可知，计算机、通信和其他电子设备制造业新产品开发项目数在2015~2019年处于快速增长状态，年增长率均超过18%，2017年增长率达到28.83%。2019年新产品开发项目数为76 274，是2015年的2.28倍。总体来说，该行业的新产品开发项目数有了显著提升，并且态势良好。

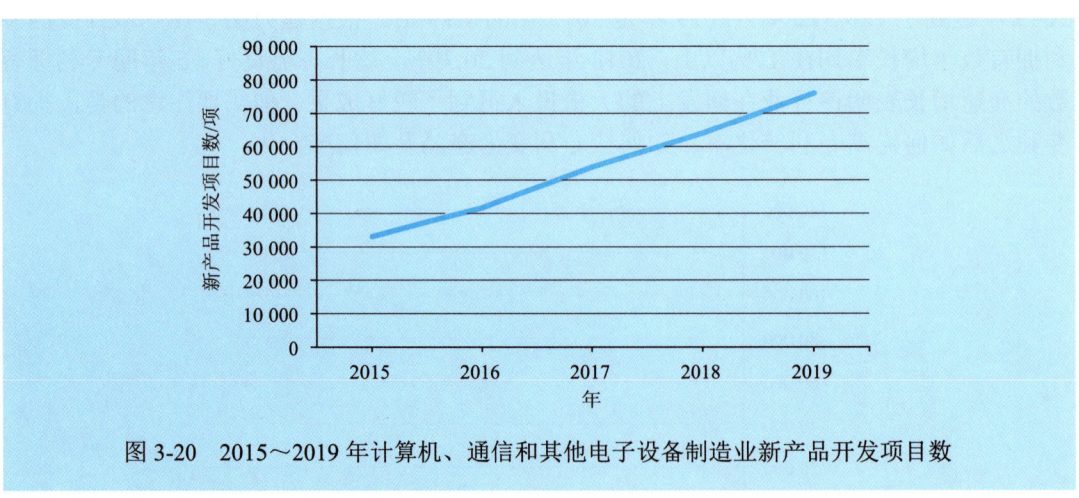

图3-20 2015~2019年计算机、通信和其他电子设备制造业新产品开发项目数

（4）R&D人员占用工人员人数比例。从图3-21可以看到，计算机、通信和其他电子设备制造业R&D人员占用工人员人数比例趋势图与R&D人员数趋势图相似，在2016~2018年呈上升趋势，2019年有所减少。具体来看，该行业R&D人员数呈现先上升后下降趋势，用工人员数则呈波动趋势，且R&D人员数年变动幅度大于用工人员数，因此R&D人员占用工人员人数比例整体呈现上升趋势。以上情况说明，该行业用工人员结构正不断优化，创新人才队伍正不断扩大，该指标的提升有利于行业的进一步自主创新。

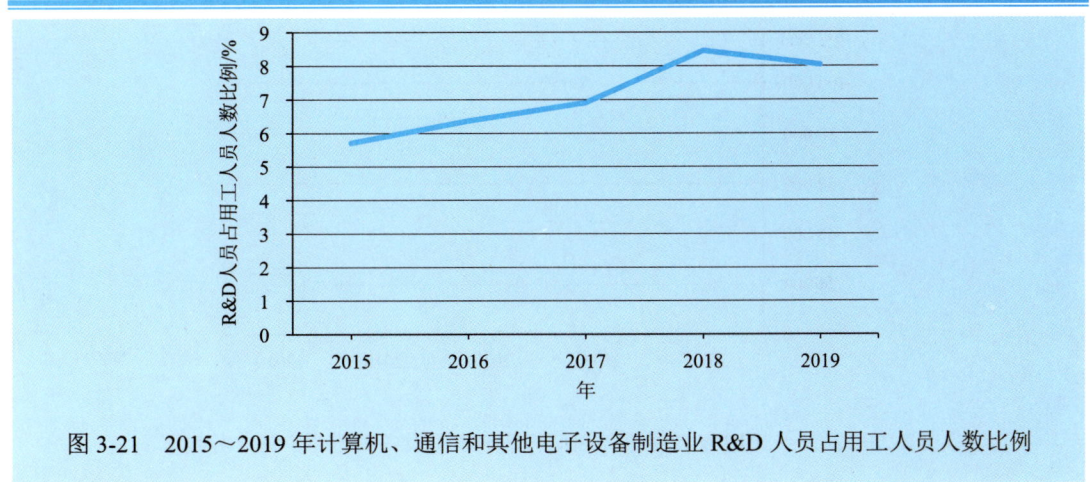

图 3-21　2015~2019 年计算机、通信和其他电子设备制造业 R&D 人员占用工人员人数比例

3. 市场层

（1）企业利润总额。通过图 3-22 可以发现，计算机、通信和其他电子设备制造业的企业利润总额在 2017 年之前保持稳定的增长，2018 年和 2019 年波动程度较大。2017 年企业利润总额为 5741.66 亿元，处于峰值；随后 2018 年企业利润总额下降，减少了 960.66 亿元；2019 年增长至 5373.63 亿元。

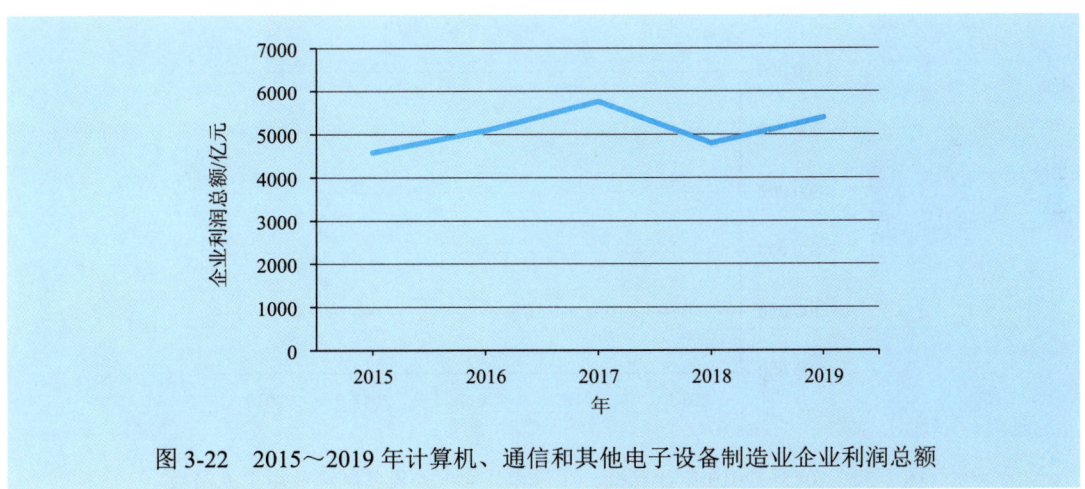

图 3-22　2015~2019 年计算机、通信和其他电子设备制造业企业利润总额

（2）主营业务收入。图 3-23 显示，计算机、通信和其他电子设备制造业主营业务收入一直呈现缓慢增长趋势，从 2015 年的 91 606.58 亿元上升到 2019 年的 111 872.9 亿元，2019 年是 2015 年的 1.22 倍。其中，年增长率最高达到了 8.76%，2018 年增长率最小，仅为 1.38%。从该制造业涉及的领域来看，电子器件、电子元件和其他电子设备制造业处于产业链低端，附加值较低，产业升级对于整体利润空间的提升无法起到很大作用，计算机、通信和其他电子设备制造业要想获得更多的利润需要进一步加大高端技术领域的研发投入，提升产业附加值。

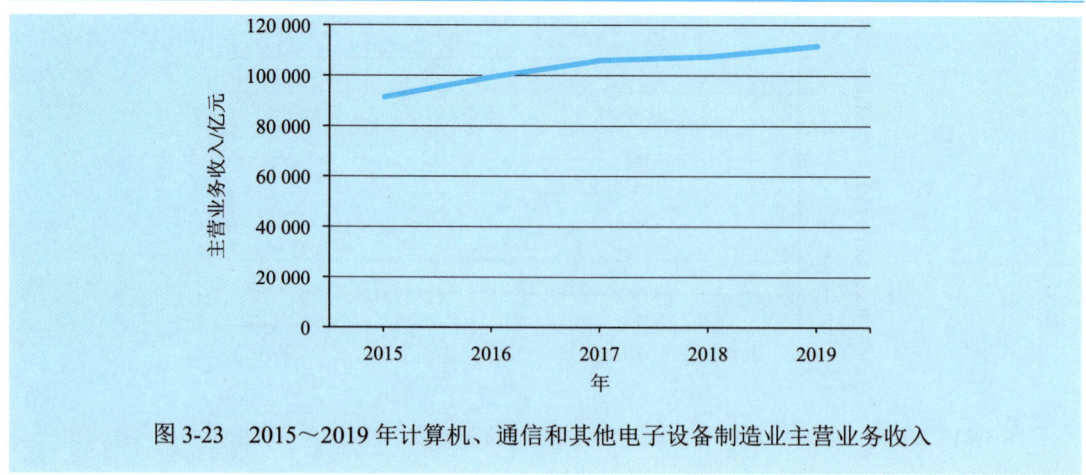

图3-23 2015~2019年计算机、通信和其他电子设备制造业主营业务收入

（3）用工人员数。图3-24显示，2015~2019年计算机、通信和其他电子设备制造业用工人员数呈现"W"形走势，2017年达到5年用工人员数峰值，为9 116 900人，2018年迅速下降，减少幅度达6.4%，2018年下降至用工人员数最低值，为8 536 000人。图3-24表现出的情况可能是行业引入智能化改造，对一些传统岗位带来一定冲击所致。从长期来看，智能化给从业者带来的更多是机遇，制造业智能化可以给行业带来新的岗位，从而注入新的活力。在智能化进程中，这个作用也会逐渐凸显。

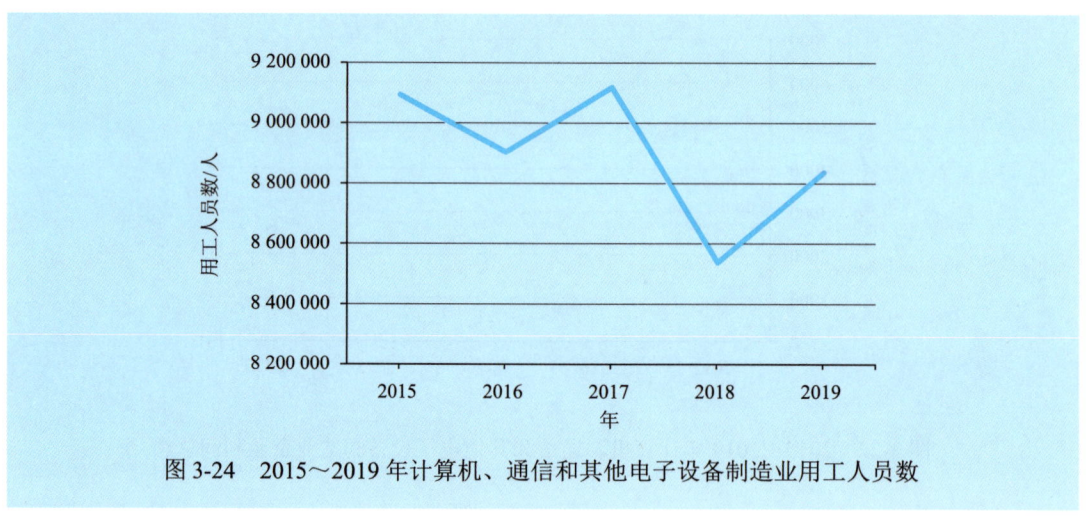

图3-24 2015~2019年计算机、通信和其他电子设备制造业用工人员数

（4）人均利润率。由图3-25可知，2015~2019年计算机、通信和其他电子设备制造业人均利润率历经了三次明显波动，2015~2017年人均利润率从50 191.80元/人增加至62 978.21元/人，而2018年下降至56 009.84元/人，随后2019年上升至60 819.32元/人，涨幅8.59%。2019年的人均利润率是2015年的1.21倍。

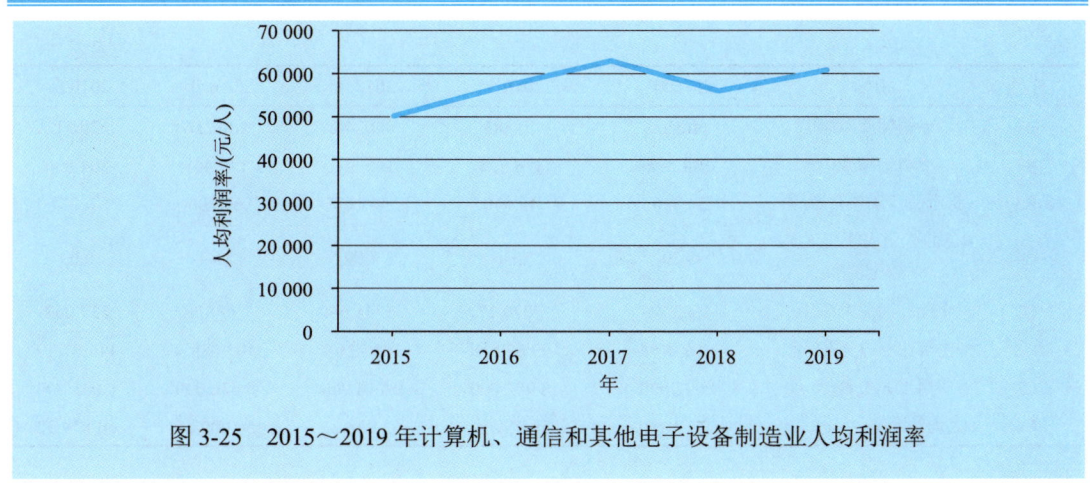

图 3-25　2015~2019 年计算机、通信和其他电子设备制造业人均利润率

3.3.2　计算机、通信和其他电子设备制造业智能化能力综合化评价

近年来，凭借着巨大的市场需求、丰富的人口红利、稳定的经济增长及有利的产业政策环境等众多优势条件，中国计算机、通信和其他电子设备制造业实现了快速发展。但我国计算机、通信和其他电子设备制造业发展起步晚，相关技术研发起步也较晚，部分尖端技术仍掌握在发达国家手中。虽然经过长期的人才培养，且该行业已有充足的人才储备，但具有创新能力的人才依然不足。作为科技创新时代的新兴技术，计算机、通信和其他电子设备制造业具有极高的成长性，并对多个行业具有关联性影响，在"先进制造+工业互联网"背景下，计算机、通信和其他电子设备制造业的智能化要求越来越高，未来将逐渐向智能化生产、智能化管理的方向发展，逐渐成为工业互联网生态系统中的重要基础性环节。

结合各项指标的规范化数值，可得出 2015~2019 年中国计算机、通信和其他电子设备制造业科技创新能力的综合评价值。依据各项指标的原始数据、规范化数据、权重、智能化能力综合评价值及其排序结果，对智能化能力做出综合评价。中国计算机、通信和其他电子设备制造业智能化能力各项指标的原始数据见表 3-5。

表 3-5　2015~2019 年计算机、通信和其他电子设备制造业智能化能力各项指标

序号	指标	2015 年	2016 年	2017 年	2018 年	2019 年
A1	R&D 经费内部支出/万元	16 116 757	18 109 750	20 027 613	22 799 013	24 480 937
A2	新产品开发经费/万元	19 822 683	23 494 423	26 970 176	31 123 181	36 778 181
A3	R&D 人员数/人	518 675	565 866	628 592	720 589	709 363
A4	R&D 人员全时当量/（人·年）	426 583	430 794	457 960	552 618	543 781

续表

序号	指标	2015 年	2016 年	2017 年	2018 年	2019 年
B1	专利拥有数/项	60 533	70 883	83 246	100 216	120 512
B2	专利申请数/项	100 785	118 725	145 303	179 405	204 836
B3	新产品开发项目数/项	33 410	42 040	54 162	64 306	76 274
B4	R&D 人员占用工人员人数比例/%	5.70	6.36	6.89	8.44	8.03
C1	企业利润总额/亿元	4563.74	5070.17	5741.66	4781	5373.63
C2	主营业务收入/亿元	91 606.58	99 629.48	106 221.7	107 685.4	111 872.9
C3	用工人员数/人	9 092 600	8 902 600	9 116 900	8 536 000	8 835 400
C4	人均利润率/(元/人)	50 191.80	56 951.56	62 978.21	56 009.84	60 819.32

运用离差最大化方法构造 2015～2019 年计算机、通信和其他电子设备制造业智能化能力各项指标规范化数据，计算结果如表 3-6 所示。

表 3-6 2015～2019 年计算机、通信和其他电子设备制造业智能化能力各项指标规范化数据

序号	指标	2015 年	2016 年	2017 年	2018 年	2019 年
A1	R&D 经费内部支出	0	0.2383	0.4676	0.7989	1
A2	新产品开发经费	0	0.2166	0.4215	0.6665	1
A3	R&D 人员数	0	0.2337	0.5444	1	0.9444
A4	R&D 人员全时当量	0	0.0334	0.2490	1	0.9299
B1	专利拥有数	0	0.1726	0.3787	0.6616	1
B2	专利申请数	0	0.1724	0.4278	0.7556	1
B3	新产品开发项目数	0	0.2013	0.4841	0.7208	1
B4	R&D 人员占用工人员人数比例	0	0.2381	0.4349	1	0.8491
C1	企业利润总额	0	0.4299	1	0.1844	0.6876
C2	主营业务收入	0	0.3959	0.7212	0.7934	1
C3	用工人员数	0.9582	0.6311	1	0	0.5154
C4	人均利润率	0	0.5287	1	0.4550	0.8312

根据 2015～2019 年计算机、通信和其他电子设备制造业各项指标权重，综合评价计算机、通信和其他电子设备制造业各年度智能化能力，计算结果如表 3-7 所示。

表 3-7 2015～2019 年计算机、通信和其他电子设备制造业综合智能化能力及排序

序号	指标权重	指标	2015 年	2016 年	2017 年	2018 年	2019 年
A1	0.0838	R&D 经费内部支出	0	0.2383	0.4676	0.7989	1
A2	0.0802	新产品开发经费	0	0.2166	0.4215	0.6665	1
A3	0.0888	R&D 人员数	0	0.2337	0.5444	1	0.9444

续表

序号	指标权重	指标	2015年	2016年	2017年	2018年	2019年
A4	0.0948	R&D 人员全时当量	0	0.0334	0.2490	1	0.9299
B1	0.0815	专利拥有数	0	0.1726	0.3787	0.6616	1
B2	0.0846	专利申请数	0	0.1724	0.4278	0.7556	1
B3	0.0825	新产品开发项目数	0	0.2013	0.4841	0.7208	1
B4	0.0855	R&D 人员占用工人员人数比例	0	0.2381	0.4349	1	0.8491
C1	0.0820	企业利润总额	0	0.4299	1	0.1844	0.6876
C2	0.0785	主营业务收入	0	0.3959	0.7212	0.7934	1
C3	0.0800	用工人员数	0.9582	0.6311	1	0	0.5154
C4	0.0778	人均利润率	0	0.5287	1	0.4550	0.8312
		评价值 $D_i(W)$	0.076 64	0.284 805	0.585 487	0.679 645	0.898 007
		排序号	5	4	3	2	1

根据表 3-7，2015~2019 年计算机、通信和其他电子设备制造业的综合智能化能力评价值呈现逐步上升趋势，反映出该行业在智能化改造过程中取得了进步。观察图 3-26，R&D 经费内部支出、专利申请数、专利拥有数、新产品开发经费等指标一直呈现稳步上升趋势。2018 年，用工人员数下降幅度较大，评价指标为 0。计算机、通信和其他电子设备制造业原本就是用工规模较大的行业，自"十三五"规划和《中国制造 2025》实施以来，我国正处于推动制造业转型升级和高质量发展过程中，用工人员数出现下降是为了适应这一现象的正常调整，智能化发展的最终目的是在优化产业结构、提高技术含量的同时，摆脱劳动密集型产业所包含的弊端，为社会创造更多优质的就业岗位，因此 2019 年该行业用工人员数提升的同时，人均利润率也得到了保证。

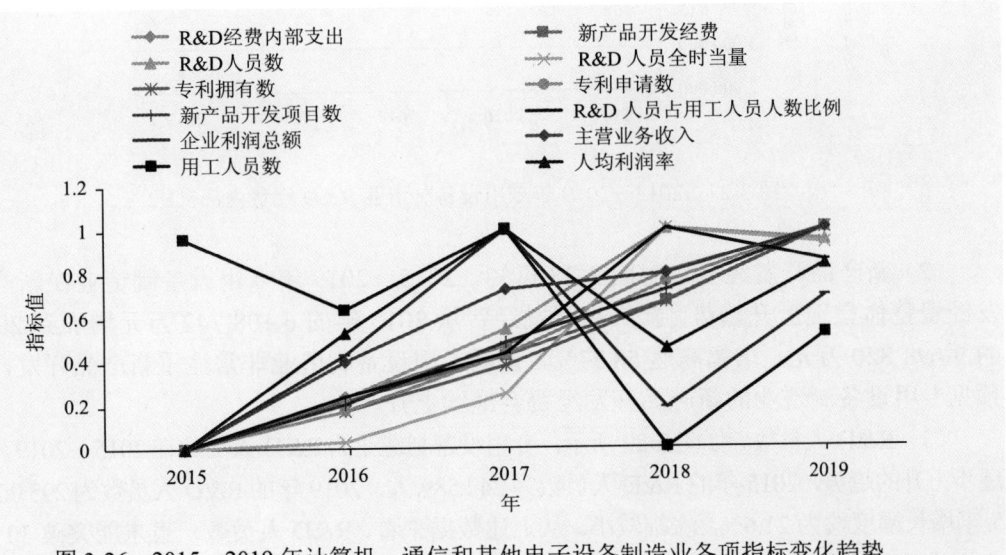

图 3-26 2015~2019 年计算机、通信和其他电子设备制造业各项指标变化趋势

总体来说，计算机、通信和其他电子设备制造业近几年为科技创新事业做了大量贡献，对专利和新产品的投入也取得了较好的成果，但其市场层评价值仍有波动，该行业要重视市场竞争力问题。"十三五"规划提到，需要建设智能互联网，大力开展国际性的互联网项目合作，加强实施"走出去"战略，提升国际市场占有率，通过国际交流合作实现创新发展，从而提升国际竞争力。在这个过程中，计算机、通信和其他电子设备制造业可以利用产品具有密集度的特点，形成产业聚集区等产业形式，发挥行业引领作用，提升区域竞争力。

3.4 专用设备制造业

3.4.1 专用设备制造业智能化评价

1. 基础层

（1）R&D经费内部支出。从图3-27可以看出，专用设备制造业的R&D经费内部支出显著地呈现出逐年增加的趋势，从2015年的5 671 357万元增加到2019年的7 767 235万元，2019年R&D经费内部支出约为2015年R&D经费内部支出的1.37倍。说明专用设备制造业一直都很注重研发创新，并可以预见R&D经费内部支出投入在未来会持续增加。

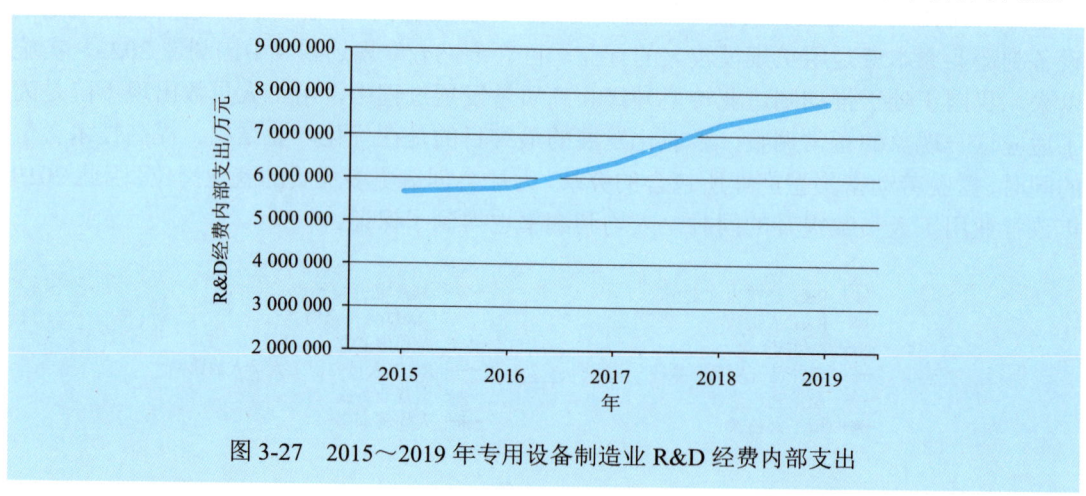

图3-27　2015～2019年专用设备制造业R&D经费内部支出

（2）新产品开发经费。由图3-28可知，2015～2019年专用设备制造业在新产品开发经费整体呈现上升趋势。新产品开发经费从2015年的6 108 742万元增加到2019年的9 698 820万元，增幅高达58.77%。说明专用设备制造业非常注重新产品开发，可以预见专用设备制造业的新产品开发经费会继续上升。

（3）R&D人员数。如图3-29所示，专用设备制造业的R&D人员数在2015～2019年呈现逐步上升的趋势，2015年的R&D人员数为242 589人，2019年的R&D人员数为295 002人，5年增长幅度约为21.6%，涨幅较小。从上述数据来看，R&D人员数一直未能突破30万人，专用设备制造业要进行产业升级，需进一步提高创新能力，增加对R&D人员的投入。

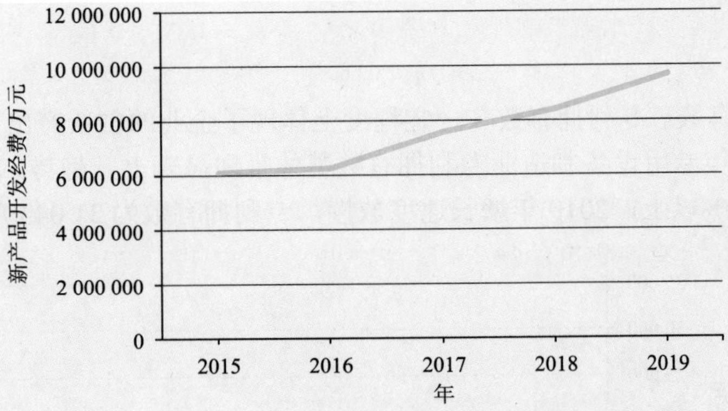

图 3-28　2015～2019 年专用设备制造业新产品开发经费

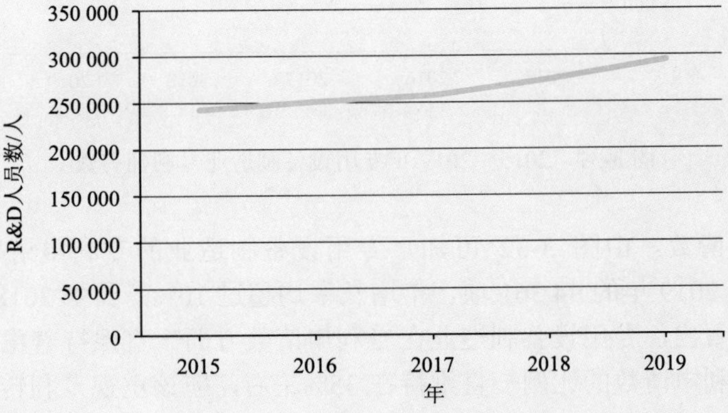

图 3-29　2015～2019 年专用设备制造业 R&D 人员数

（4）R&D 人员全时当量。由图 3-30 可知，专用设备制造业 R&D 人员全时当量的趋势与 R&D 人员数的变化趋势相似，均是在 2018 年上升幅度最大，2019 年 R&D 人员全时当量为 212 802 人·年，约是 2015 年的 1.25 倍。

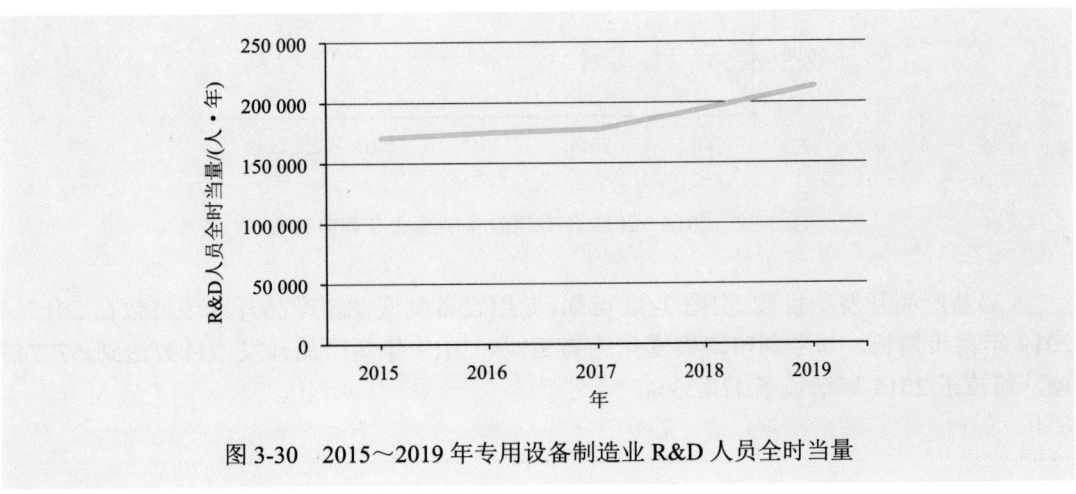

图 3-30　2015～2019 年专用设备制造业 R&D 人员全时当量

2. 应用层

（1）专利拥有数。专利拥有数在一定程度上体现了企业的创新产出。通过图 3-31 可知，2015~2019 年专用设备制造业专利拥有数整体呈现显著上升趋势。2016~2018 年每年增长率均在 14%以上，2019 年增长速度放慢，专利拥有数为 31 043 项。

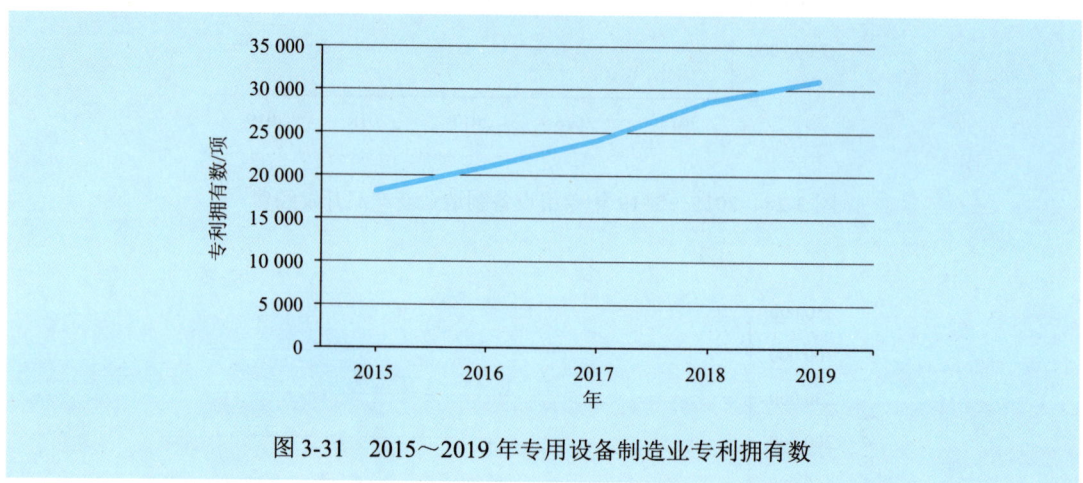

图 3-31　2015~2019 年专用设备制造业专利拥有数

（2）专利申请数。由图 3-32 可知，专用设备制造业的专利申请数从 2015 年的 52 288 项上升为 2019 年的 94 361 项，年增长率均超过 10%，其中 2018 年增长率最高，达 19.1%。可以看出，专用设备制造业在专利申请数方面一直保持着稳定增长，但每年专利拥有数占专利申请数的比例一直维持在 35%左右，应该重视专利转化率。

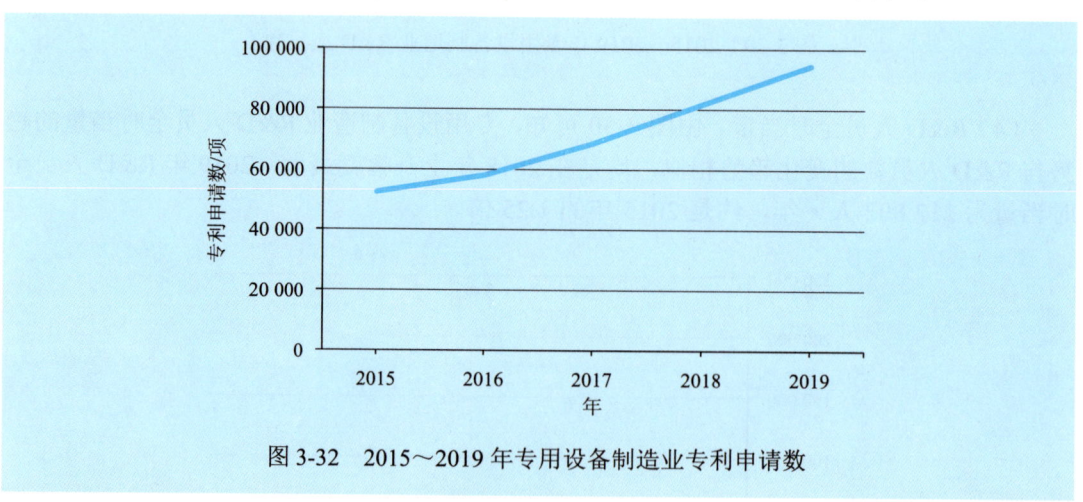

图 3-32　2015~2019 年专用设备制造业专利申请数

（3）新产品开发项目数。由图 3-33 可知，专用设备制造业新产品开发项目数在 2015~2019 年稳步增长，与专利申请数变化趋势相似。2019 年新产品开发项目数达到 57 743 项，相较于 2015 年增长了 116.33%。

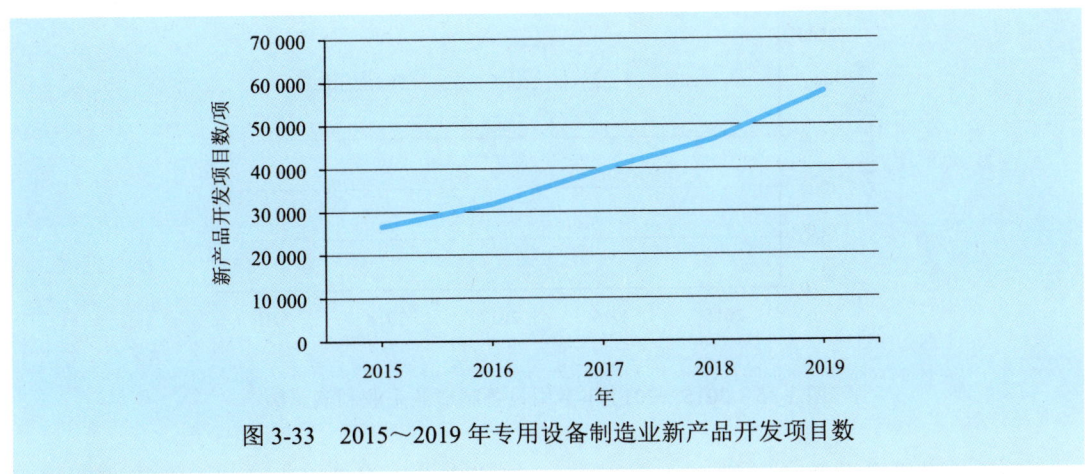

图 3-33 2015~2019 年专用设备制造业新产品开发项目数

（4）R&D 人员占用工人员人数比例。从图 3-34 来看，专用设备制造业的 R&D 人员占用工人员人数比例在 2015~2019 年呈现显著上升趋势，与专用设备制造业 R&D 人员数变化趋势较为类似。2016~2018 年增速较快，因为 2016~2018 年用工人员数不断下降，R&D 人员数不断增多，而 2019 年用工人员数又增加导致 R&D 人员占用工人员人数比例增速减缓。

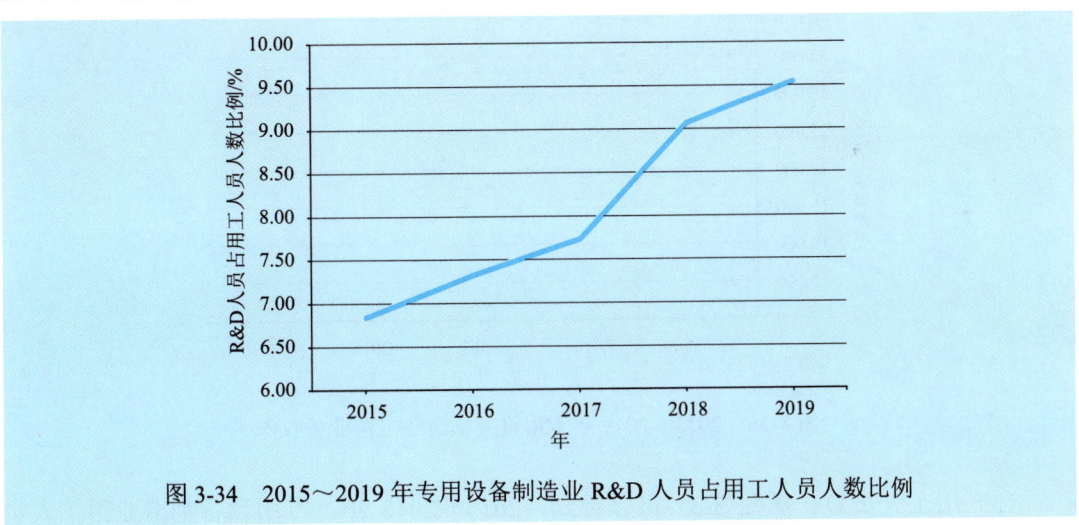

图 3-34 2015~2019 年专用设备制造业 R&D 人员占用工人员人数比例

3. 市场层

（1）企业利润总额。专用设备制造业近年来的企业利润总额呈现先上升后下降再上升的趋势。从图 3-35 可知，2015~2017 年，专用设备制造业的企业利润总额从 2186.65 亿元上升到 2481.57 亿元，仅上升了 294.92 亿元，而 2018 年下降到 2035.1 亿元，随后 2019 年企业利润总额再次上升，增至 2323.73 亿元。近年来，随着制造业自动化、智能化水平的不断提高，市场对专用设备的应用需求不断扩大，推动行业加快发展。但涉及该行业的企业数量较多，市场竞争激烈，整个市场竞争格局较为分散，因而更需要创新改革，提升竞争力，达到提高利润的目的。

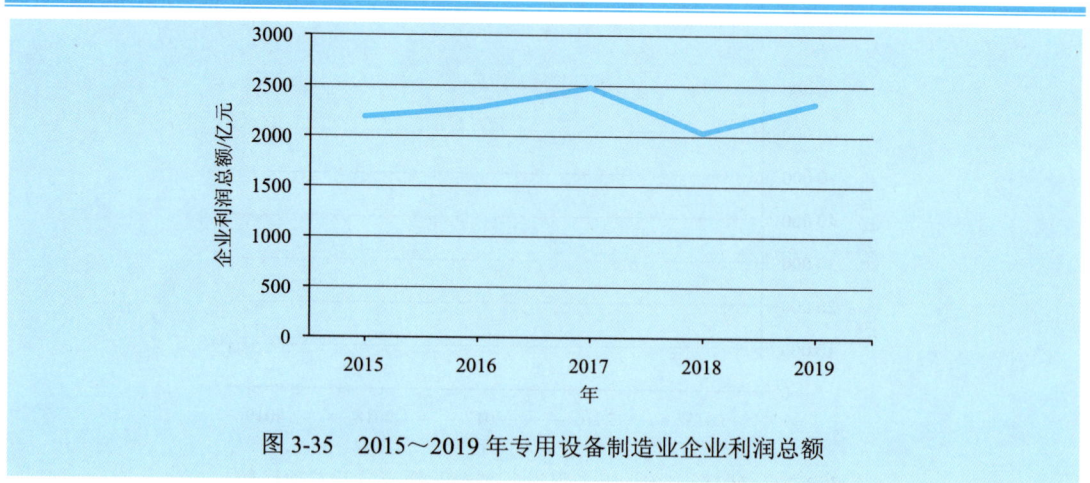

图 3-35　2015～2019 年专用设备制造业企业利润总额

（2）主营业务收入。从图 3-36 可知，主营业务收入的变化与企业利润总额相近，2016～2018 年主营业务收入大幅度下降，并在一定程度上导致了企业利润总额的下降，2019 年虽然有所上升，但幅度非常小，增长率仅为 0.96%。专用设备制造业除了需要应对国际市场的冲击，更多的是加快产业结构改进，顺应消费者的需求，提高自身创新能力，为产业发展提供充足的动力和支持。

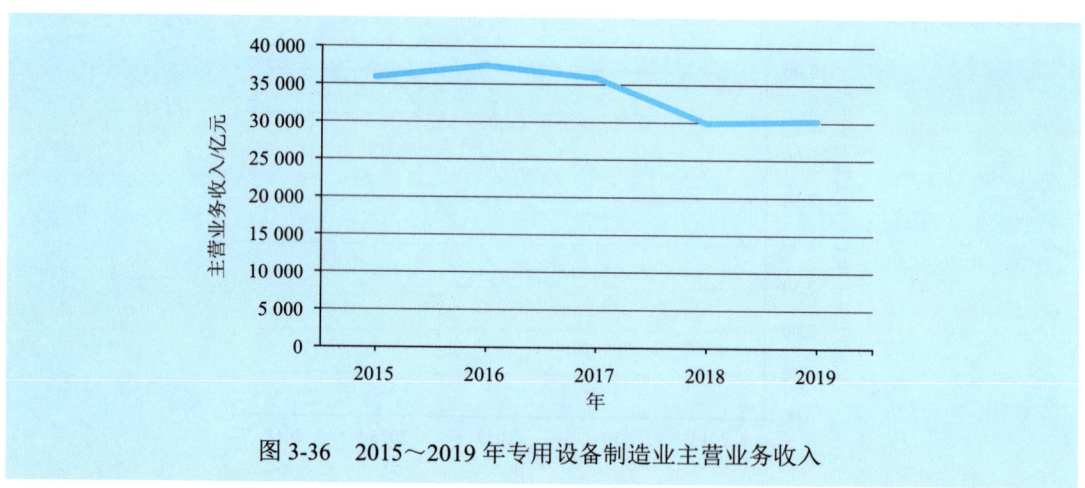

图 3-36　2015～2019 年专用设备制造业主营业务收入

（3）用工人员数。从图 3-37 可以看到，2015～2018 年，专用设备制造业用工人员数持续下降。可能是由于随着智能制造发展，专用设备制造业的智能化程度较高，很多传统岗位逐步被机器所代替。结合前述 R&D 人员占用工人员人数比例逐步增加的趋势，可以预见智能化、科技创新是专用设备制造业发展的主要趋势。

（4）人均利润率。从图 3-38 可看出，专用设备制造业人均利润率变化趋势与企业利润总额大致相同，从 2015 年的 61 748.84 元/人上升到 2017 年的 74 635.93 元/人，2018 年下降至 67 298.28 元/人，随后在 2019 年上升至 75 211.35 元/人，达 2015～2019 年峰值。随着智能化普及，就业人员逐渐被智能机器替代，企业利润总额的上升趋势大于用工人员数的下降趋势，因而人均利润率整体呈现上升态势。

第3章 中国制造业智能化发展：产业研究   67

图3-37 2015～2019年专用设备制造业用工人员数

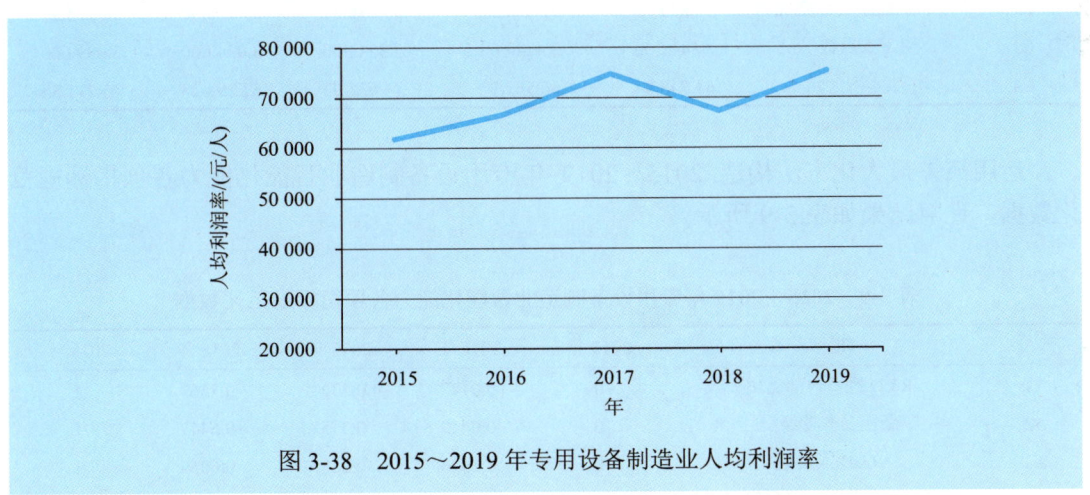

图3-38 2015～2019年专用设备制造业人均利润率

3.4.2 专用设备制造业智能化能力综合化评价

专用设备制造业是装备制造业的重要组成部分，是我国重要的国民经济支撑产业之一，主要涉及采矿、化工、农林牧渔、医疗等专用机械设备的制造。近年来，随着新型工业化、信息化、城镇化、农业现代化的同步推进，各行业的新装备需求、人民群众的新消费需求都要求专用设备制造业在重大技术装备创新等方面迅速提升水平和能力。在《中国制造 2025》中，专用设备制造业涉及的农机装备、高性能医疗器械等，都是我国大力推动的重点发展领域。因此，加大先进装备的研发力度，加快专用设备制造业智能化改造升级，提高企业自身竞争能力是该行业未来发展的主要方向。

结合各项指标的规范化数值，可得出2015～2019年中国专用设备制造业科技创新能力的综合评价值。依据各指标的原始数据、规范化数据、权重、智能化能力综合评价值及其排序结果，对智能化能力做出评价。中国专用设备制造业智能化能力各项指标的原始数据见表3-8。

表 3-8　2015～2019 年专用设备制造业智能化能力各项指标

序号	指标	2015 年	2016 年	2017 年	2018 年	2019 年
A1	R&D 经费内部支出/万元	5 671 357	5 771 278	6 369 444	7 257 638	7 767 235
A2	新产品开发经费/万元	6 108 742	6 262 610	7 599 517	8 423 383	9 698 820
A3	R&D 人员数/人	242 589	251 109	257 396	274 320	295 002
A4	R&D 人员全时当量/(人·年)	170 104	174 306	177 067	194 430	212 802
B1	专利拥有数/项	18 196	20 975	24 089	28 610	31 043
B2	专利申请数/项	52 288	57 906	68 462	81 540	94 361
B3	新产品开发项目数/项	26 692	31 838	39 780	46 597	57 743
B4	R&D 人员占用工人员人数比例/%	6.85	7.33	7.74	9.07	9.55
C1	企业利润总额/亿元	2186.65	2280.04	2481.57	2035.1	2323.73
C2	主营业务收入/亿元	35 873.75	37 414.51	35 835.21	29 920.00	30 205.97
C3	用工人员数/人	3 541 200	3 424 400	3 324 900	3 024 000	3 089 600
C4	人均利润率/(元/人)	61 748.84	66 582.17	74 635.93	67 298.28	75 211.35

运用离差最大化方法构造 2015～2019 年专用设备制造业智能化能力各项指标规范化数据，计算结果如表 3-9 所示。

表 3-9　2015～2019 年专用设备制造业智能化能力各项指标规范化数据

序号	指标	2015 年	2016 年	2017 年	2018 年	2019 年
A1	R&D 经费内部支出	0	0.0477	0.3331	0.7569	1
A2	新产品开发经费	0	0.0429	0.4152	0.6447	1
A3	R&D 人员数	0	0.1626	0.2825	0.6054	1
A4	R&D 人员全时当量	0	0.0984	0.1631	0.5697	1
B1	专利拥有数	0	0.2163	0.4587	0.8106	1
B2	专利申请数	0	0.1335	0.3844	0.6953	1
B3	新产品开发项目数	0	0.1657	0.4215	0.6410	1
B4	R&D 人员占用工人员人数比例	0	0.1788	0.3303	0.8233	1
C1	企业利润总额	0.3394	0.5486	1	0	0.6465
C2	主营业务收入	0.7944	1	0.7893	0	0.0382
C3	用工人员数	1	0.7742	0.5818	0	0.1268
C4	人均利润率	0	0.5486	0.9573	0.4122	1

根据 2015～2019 年专用设备制造业各项指标权重，综合评价专用设备制造业各年度智能化能力，计算结果如表 3-10 所示。

表 3-10　2015～2019 年专用设备制造业智能化能力及排序

序号	指标权重	指标	2015 年	2016 年	2017 年	2018 年	2019 年
A1	0.0879	R&D 经费内部支出	0	0.0477	0.3331	0.7569	1
A2	0.0844	新产品开发经费	0	0.0429	0.4152	0.6447	1
A3	0.0793	R&D 人员数	0	0.1626	0.2825	0.6054	1
A4	0.0802	R&D 人员全时当量	0	0.0984	0.1631	0.5697	1
B1	0.0842	专利拥有数	0	0.2163	0.4587	0.8106	1
B2	0.0831	专利申请数	0	0.1335	0.3844	0.6953	1
B3	0.0803	新产品开发项目数	0	0.1657	0.4215	0.6410	1
B4	0.0858	R&D 人员占用工人员人数比例	0	0.1788	0.3303	0.8233	1
C1	0.0749	企业利润总额	0.3394	0.5486	1	0	0.6465
C2	0.0895	主营业务收入	0.7944	1	0.7893	0	0.0382
C3	0.0859	用工人员数	1	0.7742	0.5818	0	0.1268
C4	0.0843	人均利润率	0	0.5486	0.9573	0.4122	1
		评价值 $D_t(w)$	0.1824	0.3139	0.508 84	0.497 691	0.812 455
		排序号	5	4	2	3	1

由表 3-10 可以看出，2015～2019 年，专用设备制造业的智能化水平略有波动，但整体呈现显著上升趋势。虽然，2018 年专用设备制造业的智能化水平有所下降，但恢复较快。可以预见，未来一段时间专用设备制造业的智能化水平会继续呈现稳步上升态势。

由图 3-39 可知，2015～2019 年专用设备制造业中 R&D 经费内部支出、R&D 人员数、专利拥有数、新产品开发项目数、新产品开发经费、R&D 人员全时当量、专利申请数、R&D 人员占用工人员人数比例均呈现上升趋势，这表明专用设备制造业正在顺应时

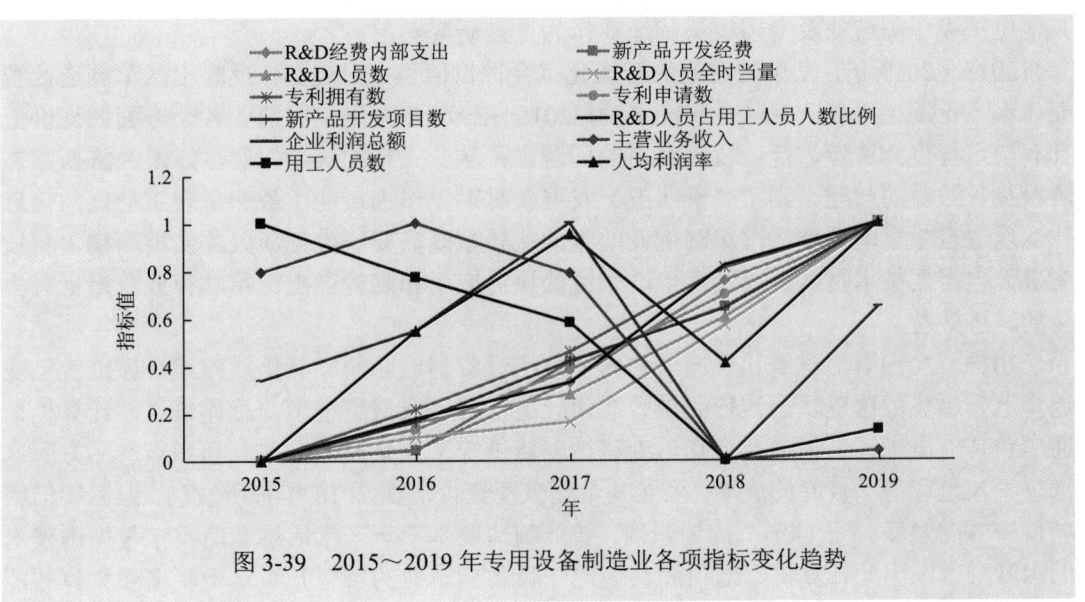

图 3-39　2015～2019 年专用设备制造业各项指标变化趋势

代潮流，加大对智能化创新的投入，着力于产业结构的改革。专用设备制造业人均利润率呈现先上升后下降再上升的趋势，主营业务收入、用工人员数和企业利润总额变动幅度较大，在 2018 年指标均为 0，而在 2019 年又有所上升。

3.5 行业比较

实体经济是立国之本、强国之源，是提高供给质量和增加就业、改善民生的必由之路。制造业作为我国的支柱产业，吸纳了大量的就业，制造业的健康发展不仅对促进经济增长有重要作用，对于维护社会稳定也至关重要。随着国际竞争的日益加剧，我国制造业大而不强、核心技术匮乏等问题严峻，智能制造是抢占未来经济和科技发展制高点的战略选择，更是传统制造企业转型升级的必由之路。

"十三五"规划对于制造业智能化发展明确提出了"两步走"战略和"十大任务"，国务院于 2015 年出台的《中国制造 2025》明确提出以"智能制造"为主攻方向，给出了十大重点发展领域，包括新一代信息技术产业、高档数控机床和机器人、航空航天装备、海洋工程装备及高技术船舶、先进轨道交通装备、节能与新能源汽车、电力装备、农机装备、新材料、生物医药及高性能医疗器械。国民经济持续快速发展，作为百姓的日常交通工具，汽车进入千家万户，节能和新能源汽车成为人民新的消费选择，消费者对于汽车制造业的科技含量要求越来越高。智能化的前提是得到物联网、计算机网络和人工智能技术的支持，计算机、通信和其他电子设备制造业作为我国基础性和先导性产业，它的智能化发展质量越高，提供给制造业整体的转型升级的可能性越大。专用设备制造业作为装备制造业的组成部分涉及领域众多，环境保护专用设备、医疗器械专用设备等制造领域受"十三五"政策的鼓励支持。

根据这些重点发展领域，本章选择了中国制造业中的汽车制造业，计算机、通信和其他电子设备制造业及专用设备制造业作为重点研究对象。

2015~2019 年，汽车制造业的智能化综合评价值呈上升趋势，反映出汽车制造业智能化水平正逐年提高。就综合评价来说，2015~2019 年，汽车制造业各个方面的评价值都有一定程度的进步，行业较为突出的问题则是从业人员的质量问题，以及经济新常态阶段提升效益的问题。到了"十四五"发展新时期，作为最能承载和呈现工业化与信息化深度融合效果的领域，汽车制造业的智能化转型既需要拔尖创新人才实现高精尖科技突破，也需要技术技能人才实现生产一线的快速应用和高效产出，帮助行业获得更有质量的经济效益。

2015~2019 年，计算机、通信和其他电子设备制造业的智能化能力综合评价值呈现逐步上升趋势，这反映出该行业在智能化改造工程上取得了进步。总体来说，计算机、通信和其他电子设备制造业近几年为科技创新进行了大量投入，在专利和新产品方面这部分投入也取得了较好的成果。虽然其市场表现评价值在 2018 年有所波动，但后续仍朝向良好方向发展。"十四五"规划强调，智能制造要基于新一代信息通信技术与先进技术的深度融合。因此计算机、通信和其他电子设备制造业的转型升级对于制造业整体智能化的发展尤为重要。在不断提升自主创新能力、提高产品科技含量的同时，计算机、通信和其他电子设备制造业需要注重实施"走出去"战略，提升国际市场占有率，通过国际交流合作实现创新发展，从而提升国际竞争力。

2015~2019 年，专用设备制造业的智能化水平略有波动，但整体呈现显著上升趋势。专用设备制造业的 R&D 经费内部支出、新产品开发经费等逐年显著增加。R&D 人员占用工人员人数比例逐步提升，体现了专用设备制造业科技含量的提升。值得注意的是，专用设备制造业企业利润总额波动较大，2018 年出现下滑。在《中国制造 2025》战略指导下，专用设备制造业将瞄准高端领域不断发力，着力发展智能装备，打造具有自主知识产权的高附加值产品，获得更大的利润空间。

综上所述，中国制造业中的汽车制造业，计算机、通信和其他电子设备制造业以及专用设备制造业的智能化程度都呈现整体上升态势。

参 考 文 献

国家统计局. 2016. 中国统计年鉴 2015[M]. 北京: 中国统计出版社.
国家统计局. 2016. 中国科技统计年鉴 2015[M]. 北京: 中国统计出版社.
国家统计局. 2016. 中国工业统计年鉴 2015[M]. 北京: 中国统计出版社.
国家统计局. 2017. 中国统计年鉴 2016[M]. 北京: 中国统计出版社.
国家统计局. 2017. 中国科技统计年鉴 2016[M]. 北京: 中国统计出版社.
国家统计局. 2017. 中国工业统计年鉴 2016[M]. 北京: 中国统计出版社.
国家统计局. 2018. 中国统计年鉴 2017[M]. 北京: 中国统计出版社.
国家统计局. 2018. 中国科技统计年鉴 2017[M]. 北京: 中国统计出版社.
国家统计局. 2018. 中国工业统计年鉴 2017[M]. 北京: 中国统计出版社.
国家统计局. 2019. 中国统计年鉴 2018[M]. 北京: 中国统计出版社.
国家统计局. 2019. 中国科技统计年鉴 2018[M]. 北京: 中国统计出版社.
国家统计局. 2019. 中国工业统计年鉴 2018[M]. 北京: 中国统计出版社.
国家统计局. 2020. 中国统计年鉴 2019[M]. 北京: 中国统计出版社.
国家统计局. 2020. 中国科技统计年鉴 2019[M]. 北京: 中国统计出版社.
国家统计局. 2020. 中国工业统计年鉴 2019[M]. 北京: 中国统计出版社.

撰稿人：孙　薇
审稿人：程中华

第4章　中国制造业智能化发展：企业研究

4.1　引　　言

制造型企业智能化转型符合"高质量发展"的战略需要，也是新时代企业创新发展的客观现实需要。习近平总书记强调"我们要顺应第四次工业革命发展趋势，共同把握数字化、网络化、智能化发展机遇"；《中国制造2025》、智能制造试点示范项目以及"十四五"规划等也都明确了制造型企业智能化转型高质量发展的重要性；相关数据和实例表明，近年来制造型企业智能化转型正受到各方积极关注，制造型企业自身也对智能化转型有着强烈的意愿和现实需求；新冠肺炎疫情下，更是有一批制造型企业凭借智能化管理和技术能力优势，快速适应突发事件应急需求，实现复工复产，保障了应急物资稳定供应，充分体现了企业智能化转型的巨大潜力。也有统计表明，企业各类资源约束的增大，社会经济高质量发展要求的提升，企业实施智能改造项目和技术升级的资金投入持续增加，将为社会带来极大的经济效益。

无论是基于高质量发展、转型升级，还是资源优化利用等方面，未来制造型企业的发展趋势都将是智能化转型。本章选择传统制造型企业作为制造型企业智能化转型发展评价研究对象，其主要依据在于：一是传统制造型企业智能化转型发展的紧迫性，由于生产运作管理和技术发展对传统路径的依赖性，生产效率和资源利用效率相对较低，传统制造型企业亟须摆脱发展困境；二是传统制造型企业智能化转型发展的大机遇，传统制造型企业是国家经济重要组成部分，关乎国计民生，同时在国家倡导高质量发展、智能化发展背景下，传统制造型企业智能化转型升级将是一个难点，受到各级政府、行业企业和社会广泛关注和重视；三是传统制造型企业智能化转型发展的典型性，传统制造型企业的智能化转型发展将是企业发展理念、管理方式和技术发展等方面的系统性变革，全面体现制造型企业智能化转型发展过程，具有典型代表性。因此，本章将从制造型企业智能化转型发展的关注水平、管理水平、技术水平等层面构建制造型企业智能化发展水平评价体系，并以传统制造业上市公司为研究对象，评价并分析传统制造型企业上市公司智能化发展状况，为促进传统制造型企业信息化、网络化和智能化发展提供依据。

4.2　制造型企业智能化发展水平的评价体系

制造型企业智能化转型发展已经成为行业高质量发展的共识和未来趋势。由于日益增强的资源约束限制和企业培育自身核心竞争能力的紧迫性，制造型企业信息化、网络化、智能化发展是应对当前局势的最佳路径，受到企业管理人员、技术人员以及相关领域人员的积极推动。本节从多种视角构建制造型企业智能化发展水平评价指标体系，为相关人员评估企业智能化水平提供参考依据。

4.2.1 制造型企业智能化发展水平评价的内涵分析

制造型企业智能化转型发展是当前环境下企业生存发展的必然选择，尤其是传统产业企业（武赫，2019）。企业应当把握智能化时代发展机遇，借助新兴技术，提升企业智能化关注水平，实现企业规范化、智能化管理，培育企业智能化技术创新，建立相应机制，全面解决企业智能化发展困境（杨志波等，2020），激活发展潜力。

企业智能化关注水平评价主要是指企业智能化发展理念和行为通过媒体或其他交流渠道方式受到企业内外的关注、认可和支持的程度，评价关注水平可以促使数字化、智能化思维的形成，有助于建立企业与客户、供应商之间的社会化协同智能制造系统（张祖国，2016），属于智能化发展系统交互维度。

企业智能化管理水平评价主要是从管理角度出发，使企业各项业务管理过程的信息化、网络化、智能化得到不断完善、规范和持续应用，以计算机软件代替人从事脑力劳动的方法实现管理智能化（张金昌，2020），将信息处理技术与制造型企业管理业务结合，提升企业管理业务信息处理效率，属于智能化发展软技术维度（郑大亮等，2017）。

企业智能化技术水平评价主要是从技术创新角度出发，制造型企业需要根据企业实际业务和产品特点，将信息技术嵌入生产制造过程中，研发符合企业智能化转型发展所需的智能技术设备或者产品，形成企业智能化发展的核心竞争能力。相关文献指出，创新柔性对智能化转型有显著正向影响（孟凡生等，2019），而创新技术孵化是制造业转型升级的关键影响因素（杨瑾等，2020）。这里企业智能化技术水平评价属于智能化发展硬技术维度。

综上可见，制造型企业智能化发展水平评价指标体系设计应紧跟制造型企业的需求实际，不仅要从系统环境角度直观反映企业信息化、网络化、智能化发展积累过程，也要提炼出企业智能化发展关键成功要素，推动企业智能化持续创新的发展。

4.2.2 制造型企业智能化发展水平评价指标体系的构建

制造型企业智能化转型升级是一个持续过程，是企业信息化、网络化、智能化逐步推进的过程，不仅要考虑应用各类信息系统来持续推进管理智能化转变，也要考虑发展与企业自身产品或者企业业务智能化相适应的技术。由于不同企业内部管理运作相关的业务和数据差异性较大，智能化转型过程和模式必然也有很大差别，因此制造型企业智能化发展水平评价需要将企业智能化转型看成是一个整体，关注企业实现智能化转型的关键成功因素。

1. 制造型企业智能化关注水平

制造型企业智能化发展是一种新发展理念，可通过网络媒体对企业智能化情况的推荐或者评价得到体现。受到行业内外推荐和公众的广泛关注，获得企业员工、客户以及供应商等的关注、认可和支持，对推动企业智能化发展有积极正面影响。这里采用企业发布的公告，其他外部机构包括券商机构、新闻媒体等关于该企业智能化话题的提及频率来测度制造型企业智能化关注水平，提及率高反映制造型企业智能化关注水平高。

2. 制造型企业智能化管理水平

制造型企业管理的智能化是企业智能化发展的重要内容，主要反映企业管理数据的处理应用，在不同发展阶段表现为信息化、网络化和智能化发展，依赖并利用信息系统和其他各类软件，实现制造型企业智能化管理。这里采用企业所拥有软件账面价值原值和拥有的软件著作权数量（信息系统数量）来测度制造型企业智能化管理水平，企业应用软件水平高，企业管理信息化、网络化、智能化程度就高。

3. 制造型企业智能化技术水平

制造型企业智能化水平不仅体现在管理智能化上，也反映在企业产品研发、生产等环节的技术智能化上，依赖于制造型企业智能化转型过程中适用于企业产品研发、生产的智能技术创新。这里采用含"智能"的实用新型专利和发明专利申请量来测度制造型企业智能化技术水平，含"智能"的专利技术多，企业智能化水平高。

制造型企业智能化发展水平评价指标体系如表 4-1 所示。

表 4-1 制造型企业智能化发展水平评价指标体系

一级指标	测量指标	指标数据解释
关注水平	关注评价	企业发布的智能化话题提及率 X_1
		其他机构媒体智能化话题提及率 X_2
管理水平	软件应用	软件账面价值原值 X_3
		软件著作权拥有数量（信息系统数量）X_4
技术水平	技术专利	含"智能"的实用新型专利和发明专利申请量 X_5

4.2.3 制造型企业智能化发展水平评价方法

制造型企业智能化发展水平的综合评价基于不同维度指标的差异性，首先须将所得指标数据标准化，即通过计算各维度原始数据与该维度常数的比值，得到该样本各项指标的千分化数值；然后通过指标加权，计算制造型企业智能化发展总体水平。

1. 指标标准化

首先，确定各维度指标常数，这里采用行业企业该维度指标的最高数值作为各维度指标常数 X'。

然后，在此基础上，各指标按以下公式进行标准化

$$X^* = \ln(X+1) / \ln(X'+1) \times 100 \tag{4-1}$$

此处"+1"是为了避免出现数据接近"0"时而产生无效值。

2. 指标加权

指标权重代表了每个指标对于评价目标的重要程度，用相应的权重与对应的属性值相乘可得到综合评价的得分。综合评价的结论是否合理，关键在于，只有确定最合理、最具说服力的指标权重，才能得到合理、可信的评价结论。为了确保赋权值的稳定性，这里采用专家赋权方法。由于指标数据反映制造型企业智能化发展的程度不同，所以赋予不同的权重，分别记为$\omega_1, \omega_2, \omega_3, \omega_4, \omega_5$，权重分别为 0.1、0.1、0.1、0.3 和 0.4。

3. 计算综合评分

通过上述指标标准化和指标加权，可以采用下式进行综合评分：

$$CID = \omega_1 X_1^* + \omega_2 X_2^* + \omega_3 X_3^* + \omega_4 X_4^* + \omega_5 X_5^* \tag{4-2}$$

4.3 制造型企业智能化发展水平评价

根据以上构建的指标，收集整理相应的数据。数据主要从如下渠道获取：①上市公司官方网站，主要收集企业概况、行业发展动态、业务情况以及新闻动态等资料。②专利数据库[①]，以"智能"为检索词，收集企业实用新型专利和发明专利数据。③金融数据库[②]，主要通过同花顺金融数据库收集整理有关企业的无形资产账面价值原值（软件）、软件著作权拥有数量以及涉及"智能"的企业公告和新闻媒体报道等数据。

2021 年以来，工业和信息化部强调要推动制造业数字化、网络化、智能化发展，推动传统产业转型升级，明确要求遴选一批智能制造和服务型制造标杆企业，同时要持续开展纺织服装企业的智能制造先进技术和模式研究的推广工作。2021 年 6 月，中国纺织工业联合会也指出，作为开展工业数据分类分级试行工作的八个重点行业之一——纺织行业将在"十四五"期间继续推进新一代信息技术与纺织工业深度融合。同时，江苏、山东等多个省份在相关规划文件中也多次强调，将纺织服装产业作为未来几年智能化转型升级的重点或者优势传统产业。因此，本节将主要对传统纺织服装行业，包括纺织业、纺织服装、服饰业和皮革、毛皮、羽毛及其制品和制鞋业 3 个制造业行业的上市公司的智能化水平进行比较和评价。所收集的指标数据截至 2021 年 6 月，按照证监会行业分类新标准，选择纺织服装 3 个行业的 97 家上市公司作为考察对象，其中纺织业企业 45 家，纺织服装、服饰业企业 40 家，皮革、毛皮、羽毛及其制品和制鞋业企业 12 家。

4.3.1 纺织服装企业智能化发展水平指标评价

纺织服装行业智能化转型发展需要推动新一代信息技术与纺织服装工业融合，实现包括个性化定制、数字化生产管理等在内的数字化管理，提升纺织服装行业数字化、网络化关键基础能力，完善行业数据分类分级和工业互联网平台建设，进而实现更广范围、

---

① 专利数据库：国家知识产权局（pss-system.cnipa.gov.cn）
② 金融数据库：同花顺金融数据库（www.51ifind.com）

更深程度、更高水平的融合发展。本节将筛选出纺织服装行业 97 家上市企业作为评价对象，首先针对智能化管理、技术以及影响等层面的指标进行比较分析。

1. 智能化关注水平评价

企业智能化转型发展是企业内外包括员工、客户及环境的一致需求，是其相互影响、相互促进的结果。智能化关注水平显示企业对智能化发展需求的客观认识，推动企业更好实现智能化转型。

本节采用研究期限内企业相关公告和新闻媒体报道中"智能"被提及的频次来反映企业智能化关注水平指数。数据显示，2020 年纺织服装行业 97 家上市企业所发布的企业公告中提及"智能"的频次总计达到了 4036 次（97 家企业），相比 2010 年的 200 次（27 家企业），有显著的增加；2020 年企业相关新闻报道中提及"智能"的频次总计达到了 5036 次（97 家企业），相比 2010 年的 340 次（39 家企业）也有显著的增加。

图 4-1 反映纺织服装行业 97 家上市企业智能化关注水平分布情况。其主要特征表现为两点。

（1）2010～2020 年，纺织服装行业上市企业智能化发展通过企业公告和新闻媒体报道方式被提及的企业数和频次都呈现逐年增加趋势，显示出企业智能化发展受到了更多的认可，对企业智能化发展具有积极影响。

（2）2010～2020 年，纺织服装行业上市企业智能化关注水平整体上是稳步发展的。2020 年 89 家纺织服装行业上市企业智能化关注水平指数超过 25，其中 24 家企业智能化关注水平指数位于 60～85，反映纺织服装行业上市企业智能化关注水平已经得到较大提升，是企业智能化发展的重要推动力量。

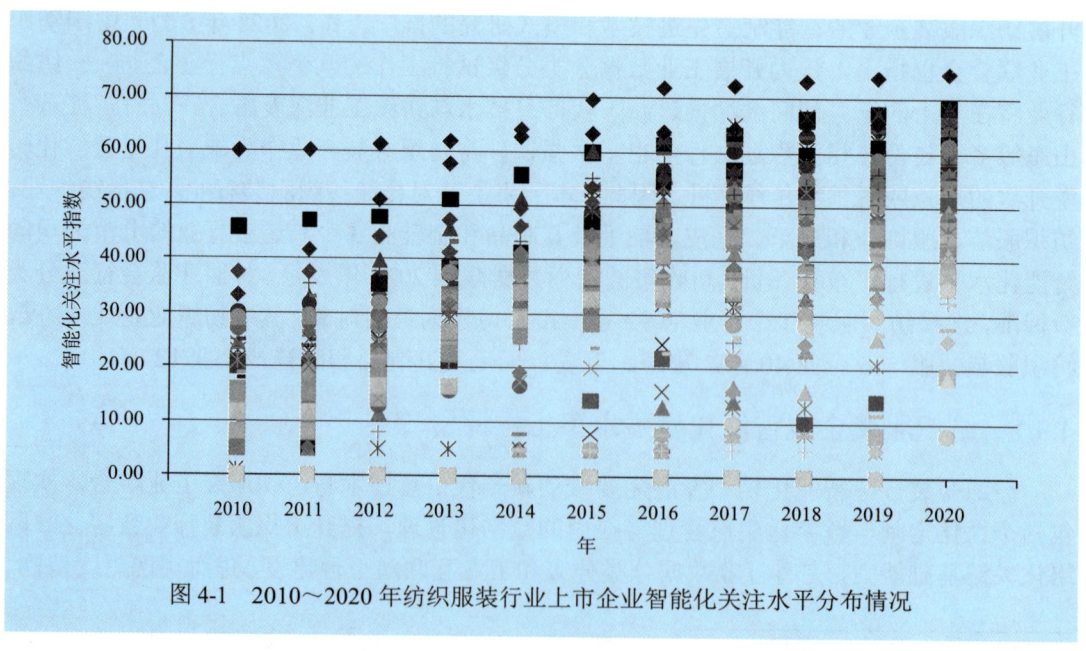

图 4-1 2010～2020 年纺织服装行业上市企业智能化关注水平分布情况

图 4-2 仅列出 2020 年智能化关注水平指数排名前十的纺织服装行业上市企业，并列

出了纺织服装行业十强上市企业智能化关注水平的变化情况。

（1）这十强企业可以作为智能化影响发展典型标杆企业。按智能化关注水平指数排名由高到低的顺序，十强企业分别为探路者（300005.SZ）、海澜之家（600398.SH）、际华集团（601718.SH）、开润股份（300577.SZ）、*ST 贵人（603555.SH）、梦洁股份（002397.SZ）、报喜鸟（002154.SZ）、*ST 环球（600146.SH）、罗莱生活（002293.SZ）、*ST 天首（000611.SZ）。

（2）这十强纺织服装行业上市企业智能化关注水平得到稳步提升，呈现趋同趋势。在 2010~2020 年期间，开润股份（300577.SZ）和*ST 贵人（603555.SH）的智能化关注水平提升最快；2019 年以来，这 10 家企业智能化关注水平指数日益接近，指数值为 68 左右，表明其智能化影响呈现趋同趋势。

（3）纺织服装行业上市企业智能化关注水平方面存在行业差异性。这 10 家企业有 6 家企业属于纺织服装、服饰业，有 4 家企业属于纺织业，而属于皮革、毛皮、羽毛及其制品和制鞋业的企业的智能化关注水平相对落后，其典型企业天创时尚（603608.SH）的智能化关注水平指数为 61.90，排名仅在 22 位，因此有必要根据行业智能化转型升级的需求特点，扩大智能化关注水平，激活智能化发展活力。

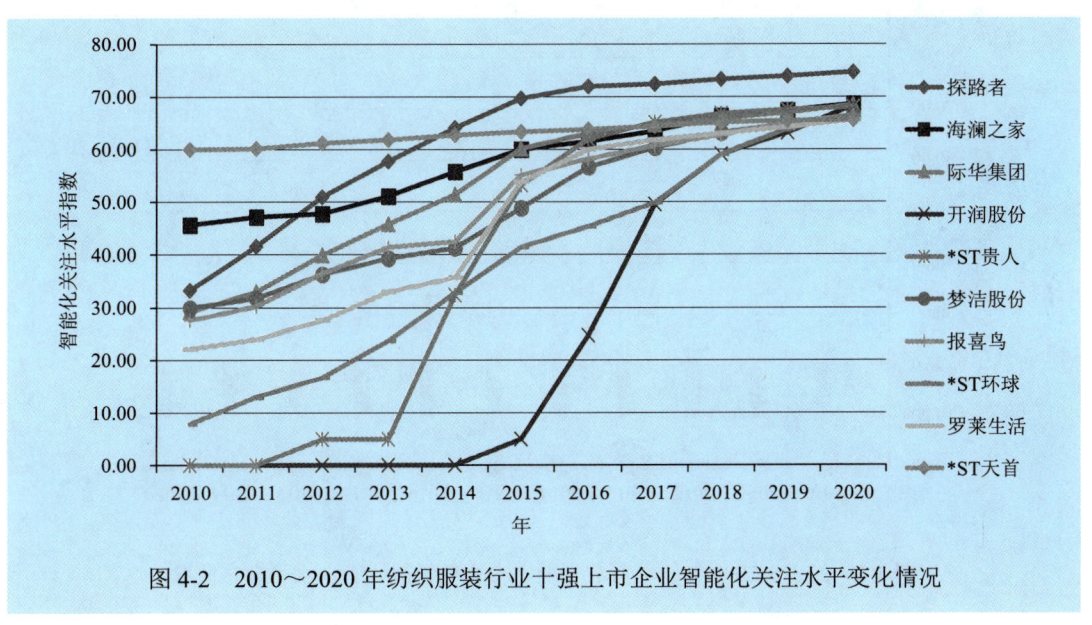

图 4-2　2010~2020 年纺织服装行业十强上市企业智能化关注水平变化情况

2. 智能化管理水平评价

智能制造管理的关键是企业各类业务信息化、网络化和智能化，通过信息系统软件定义产品、业务及生产体系，决定企业管理和生产过程。不同生产设备之间既能够实现协作生产管理，还能对外部的环境变化做出及时反应。

对纺织服装行业智能化管理水平进行评价时，采用软件账面价值原值和软件著作权拥有数量（信息系统数量）来综合衡量，其中数据显示 2020 年纺织服装行业 97 家上市企业的软件账面价值原值总计达到了 22.71 亿元（96 家企业），相比 2010 年的 1.28 亿元

（30家企业）有显著增加；2020年，软件著作权拥有数量（信息系统数量）总计达到了317个（36家企业），相比2010年的14个（4家企业）有显著的增加。

图4-3反映出纺织服装行业97家上市企业智能化管理水平分布情况。其主要特征表现为三点。

（1）2010~2020年，纺织服装行业上市企业管理智能化应用在企业数量方面呈现扩散趋势。2010年仅有33家企业有信息化、网络化、智能化方面的软件投入或者应用，到2020年达到了96家企业，表明管理智能化转型已经成为纺织服装行业企业转型发展的必然趋势。

（2）2010~2020年，纺织服装行业上市企业智能化管理水平呈现持续上升趋势。97家纺织服装行业上市企业智能化管理水平指数的均值从2010年的6.10持续上升到2020年的30.03，纺织服装行业上市企业智能化管理水平整体上有所提升。

（3）2010~2020年，纺织服装行业上市企业智能化管理水平整体上仍处于较低发展阶段。相对较多的纺织服装行业上市企业智能化管理水平指数集中在10~25，反映出纺织服装行业上市企业管理智能化转型处在较低发展阶段。

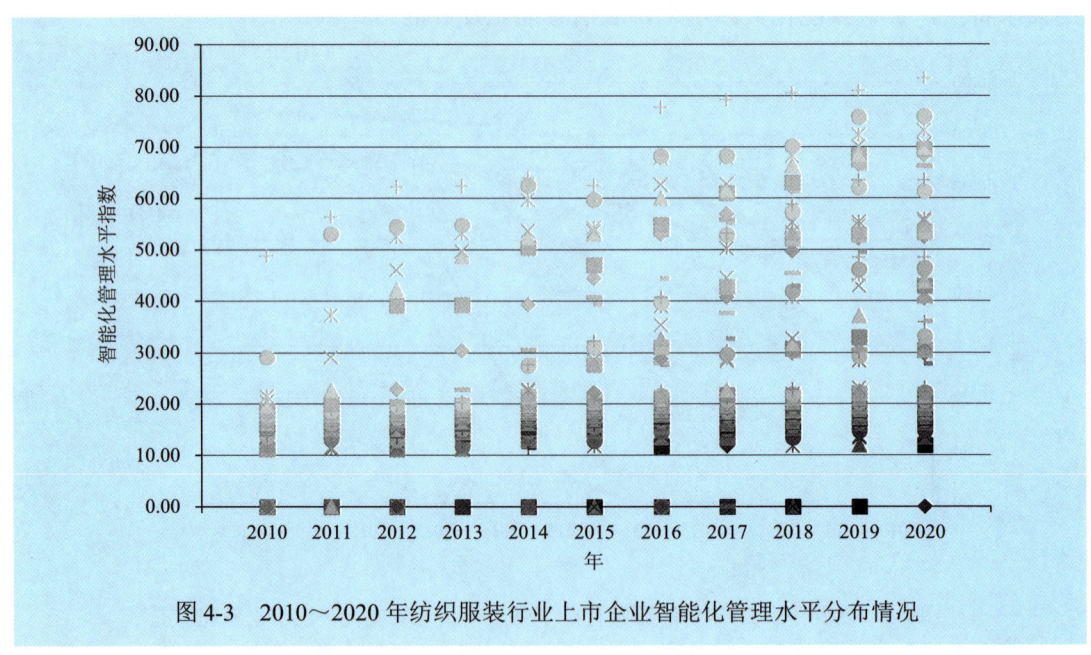

图4-3 2010~2020年纺织服装行业上市企业智能化管理水平分布情况

图4-4仅列出了2020年智能化管理水平指数排名前十的纺织服装行业上市企业，并列出了纺织服装行业十强上市企业智能化管理水平变化情况：

（1）这十强企业可以作为管理智能化发展典型标杆企业。按智能化管理水平指数排名由高到低的顺序，十强企业分别为安正时尚（603839.SH）、酷特智能（300840.SZ）、金发拉比（002762.SZ）、朗姿股份（002612.SZ）、森马服饰（002563.SZ）、报喜鸟（002154.SZ）、九牧王（601566.SH）、日播时尚（603196.SH）、富安娜（002327.SZ）、联发股份（002394.SZ）。

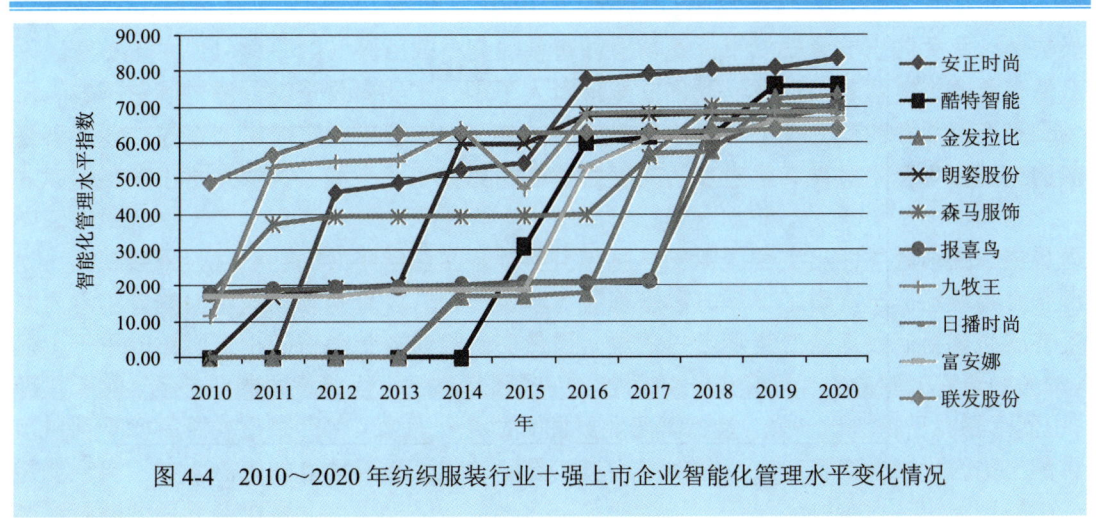

图 4-4　2010~2020 年纺织服装行业十强上市企业智能化管理水平变化情况

（2）2010~2020 年，纺织服装行业上市企业智能化管理水平得到持续提升。其中 2016~2020 年是纺织服装行业十强上市企业管理智能化显著提升的阶段，2018 年以后其智能化管理水平指数均维持在 60~85，表明其管理智能化转型进入全面发展阶段。

（3）纺织服装行业上市企业智能化管理水平具有行业差异性。排名前八位均属于纺织服装、服饰业，排名第九位和第十位的富安娜（002327.SZ）和联发股份（002394.SZ）属于纺织业，表明纺织服装、服饰业和纺织业逐步走向具有行业特色的管理智能化转型之路；相对来说皮革、毛皮、羽毛及其制品和制鞋业的管理智能化发展较落后，其典型企业红蜻蜓（603116.SH）智能化管理水平指数（43.01）的排名仅为 24 位，后续还有很大的管理智能化转型突破空间。

3. 智能化技术水平评价

企业智能化转型的基础就是智能技术和智能产品的发展，是《中国制造 2025》发展规划的重要发展方向，是未来制造业发展的必然趋势。

本节纺织服装行业智能化技术水平评价采用研究期间内公司的含"智能"的实用新型专利和发明专利申请量来衡量，其中数据显示 2020 年纺织服装行业 97 家上市企业含"智能"的实用新型专利和发明专利申请量总计达到了 140 件（46 家企业），相比 2010 年的 2 件（2 家企业）有显著增加。

图 4-5 反映出纺织服装行业 97 家上市企业智能化技术水平分布情况。其主要特征表现为三点。

（1）2010~2020 年，纺织服装行业上市企业智能化技术发展在企业数量方面呈现扩散趋势。2010 年仅有 2 家企业申请智能技术专利，而后有更多企业开始重视智能技术研发，到 2020 年已达到了 46 家企业，表明智能技术专利发展已经成为纺织服装行业企业智能化转型发展的重要方向。

（2）2010~2020 年，纺织服装行业上市企业智能化技术水平呈现持续上升趋势。97 家纺织服装行业上市企业智能化技术水平指数的均值从 2010 年的 0.31 持续上升到 2020 年的 11.72。整体上，纺织服装行业上市企业智能化技术水平得到了提升。

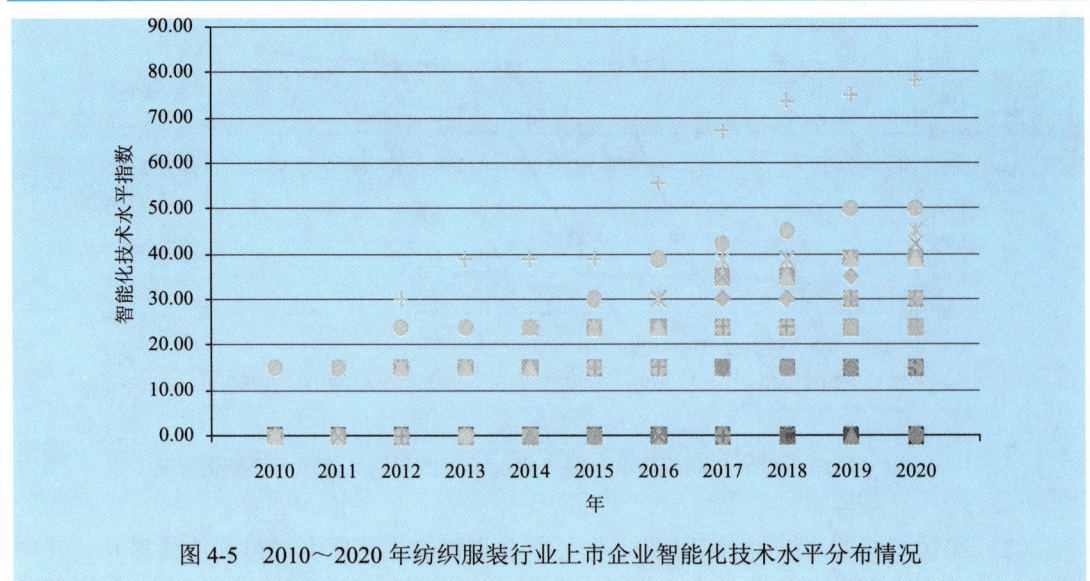

图 4-5 2010~2020 年纺织服装行业上市企业智能化技术水平分布情况

（3）2010~2020 年，纺织服装行业上市企业智能化技术水平整体上仍处于较低发展阶段。2020 年 51 家纺织服装行业上市企业智能化技术水平指数为 0，45 家企业智能化技术水平指数集中在 15~50，仅有 1 家企业超过 60，达到了 78.24，以上反映出纺织服装行业上市企业智能化技术发展水平较低，是未来几年智能化转型发展的重要领域。

图 4-6 仅列出了 2020 年智能化技术水平指数排名前十的纺织服装行业上市企业，并列出了纺织服装行业十强上市企业智能化技术水平的变化情况。

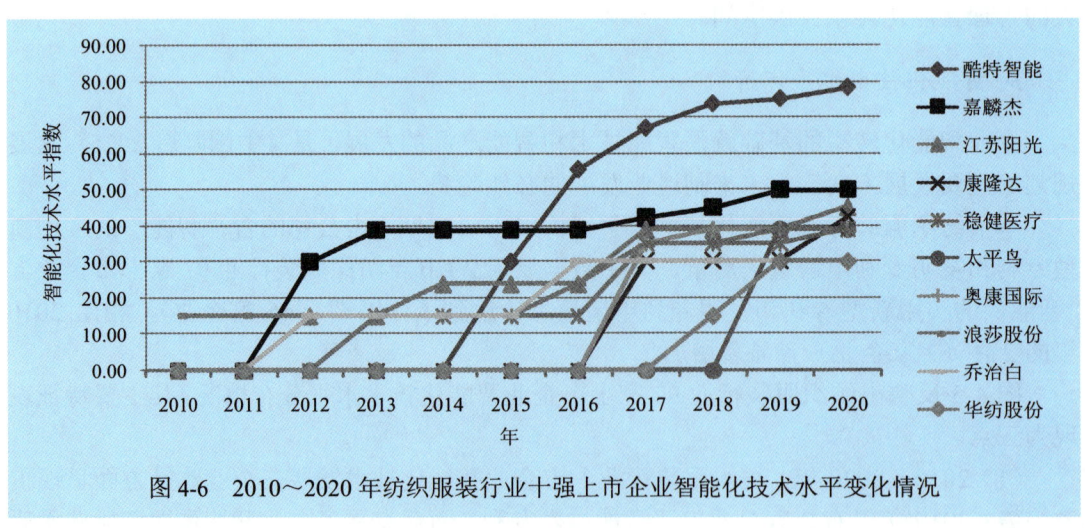

图 4-6 2010~2020 年纺织服装行业十强上市企业智能化技术水平变化情况

（1）这十强企业可以作为智能化技术发展典型标杆企业。按智能化技术水平指数排名由高到低的顺序，十强企业分别为酷特智能（300840.SZ）、嘉麟杰（002486.SZ）、江苏阳光（600220.SH）、康隆达（603665.SH）、稳健医疗（300888.SZ）、太平鸟（603877.SH）、奥康国际（603001.SH）、浪莎股份（600137.SH）、乔治白（002687.SZ）、华纺股份

（600448.SH）。

（2）2010~2020年这十强上市企业智能化技术水平得到持续提升。其中2016~2020年纺织服装行业十强上市企业智能技术水平获得一定的提升，2019年以来其智能化技术水平指数均维持在30~80，表明其智能化技术发展进入到技术转型蔓延阶段，将带动更多企业重视研发适合自身智能转型发展需要的技术。

（3）纺织服装行业上市企业智能化技术水平具有行业差异性。前十位企业中纺织服装、服饰业企业占有5家，纺织业企业占有4家，而皮革、毛皮、羽毛及其制品和制鞋业企业仅占有1家。排名第一位的纺织服装、服饰业企业酷特智能（300840.SZ）拥有智能技术申请专利36件，其智能化技术水平指数为78.24，远超行业其他企业；排名第三位的纺织业企业江苏阳光（600220.SH）拥有7件智能技术申请专利，其智能化技术水平指数为45.06；排名第七位的皮革、毛皮、羽毛及其制品和制鞋业企业奥康国际（603001.SH）拥有5件智能技术申请专利，其智能化技术水平指数与稳健医疗（300888.SZ）、太平鸟（603877.SH）、浪莎股份（600137.SH）一样均为38.82。

4.3.2　纺织服装企业智能化发展水平总体评价

为综合评价传统纺织服装行业上市企业智能化发展水平，本节将评价分析2010~2020年纺织服装行业上市企业智能化发展水平分布情况和纺织服装行业前十强上市企业智能化发展水平变化情况（图4-7、图4-8）。

图4-7反映出纺织服装行业97家上市企业智能化发展水平分布情况。其主要特征表现为两点。

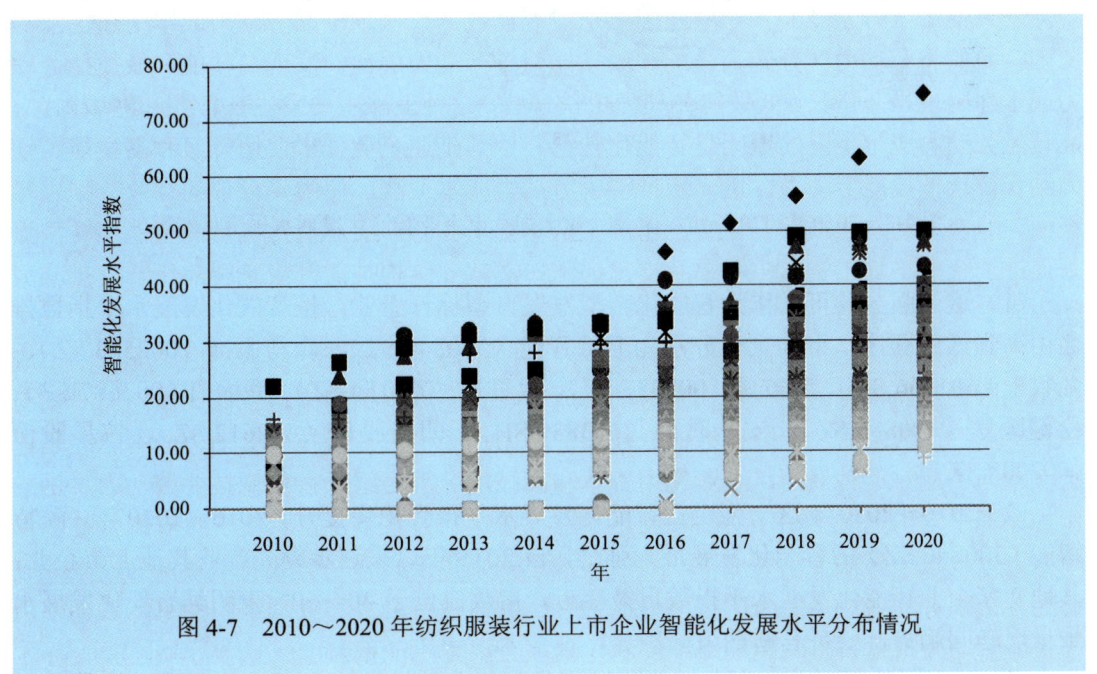

图4-7　2010~2020年纺织服装行业上市企业智能化发展水平分布情况

（1）2010~2020年，纺织服装行业上市企业智能化发展水平呈现持续上升趋势，但总体上发展较为缓慢。97家纺织服装行业上市企业智能化发展水平指数的均值从2010年的4.36持续上升到2020年的26.54，纺织服装行业上市企业智能化发展水平整体上有所提升。

（2）2010~2020年，纺织服装行业上市企业智能化发展水平整体上处于较低水平，但预计未来几年将是行业智能化发展关键时期。2020年所有纺织服装行业上市企业智能化发展水平指数均不为0，反映出纺织服装行业上市企业都在一定程度上推动了智能化发展，其中49家企业智能化发展水平指数集中在25~50，有1家企业达到了74.76，但仍有接近半数企业（47家）的智能化发展水平指数低于25（表4-2），反映出纺织服装行业上市企业智能化发展水平较低，但行业整体智能化转型发展潜力将得到进一步释放。

图4-8列出了2020年智能化发展水平指数综合排名前十的纺织服装行业上市企业，并列出了纺织服装行业十强上市企业智能化发展水平的变化情况。

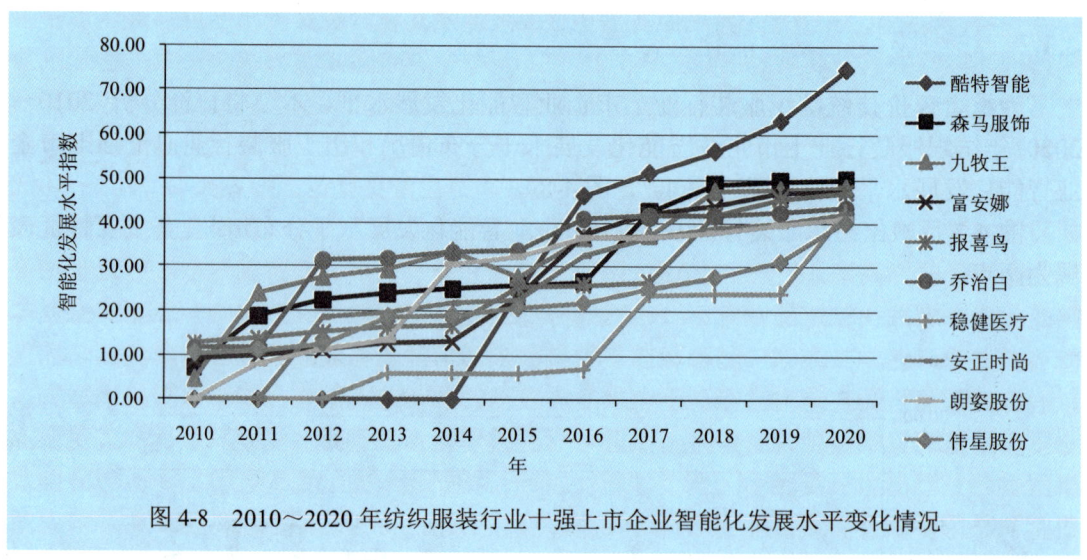

图4-8　2010~2020年纺织服装行业十强上市企业智能化发展水平变化情况

（1）这十强企业可以作为智能化转型发展典型标杆企业。按智能化发展水平指数排名由高到低的顺序，十强企业分别为酷特智能（300840.SZ）、森马服饰（002563.SZ）、九牧王（601566.SH）、富安娜（002327.SZ）、报喜鸟（002154.SZ）、乔治白（002687.SZ）、稳健医疗（300888.SZ）、安正时尚（603839.SH）、朗姿股份（002612.SZ）、伟星股份（002003.SZ）。

（2）2010~2020年这十强企业智能化发展水平得到稳步提升。2010~2020年，酷特智能（300840.SZ）的智能化发展最为强劲，自2015年以来逐步领先行业其他上市企业；其他9家企业智能化发展水平指数日益接近，指数值位于40~50，表明其智能化发展水平呈现趋同趋势，亟待有新的突破。

（3）纺织服装行业上市企业智能化发展具有行业差异性。这10家企业有8家属于纺织服装、服饰业，有2家属于纺织业；而皮革、毛皮、羽毛及其制品和制鞋业企业的智能化发展水平整体上相对落后,行业发展最好的企业奥康国际(603001.SH)的智能化发展水平指数(35.19)排名仅为 23 位,显示纺织服装行业的智能化转型发展也具有明显的行业差异性,须根据行业自身特色实现智能化发展。

表 4-2 列出了 97 家纺织服装行业上市企业 2020 年智能化发展水平指数及排名情况。

表 4-2　97 家纺织服装行业上市企业 2020 年智能化发展水平指数及排名

证券代码	证券名称	行业	2020 年智能化发展水平指数	排名
300840.SZ	酷特智能	纺织服装、服饰业	74.76	1
002563.SZ	森马服饰	纺织服装、服饰业	49.95	2
601566.SH	九牧王	纺织服装、服饰业	48.00	3
002327.SZ	富安娜	纺织业	47.22	4
002154.SZ	报喜鸟	纺织服装、服饰业	47.08	5
002687.SZ	乔治白	纺织服装、服饰业	43.58	6
300888.SZ	稳健医疗	纺织业	42.69	7
603839.SH	安正时尚	纺织服装、服饰业	42.13	8
002612.SZ	朗姿股份	纺织服装、服饰业	41.22	9
002003.SZ	伟星股份	纺织服装、服饰业	40.31	10
603877.SH	太平鸟	纺织服装、服饰业	39.98	11
002762.SZ	金发拉比	纺织服装、服饰业	39.69	12
600448.SH	华纺股份	纺织业	38.79	13
002486.SZ	嘉麟杰	纺织服装、服饰业	38.56	14
000850.SZ	华茂股份	纺织业	38.49	15
002029.SZ	七匹狼	纺织服装、服饰业	38.40	16
300577.SZ	开润股份	纺织业	38.26	17
002656.SZ	ST 摩登	纺织服装、服饰业	37.79	18
000726.SZ	鲁泰 A	纺织业	36.03	19
002394.SZ	联发股份	纺织业	35.92	20
300005.SZ	探路者	纺织服装、服饰业	35.39	21
002832.SZ	比音勒芬	纺织服装、服饰业	35.23	22
603001.SH	奥康国际	皮革、毛皮、羽毛及其制品和制鞋业	35.19	23
600220.SH	江苏阳光	纺织业	35.02	24
603196.SH	日播时尚	纺织服装、服饰业	34.94	25
603808.SH	歌力思	纺织服装、服饰业	34.88	26
002397.SZ	梦洁股份	纺织业	34.69	27
603608.SH	天创时尚	皮革、毛皮、羽毛及其制品和制鞋业	34.35	28
002269.SZ	美邦服饰	纺织服装、服饰业	34.35	29
002674.SZ	兴业科技	皮革、毛皮、羽毛及其制品和制鞋业	32.44	30
600630.SH	龙头股份	纺织业	31.85	31
603665.SH	康隆达	纺织业	31.62	32
601718.SH	际华集团	纺织服装、服饰业	31.13	33

续表

证券代码	证券名称	行业	2020年智能化发展水平指数	排名
600400.SH	红豆股份	纺织服装、服饰业	30.96	34
002193.SZ	如意集团	纺织业	29.22	35
603558.SH	健盛集团	纺织业	29.19	36
002516.SZ	旷达科技	纺织业	29.07	37
603365.SH	水星家纺	纺织业	28.88	38
600137.SH	浪莎股份	纺织服装、服饰业	28.34	39
600439.SH	瑞贝卡	皮革、毛皮、羽毛及其制品和制鞋业	27.81	40
600987.SH	航民股份	纺织业	27.78	41
002293.SZ	罗莱生活	纺织业	27.73	42
300591.SZ	万里马	皮革、毛皮、羽毛及其制品和制鞋业	27.70	43
605055.SH	迎丰股份	纺织业	27.27	44
002087.SZ	新野纺织	纺织业	27.24	45
603116.SH	红蜻蜓	皮革、毛皮、羽毛及其制品和制鞋业	27.11	46
003016.SZ	欣贺股份	纺织服装、服饰业	26.38	47
300877.SZ	金春股份	纺织业	26.20	48
002634.SZ	棒杰股份	纺织服装、服饰业	25.47	49
603511.SH	爱慕股份	纺织服装、服饰业	25.31	50
600493.SH	凤竹纺织	纺织业	24.21	51
002042.SZ	华孚时尚	纺织业	23.83	52
600398.SH	海澜之家	纺织服装、服饰业	22.97	53
603555.SH	*ST贵人	纺织服装、服饰业	22.11	54
603238.SH	诺邦股份	纺织业	21.91	55
600177.SH	雅戈尔	纺织服装、服饰业	21.04	56
605068.SH	明新旭腾	皮革、毛皮、羽毛及其制品和制鞋业	20.91	57
000982.SZ	中银绒业	纺织业	20.90	58
600146.SH	*ST环球	纺织服装、服饰业	20.67	59
002083.SZ	孚日股份	纺织业	20.32	60
002569.SZ	ST步森	纺织服装、服饰业	20.26	61
002404.SZ	嘉欣丝绸	纺织服装、服饰业	20.14	62
300819.SZ	聚杰微纤	纺织业	19.99	63
603518.SH	锦泓集团	纺织服装、服饰业	19.29	64
002291.SZ	星期六	纺织服装、服饰业	19.10	65
002503.SZ	搜于特	纺织服装、服饰业	19.06	66
300658.SZ	延江股份	纺织业	18.86	67
002740.SZ	爱迪尔	纺织服装、服饰业	18.56	68
300979.SZ	华利集团	皮革、毛皮、羽毛及其制品和制鞋业	18.47	69
603157.SH	*ST拉夏	纺织服装、服饰业	18.45	70
000611.SZ	*ST天首	纺织业	17.89	71
605189.SH	富春染织	纺织业	17.69	72

续表

证券代码	证券名称	行业	2020年智能化发展水平指数	排名
002144.SZ	宏达高科	纺织业	17.55	73
601599.SH	浙文影业	纺织业	17.45	74
603557.SH	ST起步	皮革、毛皮、羽毛及其制品和制鞋业	17.04	75
601339.SH	百隆东方	纺织业	16.85	76
603889.SH	新澳股份	纺织业	16.83	77
002494.SZ	华斯股份	皮革、毛皮、羽毛及其制品和制鞋业	16.35	78
600689.SH	上海三毛	纺织业	16.25	79
000955.SZ	欣龙控股	纺织业	16.24	80
002875.SZ	安奈儿	纺织服装、服饰业	16.14	81
603587.SH	地素时尚	纺织服装、服饰业	15.76	82
002763.SZ	汇洁股份	纺织服装、服饰业	15.74	83
603055.SH	台华新材	纺织业	15.36	84
600735.SH	新华锦	皮革、毛皮、羽毛及其制品和制鞋业	15.21	85
603908.SH	牧高笛	纺织服装、服饰业	15.01	86
300918.SZ	南山智尚	纺织业	14.84	87
600107.SH	美尔雅	纺织服装、服饰业	14.34	88
600156.SH	华升股份	纺织业	14.13	89
603958.SH	哈森股份	皮革、毛皮、羽毛及其制品和制鞋业	14.00	90
605003.SH	众望布艺	纺织业	13.23	91
605155.SH	西大门	纺织业	11.23	92
600232.SH	金鹰股份	纺织业	10.78	93
300952.SZ	恒辉安防	纺织业	10.68	94
003041.SZ	真爱美家	纺织业	8.75	95
605080.SH	浙江自然	纺织业	8.49	96
605180.SH	华生科技	纺织业	7.48	97

从排名结果来看，2020年智能化发展水平指数排名最后5位的企业是金鹰股份（600232.SH）、恒辉安防（300952.SZ）、真爱美家（003041.SZ）、浙江自然（605080.SH）和华生科技（605180.SH）。相对其他企业来说，它们的智能化发展仍处于初始阶段，未来关键几年，它们必须结合企业业务特点推广智能化转型发展理念，推进智能化管理，大力推动智能化技术改造，逐步实现智能化转型升级。

4.4 本章小结

本章基于3个方面评价制造型企业智能化发展情况，构建企业智能化发展水平指标体系，该体系可客观反映制造业上市企业智能化关注水平、智能化管理水平、智能化技术水平以及智能化发展水平。

本章研究选取了纺织服装行业，包含纺织服装、服饰业，纺织业和皮革、毛皮、羽毛及其制品和制鞋业三个分行业的 97 家上市企业，运用智能化发展水平指标体系法进行评价，得到四点结论。

（1）智能化发展趋势明显。2010~2020 年纺织服装行业上市企业智能化发展各层面指数均呈现持续上升趋势，表明企业智能化转型升级趋势明显。

（2）智能化发展水平较低。从智能化发展水平指数值分布来看，较多企业仍处于较低水平的智能化发展阶段，接近半数的企业智能化发展水平指数低于 25。传统制造型企业智能化发展亟须大力推动。

（3）智能化发展行业差异。从各层面智能化发展水平指数统计结果来看，不同行业智能化发展存在明显的行业差异性，其中纺织服装、服饰业智能化发展相对较快，其次是纺织业和皮革、毛皮、羽毛及其制品和制鞋业。

（4）智能化发展典型企业。在 97 家纺织服装行业上市企业中，各层面智能化水平指数均涌现出了典型企业值得其他企业参考借鉴，其中酷特智能（300840.SZ）的智能化发展趋势最为强劲，可以作为传统纺织服装行业企业智能化转型发展的典型代表。

参 考 文 献

国家知识产权局. 2021-06-27. 专利检索及分析[EB/OL]. http://www.pss-system.gov.cn.
孟凡生, 赵刚. 2019. 创新柔性对制造型企业智能化转型影响机制研究[J]. 科研管理, 40(4): 74-82.
上海证券交易所. 2021-06-27. 上市公司 2018 年度年报[EB/OL]. http://www.sse.com.cn.
深圳证券交易所. 2021-06-27. 上市公司 2010-2020 年度年报[EB/OL]. http://www.szse.cn.
武赫. 2019. 智能化时代传统产业因应新业态的经营管理方式更新研究[J]. 云南社会科学, 4(7): 147-152.
杨瑾, 解若琳. 2020. 颠覆式创新驱动装备制造业转型升级的关键影响因素及路径[J]. 中国科技论坛, 295(11): 79-87, 114.
杨志波, 杨兰桥. 2020. 我国中小型制造型企业智能化转型困境及破解策略[J]. 中州学刊, 8: 25-31.
张金昌. 2020. 管理智能化: 理论创新与技术发展[J]. 福建论坛(人文社会科学版), 34(10): 99-108.
张祖国. 2016. 面向社会化协同的智能制造体系结构[J]. 计算机集成制造系统, 22(7): 1779-1788.
郑大亮, 韩明华. 2017. "互联网+"环境下制造型企业开放式创新模式研究——红领集团的案例分析[J]. 科技与经济, 30(5): 26-30.

撰稿人：周飞雪
审稿人：程中华

第3部分

专题研究篇

第5章 智能化转型对企业劳动力成本上涨的影响研究

5.1 智能制造背景下的企业劳动力成本管理

劳动力成本快速上涨已成为企业的沉重负担。中国中小企业发展促进中心2016年的调研发现，经济下行压力下，企业面临较高的成本负担，高达64%的企业认为负担最重领域是人工成本。根据张杰等（2016）的测算，1997~2014年，中国实际工资增长率均值高达11.16%，而同期实际劳动生产率增长率均值仅为2.54%；在工业部门这种现象更突出，2004~2014年，中国工业部门实际劳动生产率增长率均值只有–1.03%，而实际工资增长率均值却高达10.44%。已有越来越多文献注意到中国劳动力成本快速上涨带来的经济影响（林炜，2013；吴要武，2014），劳动力成本快速上涨对企业而言，既可能是促进科技创新、加快技术进步的动力，也可能是不堪重负的"最后一根稻草"。改革开放以来，中国凭借低劳动力成本融入全球价值链，并稳步迈向世界制造业强国，劳动力成本快速上涨可能已经并继续动摇中国经济的高速增长。那么，中国劳动力成本快速上涨的原因是什么呢？

中国劳动力成本快速上涨的第一个原因是低技能劳动力工资的迅速上涨。代表性文献是蔡昉（2005，2007）提出的"刘易斯转折点"说。由于生育政策、人口结构转型，中国低技能劳动力市场供给结构发生了深切变化，供给结构冲击导致低技能劳动力出现明显短缺，农民工平均工资迅速上涨（丁守海，2011）。

中国劳动力成本快速上涨的另一原因是高技能劳动力成本较快上涨，但有关这一现象的深入探讨不多，与之相关的是"劳动制度说"。张杰等（2016）认为，中国制造业用工成本快速上升的核心因素是与中国当前经济发展阶段和出口模式不相适应的劳动保护制度。新《劳动合同法》强调保障劳动者合法利益，但没有建立起完善的社保分担机制，加大了企业的社保支出成本。不过，沈永健等（2017）利用2001~2013年上市公司数据检验发现，新《劳动合同法》实施之前，劳动力成本已处于快速上涨期，没有足够证据表明新《劳动合同法》的实施改变了劳动力成本的总量上升趋势。"五险一金"对劳动力成本上升具有增量影响，导致劳动力成本上升的是《社会保险法》和《住房公积金管理条例》，新《劳动合同法》只是强化了法律法规的实施。章元等（2019）基于2001~2012年中关村企业面板数据的研究也发现，新《劳动合同法》并未显著提高企业的用工成本。

更值得注意的是，代表高技能劳动力供给的高校毕业生人数已从1999年的84.76万上升到2020年的874万。从理论上看，超大的供给量应降低高技能劳动力成本，减缓劳动力成本上涨。但最新的证据表明，高技能劳动力成本仍呈现较快上涨（陈啸等，2021）。本章认为智能化转型推动是高技能劳动力成本上升的原因。已有研究也表明，中国经济已经发生了较明显的智能化转型（宋冬林等，2010；宁光杰等，2014）。但国外文献表明，智能化转型在增加高技能劳动力需求的同时降低了对低技能劳动力的需求，导致低技能劳动力就业、工资下降，而高技能劳动力就业增加、工资上涨（Goldin et al.，1998；Berman et al.，1998；Thoenig et al.，2003）。与发达国家劳动力市场"低技能工资下降，高技能工资上升"不同，中国劳动力市场出现"双涨"模式。本章认为，由于"刘易斯转折点"到来，低技能劳动力工资快速上涨，加快了企业使用资本替代劳动的进程，但先进资本设备与高技能劳动力是互补的。因此，经济结构以资本和高技能劳动作为一个组合，替代低技能劳动力，进一步促成就业结构升级。由于高技能劳动力平均工资高，社保支出更多，因此工人的平均工资以"双涨"形式驱动劳动力成本迅速上涨。

现有文献侧重于探讨智能化转型对劳动力市场的影响，如收入不平等、劳动力市场极化等（陈勇等，2018）。首先，本章将中国劳动力区分为高技能和低技能两个劳动力层次，探究智能化转型如何促使企业加速以资本代替低技能劳动力，进而推动高技能劳动力成本上涨。其次，使用1999~2007年中国工业企业统计数据库检验智能化转型促进就业结构升级，并进一步推动劳动力成本上涨的传导机制。

本章结构做如下安排：5.2节对数据进行描述和统计分析。5.3节使用4分位的行业数据，进行规范的截面、静态面板和动态面板分析。5.4节进行总结，提出政策建议。

5.2 劳动力成本构成及上涨机制

5.2.1 统计描述

本章使用的数据来源主要是1999~2007年国家统计局的中国工业企业统计数据库。每个企业的劳动力成本由两部分构成：企业总工资支出和总福利支出，将它们除以企业年平均雇佣人数可以得到平均工资支出和平均福利支出。平均工资支出和平均福利支出有如下关系：首先，平均福利支出和平均工资支出具有较高相关性，全样本相关系数为0.54；其次，样本时期在2008年1月1日新《劳动合同法》实施前，非技能劳动力获得福利支出较少，1999年有15.97%、2007年有20.26%的企业人均福利支出为0，不支付福利支出企业的比例表现出略微上升趋势，这可能是更多小企业进入导致的。平均工资支出和平均福利支出可能存在价格效应，我们使用所在省份对应年份消费价格指数（CPI）进行平减，数据中的数量都以1999年价格为基准。结果表明，1999年所有企业平均人均工资支出为8007元，2007年则为23 278元；1999年所有企业平均人均福利支出为1068元，2007年则为2312元。这意味着，1999~2007年规模以上中国工业企业人均工资支出进行价格平减之后仍然有1.91倍的增长，人均福利支出也增长了1.16倍。本章测算的这一结果与相关文献数据相一致。需要强调的是，这种较为快速的劳动力成本上涨出现在新《劳动合同法》实施之前。

前文所述，本章关注的是高技能劳动力供给大量增加时，其平均工资支出和劳动力成本也出现了较为快速的上涨。一般而言，高技能劳动力供给增加，但价格也出现上涨，说明可能经历了比较大的需求扩张。已有文献主要从国际分工贸易效应、部门偏向型技术进步和希克斯中性技术进步对这一现象进行分析（Chiquiar，2008；Feenstra et al.，1996；徐毅等，2008）。本章认为高技能劳动力成本上涨是由智能化转型推动的，借鉴 Berman 等（1994）提出的甄别劳动力成本上涨原因的方法，本章进行如下测算：

$$\Delta S = \sum_i \Delta W_i \overline{S_i} + \sum_i \Delta S_i \overline{W_i} \tag{5-1}$$

$$W_i = \frac{E_i}{\sum_i E_i} \tag{5-2}$$

其中，S 表示人均工资支出；E 是年均就业雇佣数量；下标 i 表示一个细分行业。这样，全样本总的人均工资支出增加可分解为行业间增加部分和行业内增加部分。变量加横线表示这一数值是 1999~2007 年的均值。式（5-1）等号左边表示的是 1999~2007 年全样本人均工资支出的总变动；等号右边第一项指的是保持平均工资不变情况下，不同细分行业就业雇佣权重变动导致的劳动力成本上涨，用以测量"行业间效应"；等号右边第二项指的是保持细分行业就业权重不变情况下，不同细分行业内人均工资支出变动导致的劳动力成本上涨，用以测量"行业内效应"。"行业间效应"可能主要是宏观层面经济结构变迁导致的，如国际分工贸易、政府政策冲击和消费者偏好变迁等。"行业内效应"主要形成原因是智能化转型，它通过基础性技术进步，如电力能源、计算机的应用来实现（Goldin et al.，1998；Autor et al.，1998；宁光杰等，2014）。

中国工业企业统计数据库的行业分类依据《国民经济行业分类》国家标准，这一国家标准于 1984 年首次发布，分别于 1994 年和 2002 年进行了修订。依据中国工业企业统计数据库标准处理程序，我们将 1994 年行业分类国家标准和 2002 年行业分类国家标准进行对应合并。但数据处理之后出现了始料未及的问题，1999 年 2 分位行业代码具有 6~46 区间 40 个数值（缺失 38），但 2007 年 2 分位行业代码仅仅具有 6~46 区间 39 个数值（缺失 12 和 38）；1999 年 3 分位行业代码具有 196 个数值，有 38 个没有出现在 2007 年，2007 年 3 分位行业代码具有 191 个数值，有 33 个没有出现在 1999 年；1999 年 4 分位行业代码具有 600 个数值，有 297 个没有出现在 2007 年，2007 年 4 分位行业代码具有 525 个数值，有 222 个没有出现在 1999 年。相当多研究文献对类似问题的处理方法是只保留研究时间区间都存在的行业代码。而我们认为，这种处理方法将不匹配行业代码强行删除进行匹配，丢失了许多有价值信息，可能会产生相当程度的估计扭曲，例如各行业就业权重会发生变动。所以采用一种不完美的处理办法，对式（5-1）等号两侧分别进行计算，左边的部分称之为"总效应"，右边的部分分别为"行业间效应"和"行业内效应"，两者并不完全相等。两者的差额为"细分行业进入退出效应"，省份分解类似[①]。结果列示在表 5-1，出于稳健性考虑，分别估算了 2 分位、3 分位和 4 分位行业的分解结果及省份劳动力成本上涨分解。

---

① 数据中有一些企业所属省份缺失、填写错误，还有进入退出效应

表 5-1　中国工业企业 1999～2007 年平均工资支出和平均福利支出增长细分产业和省份分解

分解变量	行业类型	行业间效应	行业内效应	总效应
平均工资支出	4 分位	0.61	10.07	15.45
	3 分位	−0.52	12.88	15.45
	2 分位	0.27	15.15	15.45
平均福利支出	4 分位	0.07	0.76	1.24
	3 分位	−0.61	1.03	1.24
	2 分位	0.03	1.23	1.24
		省份间效应	省份内效应	总效应
平均工资支出		0.00	15.15	15.45
平均福利支出		0.00	1.23	1.24

注：数据由作者根据中国工业企业统计数据库（1999～2007），使用细分产业分解方法获得，省份分解结果方法类似，所有数值的单位为千元

结果表明，65.2%的平均工资支出上涨发生在 4 分位行业内部，83.4%的平均工资支出上涨发生在 3 分位行业内部，98.1%的平均工资支出上涨发生在 2 分位行业内部。平均福利支出的结果与平均工资支出几乎没有差异，结果具有稳健性。与文献结果做一个对比，Berman 等（1994）使用美国数据进行分解，1973～1979 年，70.99%的劳动力成本上涨发生在 450 个 4 分位行业内部，1979～1987 年，60.47%的劳动力成本上涨发生在 4 分位行业内部，使用工资与使用技能结构分解结果类似。他们认为，美国发生了智能化转型。本章使用中国数据分析得出了类似结果，因此认为中国也发生了类似的技术进步。当然，中国工业企业平均工资和平均福利支出快速上涨也可能是省份间经济结构变化推动的（Whalley et al.，2014）。但本章的"省份间效应"和"省份内效应"分解发现，98.1%的平均工资支出上涨发生在省份内部。中国劳动力成本上涨出现了不分行业、不分地区的普遍上涨。综合以上分解结果，我们可以排除国际分工贸易效应、部门偏向型技术进步的可能性，并再次证实中国经济发生了智能化转型。

5.2.2　机制解析

劳动力成本上涨行业分解和地区分解表明，智能化转型促成了当前中国劳动力成本普遍上涨。同时智能化转型也会促使企业雇佣结构升级，由于中国工业企业统计数据库缺乏技能结构动态数据，我们从《中国劳动统计年鉴》分离相关数据，结果呈现在表 5-2 中。从全国就业人员受教育程度构成来看，1999～2014 年发生了较大变化，初中以下就业人口比例下降了 24.3%，而大专及以上受教育程度就业人员比例增加了 12.25%。制造业就业受教育程度结构比全国要高，但 2002～2014 年仍然继续表现出"就业结构升级"态势，大专及以上受教育程度就业人员比例上升了 8.3%。将两部分结果结合起来看，在一定程度上意味着智能化转型将通过促进就业结构技能升级，进而推动中国工业企业劳动力成本上涨。

表 5-2 1999~2014 年全国就业人员受教育程度构成变化 （单位：%）

数据类别		不识字	小学	初中	高中	大专	本科	研究生
1999	全国	11.0	33.3	39.9	11.9	3.8	—	—
2007	全国	6.0	28.3	46.9	12.2	4.3	2.1	0.2
2014	全国	1.8	18.2	46.7	17.2	9.3	6.2	0.55
1999~2014 年变化量		−9.2	−15.1	6.8	5.3		12.25	
2002	制造业	1.3	14.4	53.4	24.7	4.7	1.5	0.1
2007	制造业	1.2	14.2	56.4	21.0	5.1	2.0	0.1
2014	制造业	0.5	10.3	51.8	22.8	9.7	4.6	0.3
2002~2014 年变化量		−0.8	−4.1	−1.6	−1.9	5.0	3.1	0.2

注：依据各年份《中国劳动统计年鉴》计算得出

具体而言，一方面智能化转型常常将先进机器设备和高技能劳动力作为一个组合，替代低技能劳动力，这也是对"刘易斯转折点"非技能劳动力成本快速上涨的一个反映。先进机器设备引入企业往往带来生产流程的复杂性和不确定性，从而需要更多高技能劳动力来安装和维护机器（Goldin et al., 1998），生产过程复杂性也需要更多"非生产人员"来检测、评估，这会促生更多专业化分工，进而整个生产过程需要越来越多的高技能劳动力，高技能劳动力和先进资本投入结合替代非技能劳动力。另一方面智能化转型进一步引发企业管理和组织变革，如权威关系改变、决策体系去中心化、非生产劳动者工作内容改变，企业雇佣结构进一步呈现"技能升级"（Caroli et al., 2001）。基于以上两个方面的原因，伴随着智能化转型，简单体力劳动和简单脑力劳动可能都被高技能劳动力与先进资本替代，企业对高技能劳动力需求的增加最终必然表现为劳动力成本的上涨。

5.3 智能化转型对工业企业劳动力成本的影响

5.3.1 基准回归：截面数据检验

结合文献及理论阐述，本章提出智能化转型将通过促进就业结构升级，推动中国工业企业劳动力成本上涨。这里对这一逻辑链条进行初步检验。检验的第一步是验证"技能偏向型"是否推动企业劳动力成本上涨；第二步是对智能化转型与就业结构进行回归分析。

对于智能化转型的度量，借鉴 Autor 等（1998）的方法，本章使用的指标有：企业人均计算机数、人均固定资本、人均研发支出和新产品产值比，对其中前 3 个指标取自然对数。对于企业人均计算机数，由于智能化转型和信息技术、计算机、微处理器的广泛使用结合在一起（Bresnahan et al., 2002；宁光杰等，2014），我们预期人均计算机数将增加技能劳动力雇佣比例，进而提高平均工资支出，推动劳动力成本上涨。对于人均固定资本变量，Goldin 等（1998）曾指出，贯穿 20 世纪的企业固定资本更新引发雇佣结构"技能升级"，出现明显的"技能-资本"互补性，我们预期人均固定资本也将增加高技能劳动力雇佣，推动劳动力成本上涨。人均研发支出和新产品产值比常用来测量创新活动（张杰等，2011），创新活动导致工作复杂性增加，会引发技能劳动力需求提升，进而推动劳动力成本上涨。创新活动测量也可以间接表达工作复杂性增加，工作复杂性增加是智能化转型的重要内容。

对于就业结构的测度，我们根据 2004 年中国工业企业统计数据库中较为详细的企业雇佣受教育程度构成，将行业雇佣受教育程度结构分解为 4 个部分：本科毕业及以上、专科毕业、高中毕业和初中毕业及以下，将这 4 个部分分别除以行业年平均雇佣人员数，即得到受教育程度构成雇佣比例。此外，我们将高中、专科和本科及以上雇员比例数据加总，构建"技能结构"变量。

在回归中，为避免企业内部技术引进和劳动力雇佣"共同决定"所导致的内生性问题，我们将数据加总为 4 分位行业，使用行业截面来回归分析。同时，为了进一步缓解模型中存在的联立因果问题，除人均计算机数变量之外，其他变量在回归时均滞后一期。

检验的第一步：智能化转型对劳动力成本的影响，回归结果呈现在表 5-3 中。

表 5-3 智能化转型与劳动力成本回归结果

	(1)	(2)	(3)	(4)	(5)
	平均福利支出对数 (2004 年)		平均工资支出对数 (2004 年)		
人均计算机数对数（2004 年）	0.211*** (4.58)	0.129*** (2.87)	0.170*** (4.85)	0.123*** (3.44)	0.075*** (3.27)
人均固定资本对数（2003 年）	0.318*** (9.96)	0.232*** (5.77)	0.134*** (8.49)	0.085*** (4.70)	−0.003 (−0.19)
人均研发支出对数（2003 年）	0.008 (0.34)	−0.014 (−0.63)	0.025** (2.02)	0.012 (1.17)	0.018** (1.98)
新产品产值比（2003 年）	0.512** (2.30)	0.314 (1.36)	0.193 (1.42)	0.080 (0.58)	−0.039 (−0.40)
技能结构		1.159*** (4.63)		0.657*** (4.17)	0.218* (1.65)
平均福利支出对数（2004 年）					0.379*** (7.04)
常数项	−0.647*** (−3.28)	−1.155*** (−5.87)	2.201*** (17.09)	1.913*** (12.71)	2.350*** (21.48)
样本数	512	512	512	512	512
调整后的 R^2	0.448	0.486	0.497	0.531	0.735
F 值	89.648	89.031	85.653	86.991	144.040

注：括号内为异方差修正后 t 值；***、**和*分别表示 1%、5%和 10%水平上显著

表 5-3 中（1）～（2）列回归检验的是智能化转型与平均福利支出的关系。结果显示，在不控制技能结构变量情况下，除了人均研发支出外，智能化转型 3 个测量变量几乎一致地、显著地增加平均福利支出；控制技能结构之后，这些变量的系数明显下降，人均研发支出符号逆转，新产品产值比的显著性消失，这也意味着技术进步通过技能结构起作用。

回归结果（3）～（5）列检验的是智能化转型与平均工资支出的关系。回归结果再次显示，智能化转型测量变量也几乎一致地、显著地增加平均工资支出，但系数大多明显小于平均福利支出。在控制技能结构变量后，技术进步测量变量系数和显著性都有了明显下降，但技能结构系数远小于福利回归。这给我们一个启发，技能结构变量缺失时，可使用平均福利支出来代替，这是一个很好的技能结构测量。进一步控制平均福利支出，技能结构、技术进步的系数和显著性都明显下降，平均福利支出可在相当大程度上吸收技能结构的解释能力。

对智能化转型与就业结构关系的回归结果呈现在表 5-4 中。

表 5-4 智能化转型与就业结构关系回归结果

	（1）本科及以上	（2）专科	（3）高中	（4）初中及以下
人均计算机数对数（2004 年）	0.036*** (5.06)	0.022*** (5.41)	0.012** (2.27)	−0.070*** (−5.40)
人均固定资本对数（2003 年）	0.014*** (3.57)	0.024*** (11.26)	0.036*** (9.04)	−0.074*** (−12.46)
人均研发支出对数（2003 年）	0.009*** (3.84)	0.004*** (2.72)	0.007** (2.28)	−0.019*** (−4.35)
新产品产值比（2003 年）	0.070*** (2.96)	0.034 (1.59)	0.067* (1.65)	−0.171*** (−3.39)
常数项	0.128*** (4.10)	0.066*** (3.86)	0.244*** (9.23)	0.562*** (10.74)
样本数	512	512	512	512
调整后的 R^2	0.571	0.562	0.259	0.632
F 值	55.506	131.978	52.788	248.454

注：括号内为异方差修正后 t 值；***，**和*分别表示 1%，5%和 10%水平上显著

表 5-4 中（1）～（3）列结果表明，控制其他条件不变，智能化转型的 4 个测量变量几乎一致地、显著地增加高中、专科和本科及以上就业雇佣比例，新产品产值比有一个值不显著，可能是和人均研发支出有共线性的缘故。第（4）列结果显示，技术进步测量变量又一致地减少初中及以下就业雇佣比例，即智能化转型确实导致了就业结构技能升级。测量变量单位不同，不同系数不具有可比性，但不同技能结构可比。人均计算机数、人均研发支出和新产品产值比增加更多的是本科及以上，人均固定资本增加更多的

是高中,其次是专科。

综合两步回归结果,本章发现智能化转型的确促进了技能结构升级,计算机、研发等促进的主要是本科及以上技能劳动力,人均固定资本测量的固定资本更新主要促进的是高中技能劳动力。智能化转型提高了平均福利支出和平均工资支出,并主要通过技能结构起作用。

5.3.2 稳健性检验:面板数据回归

行业截面回归具有明确的就业结构数据优势,但存在无法观测的行业特征和遗漏变量,这可能使估计结果出现偏误,这一部分使用1999~2007年4分位的行业面板数据。但这里的数据结构发生变化,是由于中国工业企业数据库仅在2004年有就业结构、计算机拥有量等变量,并且研发支出在1999、2000和2004等年份也存在缺失,继续采用这一变量将损失大量样本。基于数据的可获性,本章中的智能化转型变量为人均固定资本对数和新产品产值比。由于技能结构变量在行业面板数据结构方面也缺失,我们采用平均福利支出代替。为避免其在平均工资支出回归中可能产生内生性问题,我们借鉴毛捷等(2015)的做法,一是将解释变量滞后一期,二是引入被解释变量的滞后项,然后使用动态面板系统广义矩估计(GMM)方法处理。同时Acemoglu(2012)认为,智能化转型可使用时间趋势项度量,但时间趋势项度量还有随时间变化的行业特征,可能需要谨慎解释,为此我们也使用年份虚拟变量。回归结果列在表5-5中。

表5-5 智能化转型、就业结构升级与劳动力成本上涨面板回归结果

	(1)	(2)	(3)	(4)	(5)	(6)
	平均福利支出	平均工资支出		平均福利支出	平均工资支出	
人均固定资本对数滞后项	0.137***	0.093***	0.042**	0.137***	0.095***	0.045***
	(3.88)	(4.86)	(2.46)	(3.88)	(4.94)	(2.63)
新产品产值比滞后项	0.357***	0.281***	0.203***	0.416***	0.272***	0.209***
	(3.27)	(3.90)	(3.08)	(3.22)	(3.11)	(2.69)
时间趋势项	0.070***	0.106***	0.094***			
	(17.14)	(35.41)	(34.38)			
平均福利支出滞后项			0.183***			0.181***
			(8.32)			(8.19)
年份虚拟变量	不控制	不控制	不控制	控制	控制	控制
常数项	−0.563***	1.560***	1.776***	0.025	2.165***	2.635***
	(−4.32)	(21.26)	(27.44)	(0.18)	(29.73)	(39.45)
样本数	4191	4197	4190	4191	4197	4190
样本组	822	823	823	822	823	823
调整后的R^2	0.225	0.557	0.597	0.238	0.564	0.605
F值	149.868	474.662	505.189	87.920	433.284	492.294

注:括号内为异方差修正后t值;***、**和*分别表示1%、5%和10%水平上显著

表 5-5 中（1）～（3）列结果引入时间趋势项进一步度量智能化转型，结果表明，人均固定资本对数系数下降。有趣的是，新产品产值比系数和显著性明显提升，可能是前文截面回归遗漏了时间趋势变量；与其他变量不同，时间趋势项平均福利支出的回归系数小于平均工资支出的回归系数，这可能说明时间趋势项测量智能化转型包含了噪声，其中存在一些随时间变化的行业特征；进一步控制平均福利支出的滞后项，智能化转型的一系列度量变量系数都明显下降，从而印证技术进步通过技能结构起作用。模型（4）～（6）控制年份虚拟变量，与加入时间趋势项结果类似，说明年份之间差别较小。

由于平均工资支出和平均福利支出回归中可能存在较严重的内生性问题，且企业雇佣结构是短期内相对稳定的存量，每年只有较低比例的员工离开企业和进入企业，因此两者必然表现出较强的时间延续性。除此之外，使用平均福利支出代替技能结构也可能会产生测量误差问题，为了克服回归中的内生性问题，本章进一步采用动态面板系统 GMM 方法进行回归，回归结果列在表 5-6 中。结果表明，平均福利支出和平均工资支出都存在较强时间延续性，需要引入因变量的滞后 2 期，这与前文推测也是一致的。Hansen 检验表明，引入因变量滞后 2 期后，将智能化转型和平均福利支出设置为前定变量和内生变量是不合理的，因此表 5-6 中与前文结果可类比的是第（1）、（4）列，第（2）、

表 5-6 智能化转型、就业结构升级与劳动力成本上涨动态面板回归结果

	（1）	（2）	（3）	（4）	（5）	（6）
	平均福利支出			平均工资支出		
因变量滞后 1 期	0.499***	0.521***	0.480***	0.396***	0.366***	0.437***
	(10.90)	(10.75)	(7.85)	(4.30)	(4.03)	(6.35)
因变量滞后 2 期	0.142***	0.148***	0.109**	0.095*	0.075*	0.129**
	(5.11)	(5.03)	(2.19)	(1.87)	(1.81)	(2.58)
人均固定资本对数滞后 1 期	0.029*	−0.021	0.026**	0.020**	0.023**	−0.005
	(1.61)	(−0.59)	(2.25)	(2.07)	(2.12)	(−0.30)
新产品产值比滞后 1 期	0.296***	0.181	0.229***	0.238***	0.268***	0.181***
	(3.04)	(1.45)	(2.70)	(2.98)	(3.57)	(3.08)
平均福利支出滞后 1 期				0.066	0.091**	0.046
				(1.38)	(2.28)	(1.26)
控制变量	不控制	不控制	不控制	不控制	不控制	控制
年份虚拟变量	控制	控制	控制	控制	控制	控制
常数项	0.143**	0.337**	1.192***	1.444***	1.547***	0.551***
	(2.43)	(2.50)	(5.74)	(4.70)	(6.11)	(3.31)
样本数	3364	3364	3375	3370	3370	3370
调整后的 R^2	−0.041	0.044	0.240	0.484	0.972	−0.217
Hansen-P 值	0.071	0.047	0.150	0.127	0.030	0.185

注：括号内数值为依据 Windmeijer（2005）修正后 t 统计量值；这里回归方法是动态面板系统 GMM 两步法；第（2）列将人均固定资本对数和新产品产值比设置为前定变量；第（5）列将平均福利支出设置为前定变量；其余列 3 个变量均设置为外生变量，第（6）列包含控制变量①；***、**和*分别表示 1%、5%和 10%水平上的统计显著性

---

① 由于篇幅限制，本章没讨论控制变量，我们使用的控制变量是行业国有集体企业份额、出口产值比和人均产值对数等

（5）列将相应变量设置为前定变量。第（1）列显示，引入因变量滞后2期后，智能化转型仍然显著地促进平均福利支出上涨，新产品产值比更显著。第（3）、（4）列证实，智能化转型显著促进平均工资支出的上涨，控制平均福利支出之后人均固定资本对数系数下降，新产品产值比反而上升，与前文显著不同的是平均福利支出系数不显著。第（6）列引入控制变量也没有改变这一结果，这里可能因为智能化转型吸收了技能结构的影响。

综上研究，实证检验证实，智能化转型→就业结构技能升级→劳动力成本上涨，这一逻辑可以得到数据支持。智能化转型有两种类型，一种以固定资本更新为核心，另一种以研发、新产品和计算机使用为核心，这两种技术进步都显著地促进了就业结构技能升级。截面数据中，技术进步直接促进了高中以上就业比例的增长，进而推动劳动力成本的上升；面板数据中，主要表现为对平均福利支出的作用大于平均工资支出，平均福利支出甚至在某种程度上可吸收技术进步的解释力，或技术进步吸收技能结构的解释力。因此，我们可得出结论，低技能劳动力成本上升后，企业加快使用资本和高技能劳动力组合替代低技能劳动力，进一步提高了平均工资支出和平均福利支出。本章认为，将社会保障支出导致劳动力成本上升归咎于新《劳动合同法》显然是不合时宜的，这种认知没有观察到智能化转型促进劳动力市场结构的深刻变革，就业结构技能升级，加速了劳动力市场正规化，推动了劳动力成本上升。

5.4 应对劳动力成本上涨的政策建议

本章使用1999~2007年中国工业企业统计数据库探求中国劳动力成本快速上涨的原因，我们将劳动力区分为高技能和低技能两个劳动力层次，发现高技能和低技能劳动力成本都出现显著增长，低技能劳动力更快一些，这种上涨主要发生在行业和区域内部。高技能劳动力成本上升的原因是智能化转型、中国工业企业资本使用升级和高技能劳动力结合替代低技能劳动力，进一步推动了劳动力成本上涨。使用4分位的行业数据进行截面、静态和动态面板回归证实：①固定资本更新和新产品产值比测量的智能化转型显著促进了企业平均工资支出和福利支出上涨；②就业结构技能升级是智能化转型推动劳动力成本上涨的渠道。

本章的政策启示也显而易见。首先，对目前中国大部分企业而言，巨大的劳动力成本上升压力显而易见。企业习惯于劳动力成本在整个成本结构中占较低比例，但"刘易斯转折点"出现之后，无限供给的低技能劳动力已经消失，低技能劳动力成本随之迅速上涨。为了应对这种局面，企业使用资本和高技能劳动力组合替代低技能劳动力，进一步加速了平均工资支出和平均福利支出上涨。在这一背景下，寄希望于政府调整社会保障支出等政策来降低劳动力成本，显然杯水车薪，也未必特别有效。本章认为，企业应该充分认识劳动力成本上涨的技能升级含义，加速设备引进和管理组织变革，以期使用高技能劳动力推进技术变革和组织创新，提高全要素生产率。

其次，技能升级要转化为全要素生产率，也需要企业更多的"技能偏向型"资本投入和组织变革。在这一过程中，如果企业在生产经营过程中没有增加工作复杂性和不确定性，会导致高技能劳动力被当作低技能劳动力使用，从而只感受到其高昂的成本而没有享受到其所带来的红利，这正是中国企业目前的核心问题之一。企业资本更新和组织变革关系到国家竞争力，因此，对政府而言，可通过税收优惠、财政补助和组织协调等方法推进企业资本更新和组织变革的进程。

参 考 文 献

蔡昉. 2005. 劳动力短缺：我们是否应该未雨绸缪[J]. 中国人口科学, 6: 11-16.

蔡昉. 2007. 中国劳动力市场发育与就业变化[J]. 经济研究, 7: 4-14.

陈啸, 刘凤亮, 易信. 2021. 中性技术进步、技能偏向型结构转型与中国劳动技能溢价[J]. 宏观经济研究, 5: 5-19.

陈勇, 柏喆. 2018. 技能偏向型技术进步、劳动者集聚效应与地区工资差距扩大[J]. 中国工业经济, 1(9): 79-97.

丁守海. 2011. 劳动剩余条件下的供给不足与工资上涨：基于家庭分工的视角[J]. 中国社会科学, 5: 4-21.

李玉红, 王皓, 郑玉歆. 2008. 企业演化：中国工业生产率增长的重要途径[J]. 经济研究, 6: 12-24.

林炜. 2013. 企业创新激励：来自中国劳动力成本上升的解释[J]. 管理世界, (10): 95-105.

毛捷, 管汉晖, 林智贤. 2015. 经济开放与政府规模：来自历史的新发现(1850-2009)[J]. 经济研究, 7: 87-101.

聂辉华, 江艇, 杨汝岱. 2012. 中国工业企业数据库的使用现状和潜在问题[J]. 世界经济, 5: 142-158.

宁光杰, 林子亮. 2014. 信息技术应用、企业组织变革与劳动力技能需求变化[J]. 经济研究, 8: 9-92.

沈永健, 范从来, 陈冬华, 等. 2017. 显性契约、职工维权与劳动力成本上升：《劳动合同法》的作用[J]. 中国工业经济, 2: 117-135.

宋冬林, 王林辉, 董直庆. 2010. 技能偏向型技术进步存在吗?来自中国的经验证据[J]. 经济研究, 5: 68-81.

吴要武. 2014. 产业转移的潜在收益估算：一个劳动力成本视角[J]. 经济学(季刊), 13(1): 373-398.

徐毅, 张二震. 2008. 外包与生产率：基于工业行业数据的经验研究[J]. 经济研究, 1: 103-113.

张杰, 宋志刚. 2016. 供给侧结构性改革中"降成本"的战略内涵与具体途径[J]. 经济体制改革, 5: 5-11.

张杰, 周晓艳, 李勇. 2011. 要素市场扭曲抑制了中国企业R&D? [J]. 经济研究, (8): 78-91.

章元, 程郁, 沈可新. 2019. 《劳动合同法》与简单劳动力成本：来自城市劳动力市场和中关村企业的双重证据[J]. 江苏社会科学, 3: 46-57.

Acemoglu D. 2012. What does human capital do? A review of Goldin and Katz's the race between education and technology[J]. Journal of Economic Literature, 50(2): 426-463.

Autor D H, Katz L F, Krueger A B. 1998. Computing inequality: Have computers changed the labor market? [J]. The Quarterly Journal of Economics, 113(4): 1169-1213.

Berman E, Bound J, Griliches Z. 1994. Changes in the demand for skilled labor within US manufacturing: Evidence from the annual survey of manufactures[J]. The Quarterly Journal of Economics, 109(2): 367-397.

Berman E, Bound J, Machin S. 1998. Implications of skill-biased technological change: International evidence[J]. The Quarterly Journal of Economics, 113(4): 1245-1279.

Brambilla I, Lederman D, Porto G. 2012. Exports, export destinations, and skills[J]. American Economic Review, 102(7): 3406-3438.

Bresnahan T F, Brynjolfsson E, Hitt L M. 2002. Information technology, workplace organization, and the demand for skilled labor: Firm-level evidence[J]. The Quarterly Journal of Economics, 117(1): 339-376.

Caroli E, Reenen J V. 2001. Skill-biased organizational change? Evidence from British and French establishments[J]. The Quarterly Journal of Economics, 116(4): 1449-1492.

Chiquiar D. 2008. Globalization, regional wage differentials and the Stolper–Samuelson theorem: Evidence from Mexico[J]. Journal of International Economics, 74(1): 70-93.

Feenstra R C, Hanson G H. 1996. Globalization, outsourcing, and wage inequality[J]. American Economic Review, 86(2): 240-245.

Goldin C, Katz L F. 1998. The origins of technology-skill complementarity[J]. The Quarterly Journal of Economics, 113(3): 693-732.

Thoenig M, Verdier T. 2003. A theory of defensive skill-biased innovation and globalization[J]. American Economic Review, 93(3): 709-728.

Whalley J, Xing C. 2014. The regional distribution of skill premia in urban China: Implications for growth and inequality[J]. International Labour Review, 153(3): 395-419.

Windmeijer F. 2005. A finite sample correction for the variance of linear efficient two-step GMM estimators[J]. Journal of Econometrics, 126, 25-51.

撰稿人：张三峰
审稿人：刘　军

第6章 长三角智能制造关键技术的突破机制及路径研究

6.1 引　　言

1988年，美国学者Bourne和Wright在《智能制造》中第一次定义了"智能制造"，即通过集成机器人视觉、智能控制系统和软件制造系统技术，使机器人能够独立实现小规模生产的自动化过程。这一理念颠覆了传统的制造模式，在国内外和学术界掀起了智能制造的研究热潮。随着云计算、大数据等现代信息技术的出现，世界主要制造大国为动态跟上世界工业智能化革命的浪潮，相继提出各自的发展战略规划，如美国的"工业互联网"、德国的"工业4.0"、日本的"社会5.0"及我国的《中国制造2025》战略等。近二十年来，世界制造业的中心开始向中国转移，而智能制造是各国在新一轮工业技术革新中占据制高点的关键，也是《中国制造2025》的主攻方向。2021年3月5日，李克强总理在《政府工作报告》中强调"关键核心技术攻关"，即从"加强关键核心技术攻关"到"打好关键核心技术攻坚战"到"实施好关键核心技术攻关工程"逐步推进。李克强总理提出实施好关键核心技术攻关工程，以"十年磨一剑"精神为"关键核心技术攻关"的突破指明方向，也是检验以国内大循环为主体、国内国际双循环相互促进，以及推动高质量发展的标杆。那么如何识别智能制造关键技术，如何在智能制造关键技术上有所突破并找到突破的路径，这是一些很迫切的问题。

6.2 智能制造关键技术领域研究进展

6.2.1 智能制造关键技术分析

智能制造通过实时的数据获取和状态追踪，提升信息的全面程度，进而使用科学方法分析并做出决策，实现生产过程的柔性控制和自动管理（国家制造强国建设战略咨询委员会等，2016）。制造业的智能化涉及多种基础技术的应用，依据这些技术的作用和定位，物联网、大数据分析、人工智能以及工业互联网四项技术是实现智能制造的关键（张映锋等，2019）。

一是物联网。物联网是将互联网和各种信息传感设备结合而形成的巨大网络。现有的物联网体系结构可分成三类：基于传感器技术的无线传感网体系结构，基于互联网和射频识别技术的EPC（电子产品代码）物联网体系结构（欧美），基于UID（唯一名称）物联网系统（日本）、机器通信系统（M2M）和信息物理系统（CPS）的物联网体系结构。首先，CPS系统与云计算、物联网和大数据等技术密切相关（潘健生等，2015）。Lee等（2015）为实现CPS提出了5C框架，包括：①智能连接层；②数据信息转化层；③网络层；④认知层；⑤配置层。通过CPS对制造现场和生产过程进行监控研究，着重于对现有系统的连接，如数据采集与监视控制系统(supervisory control and data acquisition，SCADA)，Genge 等（2011）提出并构建了信息物理系统 CPS 实验室框架，以及由信息、通信设备和软件组成的网络层；Wang 等（2008）提出了基于连接异构网络子系统的系统结构，该结构中控制模块和通信模块相互作用。CPS 通过建模技术和仿真技术，以及 SCADA 和分布式控制系统（distributed control system，DCS）连接，使整个制造网络构成一个数字化双连接网络，为基于面向服务编程(service oriented architecture，SOA）的云制造提供技术基础。其次，云制造是云计算技术和制造的一种结合。Wu 等（2013）分析了云制造技术的现状和发展趋势，并在自动控制、信息资源共享、分布式仿真、降低成本等未来研究方向做了研究；Zhang 等（2014）开发了一个由资源感知层、资源虚拟访问层、云制造核心服务层、网络传输层、终端应用层组成的云制造资源平台构架。对云制造环境的相关研究同样在进行。Luo 等（2013）提出云制造系统的多维信息；Laili 等（2012）在云制造环境中开发了基于计算资源优化配置的模型和算法。

二是大数据分析。大数据具有大量化、多样化、价值化等特征。大数据分析可深入挖掘产品生命周期积累的数据，分析产品在设计、制造、使用、服务、回收、拆解等过程中的信息。在 CPS 环境下利用制造系统各层重要数据，如信号处理、特征提取、健康评估、性能预测和故障诊断等进行预测（Lee et al.，2014）；Ündey 等（2010）提出了一种数据挖掘方法，通过层次观察级和过程观察级进行监控和批处理；Meidan 等（2011）通过将合成集成电路制造工厂（Fabrication，FAB）数据转化为可操作的半导体制造业数据来进行辅助决策，通过建立多元线性周期函数提取系统最大化特征。

三是人工智能。人工智能是使用各种智能机器或自动化机器模仿、延伸和拓展人类智能的技术科学。依据需执行的任务，人工智能可划分为三类，即执行特定场景下角色型任务的弱人工智能、执行人类水平任务的通用人工智能、执行超过人类水平任务的强人工智能。依据技术架构，人工智能可划分为基础层、技术层和应用层三个层次。人工智能是智能制造的决策手段，是智能制造的重要基础和关键技术保障。一是智能制造构建智能机器和人机融合系统，实现制造过程的柔性化、集成化、自动化、机器人化、信息化与智能化。二是智能制造涉及智能机器人、分布式智能系统、智能推理、智能控制、智能管理与智能决策等人工智能方向。

四是工业互联网。工业互联网是链接工业全系统、全产业链、全价值链，支撑工业智能化发展的关键基础设施。工业互联网最核心的问题是体系架构，目前最具影响力的架构是德国发布的"工业 4.0"参考架构和美国工业互联网联盟发布的"工业互联网"参考架构。德国"工业 4.0"的总体视图包含功能、价值链和工业系统三个维度。"工业互联网"则包括物联网、大数据、人工智能等技术，是智能制造的主体。

6.2.2 智能制造关键技术的影响因素分析

智能制造突破制造业关键技术，促进科技成果转化，助推社会经济发展。Kukuk 等（2016）实证分析了外部竞争环境、市场需求以及企业自身的技术优势对于技术创新效率存在刺激作用，但是市场结构对企业技术创新效率不存在显著影响。Ramona 等（2019）

研究发现，技术引进可以优化企业的技术创新活动，企业可以在引进技术的基础上进行技术改造和研发，这样有利于提高企业的技术创新效率。刘峰等（2016）运用数据包络分析（DEA）模型对 2011~2013 年 52 家智能制造企业技术创新效率进行测算。研究发现，股权集中度和智能制造企业技术创新效率呈现倒"U"形关系，资产负债率、资产周转率以及高管持股比例都与智能制造企业技术创新效率存在正相关关系。杨玉桢等（2019）以我国 29 个省份 2007~2016 年的面板数据为基础，运用随机前沿模型从技术研发和成果转化两个阶段进行考察，研究发现企业规模、区域发展程度以及政府支持水平对高技术企业研发阶段创新效率的影响存在差异，但都对成果转化阶段的技术创新效率有促进作用。

李柏洲等（2012）指出装备制造企业的市场创新、制度创新和技术创新能够对企业创新过程产生影响。同时，市场创新、制度创新和技术创新又存在互相影响和制约。王玉荣等（2015）运用 1995~2011 年我国高技术产业年鉴数据展开实证研究，表明中国高端装备制造业的创新绩效与研发投入之间存在倒"U"形关系，技术选择和外源技术不直接影响创新绩效，而是在研发投入和创新绩效之间起调节作用，且外源技术的调节作用具有滞后性。乔世政（2016）提出中国高端装备制造业需要充分利用自身技术优势、成本优势、资本优势和区位优势，盘活企业核心竞争力，化解落后产能，创新民族制造品牌，提升关键技术软实力。吕富彪（2018）提炼了辽宁高端装备制造业发展的主要制约因素，提出辽宁高端装备制造业关键技术发展对区域经济健康可持续发展有推动作用。范德成等（2018）将技术创新活动分为技术研发和技术转化两个阶段，采用行业面板数据作为样本数据，测度高端装备制造业技术创新资源配置效率，并利用 Tobit 模型分析影响效率的关键因素。研究表明，我国高端装备制造业技术研发阶段效率偏低，制约了整体效率的最优化。武志勇等（2018）以 2012~2016 年东北高端装备制造上市公司面板数据为样本进行实证分析，研究表明，政府研发补助对企业研发投入与创新绩效均有显著正向作用，企业研发投入在政府研发补助与企业创新绩效关系中起完全中介作用，人力资本在研发投入和补助之间、研发投入和创新绩效之间起到调节作用，高管学历在"政府研发补助→企业研发投入→企业创新绩效"的作用路径中均起显著正向调节作用。Zhang 等（2019）认为建模和仿真相关技术在智能化设计中将起到十分重要的作用，并从智能化的仿真技术与建模技术两个角度分析了典型的智能化设计过程。史永乐等（2019）运用关键技术能力理论分析了美国、德国和中国在发展智能制造方面的实践经历，发现美国在智能制造方面的优势是智能分析较强，德国在智能制造方面的优势是资源整合，中国在智能制造方面的优势是数据增值和信息数字化。

智能制造不仅能够创造经济价值，比如节约成本和提高生产率，还应当不断为社会做出新的贡献。文献侧重于梳理智能制造关键技术及其影响因素，从而为分析智能制造关键技术突破机制及发展路径提供研究思路。

6.3 长三角智能制造关键技术的识别

现代产业体系的构建以战略性新兴产业为引领。党的十九大报告对战略性新兴产业提出了总体思路、指导思想、发展规划、发展目标及总体规划等。现代产业体系是以实体经济为主体、以产业集群为载体、以产业链条为纽带的各产业协调融合发展的产业形态及网络体系，既体现了产业网络化、集群化、链条化、融合化和高级化的特征，也显现了高附加值和强大的国际竞争力。目前，发展战略性新兴产业已成为世界各国在世界第四次工业革命中抢占科技发展制高点的重大战略。对于长三角制造乃至中国制造而言，智能制造涉及一系列"卡脖子"技术，智能制造关键技术的突破尤显重要且具有紧迫性。

为贯彻落实《中国制造 2025》，长三角已成为全国智能制造集聚区域的第一梯队。上海构建了"3+6"智能制造产业体系，即以集成电路、生物医药、人工智能三大先导产业为引领，大力发展电子信息、生命健康、汽车、高端装备、先进材料、时尚消费品六大重点产业，着力打造具有国际竞争力的高端产业集群。浙江的优势产业及招商引资的重点产业主要集中在化工、医药、机械、电子等领域，正在形成以现代农业为基础，信息经济为龙头，先进制造及现代服务业为主体的产业格局。从浙江的市域分布来看，浙江形成了 27 个主要产业集群，其中超千亿元的制造业集群有 14 个。江苏以智能制造为主攻方向，大力发展高端制造业，推动战略性新兴产业规模化发展，加快培育大数据、工业机器人等新的经济增长点，积极打造一批战略性新兴产业集群；形成一批互联网产业园和众创园、云计算和大数据中心，做大做强智能制造企业。安徽的战略性新兴产业主要体现在新一代信息技术产业、高端装备制造产业、新材料产业、生物产业、新能源汽车产业、新能源产业、节能环保产业。2021 年 5 月 17 日，长三角一体化发展高层论坛在无锡举行，长三角一市三省主要负责领导同志共同确立了在长三角大力发展集成电路、生物医药、人工智能、新能源汽车 4 个智能制造领域，这也将是长三角智能制造关键技术寻求突破的重要方向。

6.4 长三角智能制造关键技术的突破机制研究

6.4.1 "政学企"模式建设的基础条件

长三角各级政府、智能制造企业及高校应以实际智能制造关键技术需求为导向，同时三个主体之间应该加强合作，共同实现智能制造关键技术的突破。人才是一个行业发展的基础。目前智能制造关键技术的突破面临着人才短缺问题，这愈发成为制约智能制造关键技术突破的重要瓶颈。作为国家需要迅速发展的战略性新兴行业，问题的关键在于智能制造企业还没有建立起完备的技术人才队伍。

高校是人才培养和人才储备的基地，有大量创新能力突出、学习能力强、接受新知识速度快的年轻人才。从人才供给的方面来看，人才可为智能制造关键技术的突破补充新鲜血液。目前高等院校（包括科研院所）的培养模式与制造企业技术研发的需求存在很大的差距。校企合作沟通常态化，可以针对性培养智能制造技术创新人才，使其综合素质更加贴近市场，让人才培养更加灵活，强化人才的实践能力，对于企业和个人来说是双赢的局面。同时，可以有效弥补当前智能制造技术人才培养的不足，解决行业的人才荒。

以智能制造企业为主导的校企合作模式是兼顾社会价值和经济效益的校企合作。为在激烈的市场竞争中获取立足之地,企业需要一大批高素质的智能制造技术技能型人才。与高等院校（包括科研院所）合作培养人才则能够满足企业对技术人才的需求。同时，智能制造企业提供经费，高等院校（包括科研院所）提供人力和部分设备，在高等院校（包括科研院所）建立"研究院"或"技术创新中心"，通过动态发展的互联网金融先进技术，为智能制造企业提供有力的技术支撑，从而使得研究成果尽快商业化，获取利益。

6.4.2 "政学企"模式的机理分析

在智能制造关键技术需求"动态变化"的现代社会中，智能制造技术创新的发展不仅需要通过智能制造企业内部培育的人才"自练内功"，而且还应通过外部的培育和引进（政府组织培训和帮助引进及高校培育），即通过"双轮驱动"加强智能制造关键技术人才建设，形成"政学企"协同创新机制，从而推动智能制造关键技术的突破。

"政"，即地方政府负责智能制造业技术创新的总体发展规划，制定相关智能制造企业扶持政策和完善相关智能制造企业人才的优惠政策，营造智能制造企业人才培育和引进的良好环境，提供和引导人才流向，并不断完善智能制造企业关键技术突破的竞争机制。

"学"，即高等院校（包括科研院所）。需要设置智能制造专业，建设优质的师资队伍，注重智能制造人才培养，不断满足智能制造企业发展的人才需求。

"企"，即智能制造企业。以地方政府的人才政策引导为基础，负责提供智能制造人才的培育和引进服务，不断满足智能制造企业自身对于人才的需求。在地方政府的扶持和引导下，充分借助智能制造企业人才扶持政策，加快智能制造人才队伍建设。

基于"政学企"三位一体的协同技术突破机制可以发挥各主体的作用。在地方政府的政策引导和资金支持下，为高等院校、企业在功能与资源优势上实现专业化协同分工与整合，形成管理学上"1+1>2"的协同效应（图 6-1），从而形成智能制造关键技术突破的生态圈

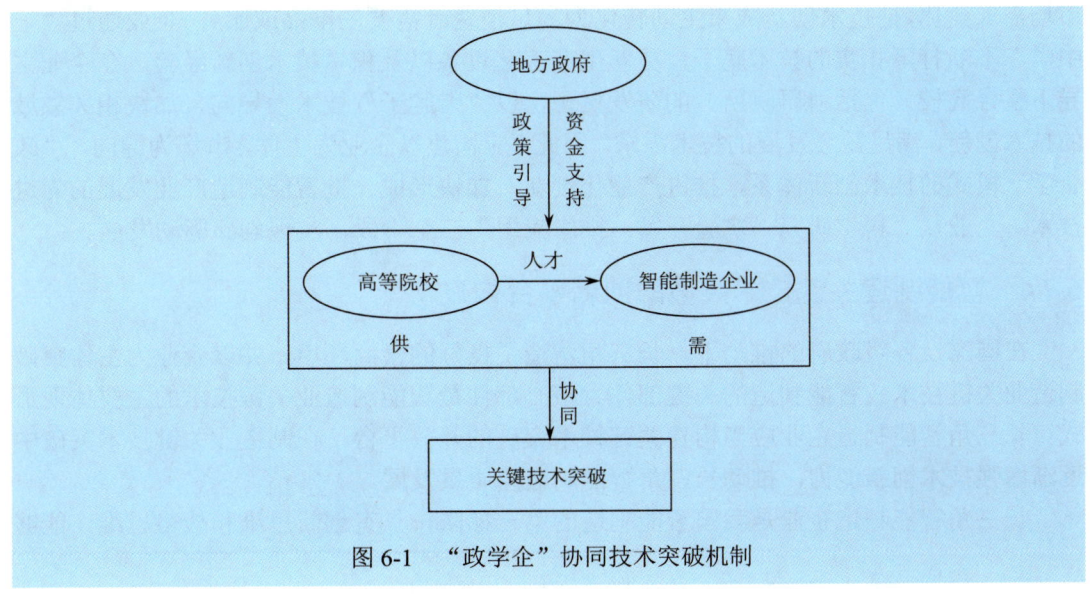

图 6-1 "政学企"协同技术突破机制

（图6-2）。这个生态圈的生态基础是保障一个持续不断的、良好的智能制造技术创新环境，"政学企"三位一体的协同创新机制是智能制造企业技术人才的模式，可以保障智能制造企业技术的动态性创新发展。

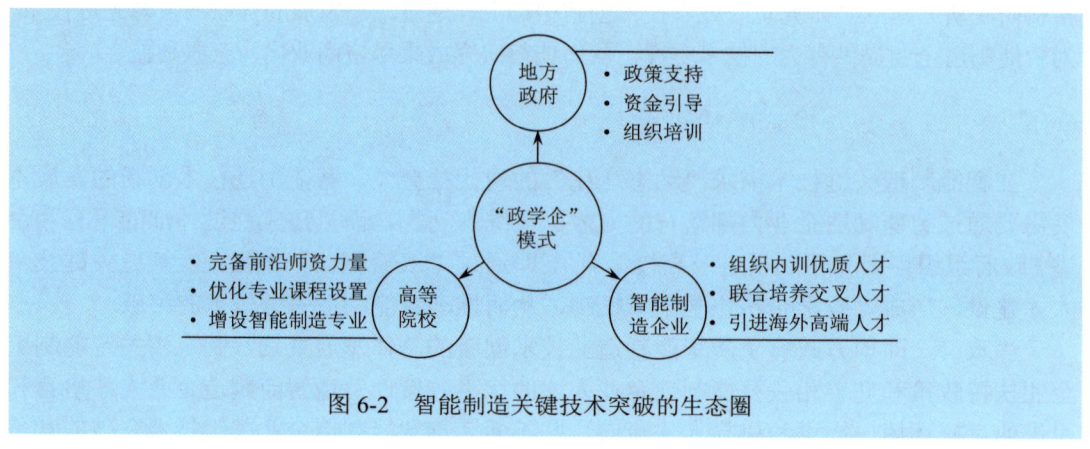

图6-2 智能制造关键技术突破的生态圈

6.4.3 以"企业"为关键技术突破主导者的分析

我国与发达国家相比，制造业技术存在很大的差距。尤其是制造业关键技术受制于人的状况亟待改善。智能制造关键技术的自主研发能力有待提升，这也是以美国为首的西方发达国家"卡脖子"的根源所在。作为研发的主体——企业和高校（包括科研院所）如何发挥作用，如何分工，谁会成为技术创新的主导者？高校（包括科研院所）在技术创新过程中发挥了基础研究作用，且肩负着培养大批科技人员的双重任务，但在教研过程中往往与现实市场需求存在较大距离，甚至滞后市场需求的变化。

而在研发资源的合理配置、科技成果的有序转化、生产工艺的有效改革等技术创新的关键环节，企业是真正发挥作用的主体。企业对市场需求的嗅觉灵敏，可以动态跟随市场需求变化，把技术创新成果主动转化为满足消费者需要的产品或服务。企业通过"干中学"不断打下扎实的技术底子，更新生产工艺设备以及积累技术创新经验。在企业主导下整合高校（包括科研院所）的研发资源，以"卡脖子"技术为导向，加快相关领域的技术创新，满足社会发展的技术需求。因此，应构建以企业为主体，市场为导向，"政企学"模式的技术创新体系，推进产业化创新，加快形成一批智能制造产业发展的先进技术。企业从"科学研究→实验开发→推广应用"三个阶段，实现创新驱动发展。

6.4.4 智能制造关键技术突破的创新平台构建

在国家及各级政府的推动下，长三角营造了良好的营商环境，并以企业为主体突破制造业关键技术。智能制造的关键部件、核心部件是智能制造业关键技术的主要体现形式。长三角智能制造企业应当构建关键技术突破的开放平台，在制造业关键技术突破中逐渐增强技术创新能力，推动长三角智能制造高质量发展。

长三角智能制造企业是我国智能制造的第一梯队，具有创新思维和战略思维，能够精准把握和科学判断全球智能制造关键技术创新和智能制造产业发展趋势。长三角智能制造企业对产品设计、技术工艺和机器设备的创新，有助于制造业关键技术加速突破。这是长三角制造业转型升级的坚定谋划和不懈追求。

一直以来，长三角智能制造关键技术因自主创新能力薄弱而难以攀升到全球价值链的中高端，被长期锁定在全球产业分工格局的低端。因此，长三角企业加大研发投入的力度，不断突破制造关键技术，构建了长三角智能制造生产网络，有助于长三角制造产业结构升级，推动长三角制造业高质量发展。同时，长三角应构建关键技术突破平台，在系统性的创新活动中不断增强关键技术的突破能力。

第一，技术创新能力与研发活动是联动过程。技术创新能力生成与研发活动是需经"试验→改进→再试验"循环往复的过程，通过不断学习并累积技术知识和经验的动态演进过程，才能获得技术的重大突破。这是一个从量变到质变的飞跃过程。因此，智能制造企业要进行人财物研发资源的整合，通过集体学习，形成系统性、持续性研发活动，奠定技术创新能力持续成长的基础。企业应当以自主开发的产品为平台，通过产品开发与技术进步的耦合，不断推进产品创新，逐渐提升技术创新能力。但产品创新要以关键核心部件建构为前提。长三角制造企业应当聚焦于产品开发中关键核心部件的研发，打造关键核心部件开发平台。

第二，关键部件研发能力生成机制。通常而言，关键部件的内部由大量子系统、元器件等模块组成，连接规则尤显复杂。关键部件某一单元的细小改动就会导致内部结构的巨大改变。关键部件核心模块的定制方法、各模块之间的连接方式等技术难题往往属于研发的未知领域。因而研发难度大，需耗费大量时间和资源，而且存在很多不可控的风险。这需要在研发过程中不断试错，逐步积累知识和经验，并掌握内部连接方式和接口标准的相关技术。如构建集成电路的超复杂系统，需要将集成电路每个产业链环节的技术自主研发构建成一个个平台，通过不断探索、试错和改进，逐渐掌握相关知识和技术，从而提升系统性能。企业技术创新能力的提升表现为知识经验的累积和利用，以及部件性能和接口标准的改进。

第三，构建关键技术创新平台。企业以关键部件为研发对象，组织系统性、持续性的开发活动，构建关键技术创新平台。一是企业以关键部件开发为起点，明晰研发程序，循序渐进地推进。在推进关键技术研发过程中，需要投入各种资源，即具有研发能力的科研团队、试制和检测设备、大量的资金等。二是企业在技术研发过程中既需要扎实的理论知识也需要丰富的实践经验。企业在"干中学"中累积经验和知识，不断研发，从而保障研发、应用、反馈流程的信息通畅。三是突破关键技术，关键在于组织成功的集体学习过程。要特别重视企业全体员工尤其是研发人员的能力提升，形成智能制造关键技术创新的研发队伍。这是制造企业创新的内生动力。同时，企业要以关键技术难题为导向，将高校（包括科研院所）的科教资源加以整合，进行有组织的创新，进而加快关键技术突破的进程。

6.4.5 长三角智能制造关键技术的突破路径研究

1. 调整优化长三角地区制造业行业结构

改变长三角制造业的传统生产模式,实现人工智能背景下长三角制造业的智能化转型升级。第一,转变地方政府的传统生产观念。长三角各级地方政府应充分认识推动长三角人工智能等关键技术与制造业整合的必要性,鼓励制造企业投资研发人工智能等关键技术,并提供配套政策支持,完善保障措施。第二,改进长三角制造业企业的传统组织形式。推进长三角制造业企业内部组织结构改革,创新组织形式,简化管理层级,优化决策流程,提高企业响应市场变化的能力。借助新一代信息通信技术搭建移动管理系统,提高长三角制造业企业内部管理水平和工作效率;借助人工智能技术打造长三角地区制造业企业信息共享平台,为长三角制造企业提供"云制造"服务。第三,发展战略性新兴产业,把握制造业发展趋势。在科技创新的浪潮下,大数据、新材料、智能机器人、数字化技术等新技术不断涌现。这些技术与长三角制造业的融合,为长三角制造业的发展带来了新的形式和模式。标准化、智能化将成为长三角制造业发展的新趋势,战略性新兴产业的发展将成为推动长三角经济可持续发展和产业升级的重要力量。第四,推进"两个转变"融合,加快发展生产性服务业,加快长三角制造业数字化、智能化、信息化的推广应用,推进智能化与信息化的深度融合,推广工业互联网、大数据等人工智能相关技术,并广泛应用于长三角制造业企业生产、管理、销售的各个环节,提高长三角制造业的智能化水平。

2. 发展绿色智能制造,降低能源消耗及污染

第一,减少对煤炭等传统能源的依赖。在长三角制造业发展过程中,加强页岩气、煤层气等新型石化能源的开发利用,鼓励和支持长三角制造业企业使用风能、水能、太阳能等清洁能源进行生产制造,并探索其他绿色能源在长三角制造业的应用。第二,构建长三角绿色制造体系。组织企业和科研院所开展相关技术的研究与创新,推广绿色制造设备和产品,深化绿色技术在长三角制造业的应用,实现长三角制造业的可持续发展。第三,长三角地区应更加重视和支持"再制造",打造长三角制造业发展新模式。与传统制造模式相比,"再制造"模式可节约制造业60%以上的能源消耗,有效降低长三角制造业的能源消耗,提高长三角制造业的竞争力。

3. 多方协同带动智能制造企业发展

第一,头部企业驱动。由智能制造头部企业引进国外先进制造技术,经"引进→消化→吸收→创新"后,向其他制造企业或制造集群进行技术溢出,实现以智能制造关键技术创新为主导的"W"形价值链升级。第二,制造业市场驱动。长三角制造业企业依托制造业市场前沿信息、高端制造人才等优势创建自主品牌,向品牌制造商转型,构建智能制造国内价值链(NVC)群链,向智能制造全球价值链(GVC)高端攀升。第三,制造集群企业共同驱动。智能制造集群企业依托国内市场、集群间分工及技术协同创新,

构建制造企业集群主导的智能制造 NVC 群链。主导智能制造 NVC 群链的制造企业依托智能制造产业国际市场，融入全球智能制造生产网络，构建 GVC 或与主导 GVC 的跨国制造企业合作，实现 GVC 与 NVC 的互动。

6.5 智能制造关键技术突破的对策建议

6.5.1 智能制造人才方面

加快长三角智能制造人才培养体系建设。长三角制造业企业现有的人才结构明显不足以支撑智能制造业的发展。因此，长三角制造业应加快构建智能化人才培养体系，充分利用长三角地区教育资源优势，推动建立相关培训体系，大力发展管理、计算机科学和机械等专业。为了适应长三角制造业智能制造的发展需要，改善人才培养模式，满足市场需求，长三角高校必须适应长三角制造业的市场需求，在学科设置、课程设计、教育模式等方面推动与制造业企业建立智能制造人才联合培养机制，加强相关人才培养。随着智能制造的发展，不仅要重视实践研究，更要重视理论教育。通过建立联合培训机制推进长三角制造业员工培训体系建设，采取多种措施鼓励和推进内部员工培训，对长三角制造业员工开展智能制造技能培训。通过系统化、持续化的研发积累知识和经验，培养符合创新发展要求的高层次人才，提高技术创新能力，突破关键技术，促进制造业优质发展，实现创新驱动发展。

6.5.2 智能制造网络化方面

推进长三角制造业网络体系建设。信息系统是长三角智能制造关键技术突破必不可少的软件设施。工业互联网能够通过互联网和物联网将制造企业、员工和设备有机地连接起来，实现企业内部控制的智能化和信息资源的共享，美国、德国等世界主要发达国家都将其视为发展智能制造的关键因素。长三角地区的智能制造网络系统建设与发达国家相比仍有一定差距，制造业企业的意识不强。大力推进长三角智能制造产业升级的物理信息系统或产业互联网建设，构建多产业互联网平台，通过该平台将长三角制造企业、互联网企业、智能制造服务企业和信息技术企业有机结合，形成网络化合作体系。这将增加制造业在长三角地区的影响力，进而增强长三角地区制造业的国际影响力。同时，长三角地区政府要加强信息基础设施建设，促进长三角软件产业和信息技术服务业快速发展，提高长三角信息化水平和信息服务业服务能力，为长三角制造业发展提供良好的信息环境和信息资源。

6.5.3 智能制造产业发展方面

将人工智能技术与创新纳入长三角制造业转型升级进程，积极开展人工智能相关技术创新研发，将该技术应用于长三角地区航天、电子设备、金属制品等重点制造业。第一，推进长三角制造业"产学研"创新体系建设。长三角制造业转型升级必须充分发挥制造业企业创新的带动作用，建立多种形式的产业合作，在高校建立智能制造研究基地，推动制造业转型升级。第二，智能制造的发展离不开政府的产业政策支持和高层次规划。在人工智能背景下，政府应大力推进智能制造业转型升级，从而有效解决长三角智能制造发展中的软硬件基础设施、部门间协调及系统监控等问题。第三，推进智能制造服务园区建设。智能制造是人工智能背景下长三角制造业转型升级的目标。然而，长三角智能制造产业的发展才刚刚起步，智能制造服务企业更是少之又少。因此，在人工智能背景下，为促进长三角制造业转型升级，应当在长三角重点制造区建立智能制造服务园区，增加智能制造服务企业数量，支持长三角制造业发展。园区的设立有利于这些智能制造服务企业之间的竞争、合作和相互学习，更有利于这些企业的发展。第四，加快对智能制造软件和系统解决方案供应商的培训。长三角制造业缺乏智能化制造转型升级所需的智能化制造软件及系统解决方案，国内软件企业主要集中于消费品市场的软件研发，几乎没有制造业发展所需的软件研发。长三角要加快培育智能制造软件和系统解决方案供应商，提高长三角智能制造发展所需的软件和系统供应能力。

6.5.4 智能制造资金保障方面

长三角制造业在智能制造领域的部分核心制造设备严重依赖国外进口，主要是由于研发投入不足。因此，为了发展长三角智能制造业，提高长三角智能制造业的研发和创新能力，要加大智能制造业的研发力度，鼓励和推动长三角规模以上制造企业发展智能制造。提高智能制造研发人员的薪酬水平，可以采取多种形式鼓励他们开展智能制造研发，鼓励和支持长三角规模以上制造业企业引进研发人员；提高政府投资在财政支出中的比重，用于长三角智能制造产业的发展，鼓励长三角智能制造企业加大研发投入，并支持长三角智能制造企业转型升级。

此外，由于长三角制造业转型升级所需资金的融资渠道十分有限，大部分相关技术研发资金只能靠企业自有资金，规模以上制造企业才可能利用自身优势向银行等金融机构获得融资。因此，可以鼓励长三角地区金融机构转型升级，允许部分符合条件的银行参与智能制造技术创新的股权投资，抵消贷款风险。鼓励银行加大对长三角智能制造的投资，吸引更多银行及其他大型金融机构等投资者参与该领域投资，为长三角智能制造转型升级提供充足资金。

借鉴发达国家发展智能制造业的经验，在推动智能制造业发展的过程中采取税收补贴政策、设立专项资金。第一，制定税收优惠、研发补贴政策，鼓励制造企业发展和创新智能制造。第二，设立基金推动智能制造发展，为智能制造发展重点项目提供资金支持。第三，长三角地区可成立智能制造转型升级专项小组，制定并实施智能制造转型升级规划。构建长三角制造企业互联互通平台，组织长三角大型制造企业联合开展智能制造关键技术研发。第四，长三角各级政府应简化智能制造企业相关项目的审批程序，提高行政审批效率。

参 考 文 献

范德成, 杜明月. 2018. 高端装备制造业技术创新资源配置效率及影响因素研究——基于两阶段 Stoned 和 Tobit 模型的实证分析[J]. 中国管理科学, 26(01): 13-24.

国家制造强国建设战略咨询委员会, 中国工程院战略咨询中心. 2016. 智能制造[M]. 北京: 电子工业出版社.

李柏洲, 周森. 2012. 企业创新对航空装备制造类企业影响机理研究——以某航空装备制造公司为例[J]. 科技进步与对策, 29(20): 99-104.

刘峰, 宁健. 2016. 智能制造企业技术创新效率及其影响因素[J]. 企业经济, (04): 142-147.

吕富彪. 2018. 辽宁高端装备制造业技术创新能力提升的演进路径研究[J]. 科学管理研究, 36(01): 46-49.

潘健生, 王婧, 顾剑锋. 2015. 我国高性能化智能制造发展战略研究[J]. 金属热处理, 40(1): 1-6.

乔世政. 2016. "一带一路"背景下高端设备制造业的发展路径[J]. 宏观经济管理, (07): 68-70.

史永乐, 严良. 2019. 智能制造高质量发展的"技术能力": 框架及验证——基于CPS理论与实践的二维视野[J]. 经济学家, (09): 83-92.

王玉荣, 高菲, 张皓博. 2015. 高端装备制造产业研发投入与创新绩效的实证研究[J]. 统计与决策, (10): 135-137.

武志勇, 王则仁, 王维. 2018. 政府研发补助对东北高端装备制造企业创新绩效的影响——研发投入与高管人力资本的中介调节作用[J]. 科技进步与对策, 35(16): 47-53.

杨玉桢, 杨铭. 2019. 两阶段高技术产业创新效率及其影响因素研究——基于随机前沿模型的实证分析[J]. 管理现代化, 39(05): 37-41.

张映锋, 张党, 任杉. 2019. 智能制造及其关键技术研究现状与趋势综述[J]. 机械科学与技术, 38(3): 329-338.

Genge B, Fovino I N, Siaterlis C, et al. 2011. Analyzing cyber-physical attacks on networked industrial control systems[C]//International Conference on Critical Infrastructure Protection. Heidelberg: Springer: 167-183.

Kukuk M, Stadler M. 2016. Evaluation and decomposition of the innovation efficiency in China's agricultural and food products processing industry[J]. Advance Journal of Food Science and Technology, 11(3): 206-211.

Laili Y, Tao F, Zhang L, et al. 2012. A study of optimal allocation of computing resources in cloud manufacturing systems[J]. The International Journal of Advanced Manufacturing Technology, 63(5): 671-690.

Lee J, Bagheri B, Kao H A. 2015. A cyber-physical systems architecture for industry 4.0-based manufacturing systems[J]. Manufacturing Letters, 3: 18-23.

Lee J, Kao H A, Yang S. 2014. Service innovation and smart analytics for industry 4.0 and big data environment[J]. Procedia Cirp, 16: 3-8.

Luo Y, Zhang L, Tao F, et al. 2013. A modeling and description method of multidimensional information for manufacturing capability in cloud manufacturing system[J]. The International Journal of Advanced Manufacturing Technology, 69(5-8): 961-975.

Meidan Y, Lerner B, Rabinowitz G, et al. 2011. Cycle-time key factor identification and prediction in semiconductor manufacturing using machine learning and data mining[J]. IEEE Transactions on Semiconductor Manufacturing, 24(2): 237-248.

Ramona T, Alexandra B. 2019. Knowledge retention within small and medium sized enterprises[J]. Studies in Business and Economics, 14(3): 231-238.

Ündey C, Ertunç S, Mistretta T, et al. 2010. Applied advanced process analytics in biopharmaceutical manufacturing: Challenges and prospects in real-time monitoring and control[J]. Journal of Process Control, 20(9): 1009-1018.

Wang Y, Vuran M C, Goddard S. 2008. Cyber-physical systems in industrial process control[J]. ACM Sigbed Review, 5(1): 1-2.

Wu D, Greer M J, Rosen D W, et al. 2013. Cloud manufacturing: Strategic vision and state-of-the-art[J]. Journal of Manufacturing Systems, 32(4): 564-579.

Zhang L, Luo Y, Tao F, et al. 2014. Cloud manufacturing: A new manufacturing paradigm[J]. Enterprise Information Systems, 8(2): 167-187.

Zhang L, Zhou L, Ren L, et al. 2019. Modeling and simulation in intelligent manufacturing[J]. Computers in Industry, 112.

撰稿人：葛和平 姜中裕

审稿人：程中华

第7章 长三角地区装备制造业智能化发展研究

7.1 长三角地区装备制造业智能化发展研究背景

长江三角洲（以下简称长三角）地区是我国经济发展最活跃、开放程度最高、创新能力最强的区域之一，在国家现代化建设大局和全方位开放格局中占有举足轻重的战略地位。长三角地区包括上海市、江苏省、浙江省、安徽省全域（面积35.8万平方千米）。装备制造业水平是国家工业水平的重要体现，能为各行业提供技术装备，是国民经济的战略性产业。在第四次工业革命浪潮的推动下，以知识经济为支撑，装备制造业数字化、智能化发展备受瞩目。目前，国内正处于扩大内需、产业转型升级的关键时期，国际上正处于全球经济格局、产业格局重新调整的时期，促进装备制造业尤其是高端装备制造业的快速发展，对于促进我国产业转型升级、深度参与全球产业再分工极有必要。长三角地区是我国重要的装备制造业基地。根据《长三角地区区域经济发展规划（2009—2020）》，长三角地区要发展成为"具有世界影响的装备制造业基地"。在此背景下，研究长三角地区装备制造业的发展趋势及其内在动力具有重要的现实意义。

从智能化的发展历程来看，世界制造业智能化发展的每个阶段跨越时间较长，并且以新兴技术的开发与应用作为发展历程的拐点，长时间的技术积淀为下一个阶段的跃迁做好了充分准备。而中国制造业智能化的发展更多的是以国家政策文件引导作为开端，体现了中国特色社会主义市场经济下制造业发展的特点。李廉水等（2019）认为，2015年发布的《中国制造2025》将推进智能制造作为制造业发展的主攻方向，一系列重要文件预示着制造业智能化将成为中国制造业未来的发展方向，推动制造业生产方式的重大变革。并且，将中国制造业智能化发展历程分为三个阶段：第一阶段为工业化带动信息化阶段（1958~2006年），第二阶段为两化（信息化与工业化）融合阶段（2007~2014年），第三阶段为信息化引领工业化阶段（2015年至今）。2019年《长江三角洲区域一体化发展规划纲要》的发布进一步推动了长三角地区制造业智能化的进程。在长三角一体化过程中，已经形成上海以生产性服务业为主导，江苏、浙江以制造业为主导的产业区域分工格局（楚明钦，2016）。通过分析长三角地区历年区位熵的变化情况可知，上海制造业行业不断对外转移。起初，浙江、江苏逐步形成集聚的制造业产业与上海转移的产业高度吻合。随着服务业和高端制造业的发展，江苏、浙江也逐步将中低端制造业产业对外转移，同时安徽出现中低端制造业产业优势及产业集聚现象，这说明长三角地区的劳动密集型和资本密集型制造业已经得到有序转移（程筱艾，2020）。

在装备制造业智能化发展方面，基于区域分工和竞争优势两种思路与方法，对长三角地区沪、苏、浙、皖四省份装备制造业的重点发展产业选择进行研究。邵慰（2015）运用因子分析对中国装备制造业7个子行业的竞争力进行测度。其中，交通运输装备制造业的竞争力最强，仪器仪表及文化、办公用机械制造业的竞争力最弱。Li 等（2020）运用生产链会计方法估算了中国装备制造业细分行业的全球生产价值链长度，金属制品（机械设备除外）和电气设备的制造，低端锁定物理位置程度最深；计算机、电子和光学产品的制造具有最深程度的经济低端锁定。在智能化评价指标方面，张晓明（2014）运用案例分析，将粗糙集理论与层次分析模型（analytic hierarchical model，AHM）相结合，作为综合指标权重计算方法，对装备制造业的创新能力进行测算；杨勇（2014）构建了基于 Shepard 相似插值方法的智能化综合评价模型选择方法、基于综合评价值和评价排序的智能化集成方法、基于智能化协商和智能化主客观权重调节的群体评价方法、AHP 智能化修正方法，并结合北京延庆地区农村住宅节能改造满意度评价进行了实证研究；Wang 等（2020）基于改进的粒子群算法对装备制造业绿色度水平进行了测算；Lv 等（2018）运用 TRIZ 理论和 ANFIS Network 模型为装备制造业标准体系建设提供了新的思路和方法；张丹宁等（2014）在传统评价方法的基础上引入了"存量增量"和"均衡特长"双重特征的系统评价模型，并对装备制造业 7 个分行业进行了测度，研究结果表明，各分行业表现出不同的发展水平及模式。在智能化发展影响因素方面，李晓阳等（2020）运用灰色关联和动态结构方程分析了 2005～2018 年长三角制造业高级化的影响因素，认为优化资本投资结构、获得高质量劳动力及高端化对外开放是促进制造业转型升级的主要影响因素。冯正强等（2018）基于 DEA 的非参数方法，运用升级面板数据，测算了 2004～2014 年装备制造业全要素生产率，同时，实证分析了国际贸易、国际直接投资、研发投入、企业规模、人力资本、产业结构及地区经济发展水平等一系列因素对地区装备制造业技术水平的影响。徐丹丹等（2017）运用 DEA 方法对 38 家高端装备制造业样本企业在 2013～2015 年的经济效率和社会效率进行评测，实现了对 38 家样本企业的类型划分，为国有企业分类改革的操作性障碍提供了破解路径。

综上所述，学者们对装备制造业的研究大多集中于高质量发展方面，对于装备制造业智能化水平研究较少。装备制造业智能化评价指标不够健全，部分学者直接用制造业智能化指标替代装备制造业进行智能化评价，评价体系不够合理。此外，对装备制造业影响因素的研究大多集中于人力资本、产业结构、地区经济等宏观影响因素，这些研究往往从地区或行业层面进行考察，缺乏对企业微观层面智能化发展的理论模型和实证分析。

7.2 长三角装备制造业发展概述

7.2.1 装备制造业范围界定

装备制造业又称装备工业，是发展制造业的核心组成，也是国家工业发展的关键及基础，装备制造业的发展对国家整个制造业的发展具有很强的示范带头作用，装备制造业的发展能推动整个产业的调整及升级。近年来，学者们对装备制造业的创新网络进行了深入的研究（王秋玉等，2016；林兰等，2017）。具体来看，装备制造业能够为国家重工业经济部门，比如电力、冶金和石化等部门以及国防建设提供强大的保障和支持（林兰等，2017）。按国民经济行业划分，装备制造业能够被划分为下述类型：金属制品业，通用设备制造业，专用设备制造业，汽车制造业，铁路、船舶、航空航天和其他运输设备制造业，电气机械和器材制造业，计算机、通信和其他电子设备制造业，仪器仪表制造业等。由于装备制造产业门类繁多，因此装备制造业产品门类也有很大差异，按大类划分主要包括重大基础机械设备、国民经济各部门科学技术及军工重大成套技术装备等（Liefner et al.，2016）。从装备制造业产业链视角来看，其主要包括上游的装备制造原料制造，中游的机械零部件、机械元器件等制造，下游的装备子系统以及整体技术集成（熊新，2013）。其中产业链下游的装备子系统以及整体技术集成涉及的知识类型丰富，技术复杂程度高，是整个装备制造的关键。

本章按照《国民经济行业分类》（GB/T 4754—2011）标准，将装备制造业分为8大类，即金属制品业，通用设备制造业，专用设备制造业，汽车制造业，铁路、船舶、航空航天和其他运输设备制造业，电气机械和器材制造业，计算机、通信和其他电子设备制造业，仪器仪表制造业。

7.2.2 长三角装备制造业发展历程

我国高度重视装备制造业的发展，1998年中央经济工作会议首次明确提出"要大力发展装备制造业"，2006年国务院出台《关于加快振兴装备制造业的若干意见》，2009年国务院出台《装备制造业调整和振兴规划》，2010年国务院发布《关于加快培育和发展战略性新兴产业的决定》（将高端装备制造产业确定为我国现阶段重点培育和发展的7个战略性新兴产业之一），2012年工业和信息化部出台《高端装备制造业"十二五"规划》。

自《中国制造2025》规划纲要发布以来，长三角装备制造业以"智能化"作为发展的核心目标，且在近几年取得了较为突出的成绩。目前，长三角地区装备制造业年平均就业人数较为平稳，没有明显波动。长三角地区装备制造业发展势头良好，利润总额呈现波动上升的趋势，2009~2019年装备制造业利润总额的全国占比的均值为38.17%，2018年高达43.41%（2009~2019年占比一直在30%以上）。长三角地区作为重要的装备制造业基地之一，其雄厚的研发和资金实力令其在全国一度具有绝对优势。但近年来，由于商务成本的增加和制度红利的衰减，长三角地区装备制造业的比较优势正受到经营绩效相对劣势的蚕食，其在全国的地位已有所松动。因此，长三角地区应充分运用倒逼机制，以全球视野瞄准高端装备制造业，抢占行业制高点（侯祥鹏，2013）。我国装备制造业细分行业竞争力的差异比较大，并且对政策刺激的敏感程度不同。2009年出台的促进装备制造业发展政策，除交通运输设备制造业对政策非常敏感外，其他的细分行业竞争力增长趋势的变化幅度都非常小（邵慰，2015）。因此，中国应加快突破低端锁定困境，攀登GVC，采取加快实施智能制造战略、发展服务型装备制造业、培育国内市场、实现低碳制造、提高企业自主创新能力等多种措施（Li et al.，2020）。基于区域分工和竞争优势两种思路与方法，对长三角地区沪、苏、浙、皖四省市装备制造业的重点发展产业选择进行研究，靖学青（2020）认为，上海市应重点发展计算机、通信等先进装备制造业，江苏、浙江和安徽应优先发展金属制品业，铁路、船舶、航空航天和其他运输设备制造业，通用设备制造业，专用设备制造业等基础装备制造业。

综上所述，装备制造业作为其他行业的基础和保障，优势地位明显。总体上，长三角地区装备制造业所处区位优势明显、基础设施完善、拥有充分的技术和对外合作优势，各产业部门之间均衡度比较高，行业发展规模相对协调；但长三角地区装备制造业各细分行业的竞争力有所差异，大多数细分行业处于产业链低端位置，应加快进行智能化、数字化转型，提高装备制造业总体竞争力。

7.3 装备制造企业智能化水平评价

7.3.1 评价方法

在多指标综合评价中，熵权法是常用的客观赋权法。熵值一般用来判断事物的离散程度，熵值越小，离散程度越大，该指标对综合评价的影响程度越大。通过熵权法确定指标权重，能够客观评价和分析评价对象。本章借鉴前人研究，使用熵权法对制造业智能化的评价指标进行加权，避免了因主观赋值法带来的人为因素的影响（Sun et al., 2016；黄昶生等，2020；Zhang et al., 2019）。具体处理过程如下。

1. 标准化

$$\text{正向指标：} X_{ij} = \frac{x_{ij} - \min(x_{1j}, \cdots, x_{ij})}{\max(x_{1j}, \cdots, x_{ij}) - \min(x_{1j}, \cdots, x_{ij})}$$

$$\text{负向指标：} X_{ij} = \frac{\max(x_{1j}, \cdots, x_{ij}) - x_{ij}}{\max(x_{1j}, \cdots, x_{ij}) - \min(x_{1j}, \cdots, x_{ij})} \quad (7\text{-}1)$$

$$(i = 1, 2, 3, \cdots, n; j = 1, 2, 3, \cdots, m)$$

其中，X_{ij} 和 x_{ij} 分别为第 i 个样本第 j 项指标的标准化值和原始值。

2. 熵值

$$p_{ij} = \frac{X_{ij}}{\sum_{i=1}^{n} X_{ij}} \quad (i = 1, \cdots, n; j = 1, 2, \cdots, m) \quad (7\text{-}2)$$

$$e_j = -\frac{1}{\ln n} \times \sum_{i=1}^{n} p_{ij} \ln p_{ij}; \quad 0 \leqslant e_j \leqslant 1 \quad (7\text{-}3)$$

3. 熵权

$$d_j = 1 - e_j \quad (7\text{-}4)$$

$$W_j = \frac{d_j}{\sum_{j=1}^{m} d_j} \quad (j = 1, \cdots, m) \quad (7\text{-}5)$$

利用各指标的权重分别进行加权，最终得到相应指标的量化数值。

7.3.2 评价指标体系

装备制造业作为制造业的细分行业,无法从宏观层面获取智能化相关指标的数据,本章主要从微观层面对装备制造业智能化水平进行衡量。由于相关参考文献较少,本章主要运用文本分析法和会计学相关理论知识,构建智能化指标体系,并对其合理化进行解释。

本章借鉴 Porter(1985)的价值链理论,将智能化评价体系分为基本活动和支持活动。价值链是为设计、生产、营销、交付和支持其产品,以给客户创造价值而进行的一系列活动,这些活动是公司进行的物理和技术上的不同活动。在"价值链升级"思路引领下,智能制造与"产品+服务"创新环节渗透融合,实现价值链升级,从而实现企业的转型升级(Cui et al.,2015)。

在生产投入方面,主要包括原材料投入、人工费用、机器设备的折旧和摊销,以及期间费用和研发费用等。我国会计准则对研发费用的定义和会计处理为:企业为开发新技术、新产品、新工艺发生的研究开发费用,研究阶段发生的费用,开发阶段不符合资本化条件发生的支出以及无法区分研究阶段和开发阶段发生的支出均计入当期损益,即研发费用。因此,本章用研发费用占主营业务成本的比例来衡量生产投入的智能化水平(楼永等,2021)。在库存管理方面,企业通过智能设备为载体的物联网,实现用户与产品之间的互联互通,构建需求信息快速响应机制,将用户需求及时反馈到生产环节,实现库存管理的智能化,减少企业产品的存货积压。因此,本章用存货周转率和存货周转天数来衡量库存管理的智能化水平。

企业基础设施、研究开发、人员投入等活动作为企业的支持活动,其主要作用是辅助基本活动,在保证基本活动顺利运行的基础上,逐步提升企业效益。2020 年 9 月,国务院国资委印发了《关于加快推进国有企业数字化转型工作的通知》,不少设备资产密集型企业已把设备资产智能化转型作为企业经营战略之一。本章采用固定资产净值和研发投入资本化金额作为设备资产智能化水平的衡量指标。创新作为企业智能化发展的动力源泉,为了获得更高的创新绩效,企业势必要增加资金投入以保证研发创新行为的持续进行。通常,企业在确保日常运作的前提下,通过加大对研发活动的投入来推动企业创新水平的提升,本章采用研发投入占营业收入的比例和授权专利数来衡量。在人员投入方面,由于无法获得研发人员的工资报酬,但研发人员的比例能够直接获得,本章借鉴他人文献,采用研发人员比例衡量人员投入(楼永等,2021;温湖炜等,2021)。

企业智能发展水平的数据难以获取,导致该领域的研究工作难以开展。然而,上市公司财报中某些词汇出现的频数在一定程度上代表了其战略发展方向和业务经营范围,本章采用文本处理技术,在企业年报中查询有关智能化发展水平的文本词频数,结合会计账户处理原则,将以下指标作为智能化水平的代理变量,见表 7-1。

表 7-1　长三角装备制造企业智能化指标评价体系

	指标	变量选取
基本活动	生产投入	研发费用占主营业务成本的比例
	库存管理	存货周转率
		存货周转天数（负向指标）
支持活动	设备资产	固定资产净值
	研究开发	研发投入资本化金额
		研发投入占营业收入的比例
		授权专利数
	人员投入	研发人员比例

本章借助 Porter（1985）的价值链模型，将企业的活动分为基本活动和支持活动，从多个角度对智能化水平进行评价，但由于指标的可获得性，缺少对产品销售、售后服务以及采购方面智能化水平的衡量。

7.3.3　样本选择与数据来源

本章数据主要来自国泰安 CSMAR 数据库、WIND 金融数据库、巨潮资讯网以及各公司年报。本章对样本的筛选标准为：①剔除 ST、*ST 股；②剔除 2015 年之后上市的公司以及退市公司；③剔除研究模型中主要数据缺失的样本。最终挑选出 96 家长三角装备制造业上市公司样本，由于"智能制造试点示范项目"从 2015 年开始施行，考虑数据的可得性与全面性，本章选取 2016~2018 年长三角装备制造业上市公司连续 5 年的数据，共 4800 个观测值。为消除极端值的影响，本章对连续变量进行 1%分位和 99%分位的 Winsorize 处理。

7.3.4　评价结果

长三角作为我国重要的经济发展区域，其智能化发展能够辐射带动周围区域经济的发展。基于企业的价值链视角，能够从生产、销售以及服务等方面对产业链的智能化水平进行测度。

1. 总体评价

由图 7-1 可以看出，长三角地区装备制造业智能化水平整体呈现上升的趋势，且企业基本活动的智能化水平高于支持活动的智能化水平，说明长三角装备制造企业整体上比较重视智能化发展，在企业价值链方面，基本活动的智能化水平发展明显高于支持活动的智能化水平。近年来，随着物联网、人工智能等领域的发展，支持活动智能化水平的发展对于装备制造业整体智能化发展的作用也正逐渐凸显。2018 年智能化水平突然升高的原因可能是新会计准则修订，上市公司研发投入费用化原则发生改变，在此之前，其倾向于研发投入资本化，导致上市企业对外报出的研发费用升高（王妹禧，2018），从而使得 2018 年基本活动的智能化水平和总体智能化水平升高。

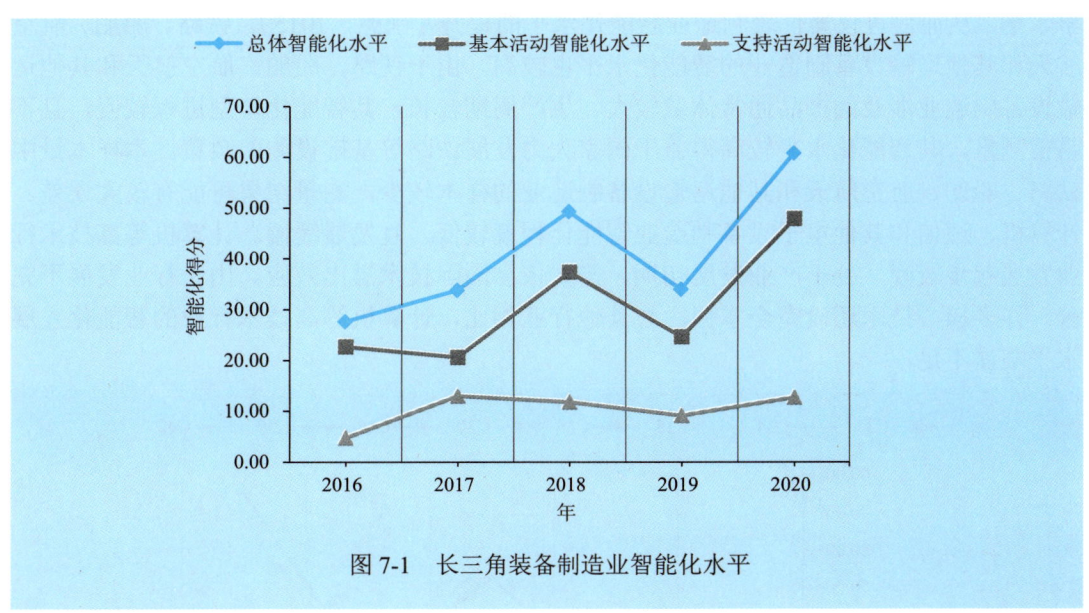

图 7-1 长三角装备制造业智能化水平

2. 分行业评价结果

由表 7-2 可以看出，2016 年装备制造业各细分行业智能化水平差距较小，但 2020 年时，仪器仪表制造业和专用设备制造业智能化水平得分明显高于其他行业，说明受生产方式和行业特性的影响，装备制造业各细分行业的智能化转型发展模式和路径具有较大差异。

表 7-2　长三角装备制造企业分行业智能化评价结果

行业	2016 年	2017 年	2018 年	2019 年	2020 年
C33 金属制品业	19.67	25.18	39.16	25.45	51.09
C34 通用设备制造业	25.03	28.47	42.73	32.12	59.74
C35 专用设备制造业	44.08	56.36	74.42	46.83	87.09
C36 汽车制造业	19.64	26.36	34.97	26.07	45.29
C37 铁路、船舶、航空航天和其他运输设备制造业	26.18	36.36	54.19	32.41	56.71
C38 电气机械和器材制造业	21.81	29.64	44.85	32.39	53.65
C39 计算机、通信和其他电子设备制造业	22.32	25.73	37.71	25.32	42.31
C40 仪器仪表制造业	38.53	42.64	72.81	47.37	95.05

从图 7-2 中可以看出，专用设备制造业和仪器仪表制造业智能化水平自 2016 年以来一直处于较高水平，意味着其智能化发展的内在动力更加充足。专用设备制造业主要涉及采矿、冶金、建筑和化学等方面，行业产业结构比较完善。随着国家大力推动装备制造业的发展，该行业借助政策的东风，依靠充足的资金和人才基础，不断提高自己的研发能力，进行智能化转型。我国仪器仪表产品市场长期处于贸易逆差的状态，2011 年贸易逆差达到最大。为改善贸易逆差，国家不断出台相关政策，提升仪器仪表制造业的竞

争水平，从而促进仪器仪表制造业智能化水平的提升（邵慰，2015）。铁路、船舶、航空航天和其他运输设备制造业的智能化水平也较高。由于铁路、船舶、航空航天和其他运输设备制造业涉及的产品通常体量较大、生产周期较长，其智能化转型进程较慢，且不易被测量，其智能化水平较高得益于国家大力发展铁路等基础设施的政策。本样本量中铁路、船舶、航空航天和其他运输设备制造业的样本较少，测量结果可能有较大误差。计算机、通信和其他电子设备制造业智能化程度较低，且发展缓慢。计算机等高技术行业发展起步较晚，处于产业发展初期，需要依靠国际技术溢出效应。由于行业发展不完善，许多核心技术还没完全掌握，与其他行业相比，计算机等高技术行业的智能化发展水平略显不足。

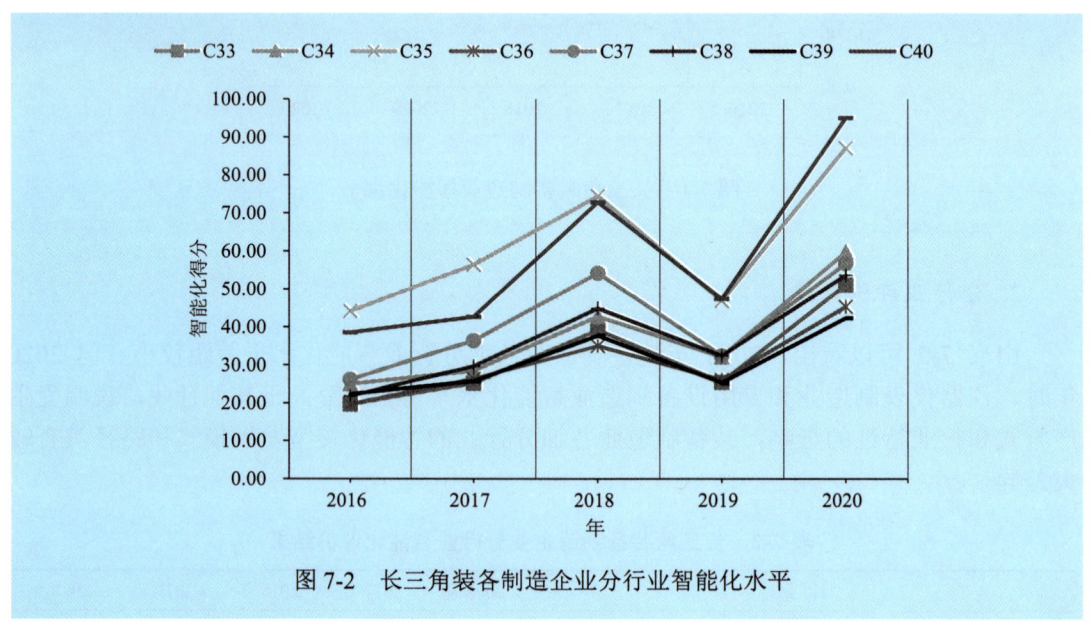

图 7-2 长三角装备制造企业分行业智能化水平

7.4 回归模型构建与数据说明

7.4.1 模型选择

本章借鉴李强（2020）的研究，将回归模型设定为

$$Y_{it} = \alpha_0 + \alpha X_{it} + \beta Z_{it} + \varepsilon_{it} \tag{7-6}$$

其中，Y_{it} 为装备制造业企业 i 在 t 时期的智能化得分；X_{it} 为核心解释变量；Z_{it} 为控制变量；ε_{it} 为随机误差项。

7.4.2 变量说明

本章主要从微观方面研究影响装备制造业智能化发展的因素。首先运用文本分析方法，筛选出影响制造业智能化发展的众多因素。然后，用灰色关联分析法筛选出关联度较大的影响因素（张丹宁等，2014；李晓阳等，2020；黄昶生等，2020），具体指标描述见表 7-3。

表 7-3 长三角装备制造企业智能化影响因素

变量类型	变量名称	解释	计算方法
核心解释变量	劳动力水平 X_1	本科以上占比	本科以上人数/总人数
	资本结构 X_2	资产负债率	总负债/总资产
	公司成长机会 X_3	托宾 Q	公司市场价值/资产重置成本
控制变量	经营能力 Z_1	总资本周转率	销售收入总额/平均资产总额
	发展能力 Z_2	可持续增长率	ROE×自留率/(1−ROE×自留率)
	偿债能力 Z_3	利息保障倍数	息税前利润(EBIT)/利息费用
	风险水平 Z_4	财务杠杆	基期息税前利润/(基期息税前利润−基期利息)
	海外投资 Z_5	海外关联公司持股数	直接持股和间接持股的加权平均值
	盈利能力 Z_6	基本每股收益增长率	(本期每股−上期每股)/上期每股

7.4.3 数据描述

本章研究区间为 2016~2020 年，研究对象为长三角地区沪深 A 股装备制造业上市公司，在剔除数据缺失量较多的样本后，共计 480 个样本量，主要变量的描述性统计见表 7-4。

表 7-4 统计性描述

变量	样本量	均值	标准差	最小值	最大值
Y	480	40.88	27.64	10.39	236.6
X_1	480	25.93	17.65	0.66	90.93
X_2	480	0.375	0.177	0.06	0.8
X_3	480	2.142	1.084	−1.02	7.76
Z_1	480	0.547	0.239	0.08	2.06
Z_2	480	0.027	0.136	−1.755	0.488
Z_3	480	50.59	664.3	−1.616	13967
Z_4	480	1.536	3.172	−8.18	56.9
Z_5	480	53.04	44.89	−84.19	175.31
Z_6	480	−6.511	65.82	−1.004	24.25

7.4.4 实证结果分析

本章主要考察劳动力水平、资本结构和公司成长机会对装备制造业智能化水平的影响，为剔除其他因素的影响，加入控制变量。首先，VIF 在 10 以下，该回归方程不存在多重共线性。其次，由于 Hausman 检验的 P 值大于 0.05，本章用随机效用模型对回归方程进行回归分析，结果如表 7-5。

表 7-5　长三角装备制造企业智能化影响因素回归结果

	模型 1 FE	模型 1 RE	模型 2 FE	模型 2 RE	FGLS
X_1	4.47***	4.56***	4.07***	4.22***	3.75***
	(0.349)	(0.321)	(0.319)	(0.298)	(0.166)
X_2	3.34***	2.25**	3.18***	2.11**	2.85***
	(28.64)	(16.92)	(27.14)	(15.81)	(14.30)
X_3	−2.01**	−2.06**	−2.97***	−3.06***	−3.72***
	(−2.64)	(−2.47)	(−12.66)	(−11.61)	(−8.83)
X_3^2			2.47**	2.54**	3.03***
			(1.57)	(1.41)	(1.03)
Z_1	−5.33***	−5.24***	−5.49***	−5.47***	−8.45***
	(−31.75)	(−28.45)	(−32.55)	(−29.62)	(−30.72)
Z_2	−1.85*	−1.64	−1.91*	−1.81*	−1.99**
	(−20.40)	(−14.53)	(−21.01)	(−15.99)	(−10.51)
Z_3	−0.20	−0.37	−0.20	−0.31	−0.45
	(−0.0004)	(−0.0006)	(−0.0004)	(−0.0005)	(−0.0006)
Z_4	−0.83	−0.99	−1.01	−1.16	−1.06
	(−0.3621)	(−0.3797)	(−0.4380)	(−0.4420)	(−0.2566)
Z_5	0.21	0.64	0.00	0.42	0.05
	(0.0066)	(0.0178)	(−0.0001)	(0.0116)	(0.0007)
Z_6	−0.20	−0.18	−0.32	−0.33	−2.52**
	(−0.0041)	(−0.0033)	(−0.0067)	(−0.0601)	(−0.0278)
R^2	0.1660	0.1620	0.1794	0.1755	
Hausman 检验	0.2109		0.2814		

注：*，**，***分别表示在 10%，5%，1%水平下显著；括号内为回归方程的系数

由表 7-5 可知，X_1、X_2 系数为正，且分别在 1%、5%水平下显著，说明劳动力水平和资本结构对装备制造业智能化发展有显著的正向影响。人才是企业进行智能化转型的基础和保障，拥有更多高素质的人才有利于企业的智能化发展。本章中样本企业劳动力水平大于均值的样本量为 182，约占 37.92%，说明长三角装备制造企业整体劳动力水平不高。良好的资本结构有利于装备制造企业的智能化转型，装备制造企业通常需要大量的资金投入，且生产周期长，良好的资本结构能维持企业日常生产经营，使其有能力进行智能化转型。

在模型 1 中，X_3 回归系数为负，在模型 2 中，X_3^2 的回归系数为正数，说明公司成长机会对装备制造业智能化的影响呈现 "U" 形关系。在公司成长机会低于临界值时，通常为企业建立初期，企业通常会选择扩大生产线来提升效益，而不倾向于选择提升生产线的智能化水平。当公司成长机会达到临界值后，扩大生产线已经无法使企业效益显著增加，企业通常会选择进行智能化转型升级，以提高核心竞争力。Z_1 的系数显著为负，说明经营能力对装备制造业智能化转型有抑制作用。可能由于企业将大量精力用于经营

活动，忽略了企业研发活动，造成企业智能化转型困难。其余控制变量对装备制造业智能化发展不显著，对企业智能化转型影响较小。

为验证上述回归结果的稳健性，本章采用 FGLS 方法对模型 1、模型 2 进行估计，将结果进行对比后发现，劳动力水平、资本结构和公司成长机会对装备制造业智能化的影响估计结果基本一致。因此，本章的理论推理和实证结论都是稳健的。

7.4.5 异质性分析

为了考察劳动力水平、资本结构和公司成长机会对不同企业规模的智能化水平的影响，按照企业注册资本，将全样本划分为规模较大企业组和规模较小企业组，回归结果如表 7-6。

表 7-6 长三角装备制造企业智能化异质性检验

	规模较大	规模较小
X_1	2.07***	4.03***
	(0.223)	(0.375)
X_2	0.53	2.52**
	(6.445)	(24.865)
X_3	−1.59	−1.27
	(−3.165)	(−1.919)
Z_1	−1.43	−5.21***
	(−15.07)	(−33.607)
Z_2	−1.42	−0.19
	(−29.384)	(−2.056)
Z_3	−0.18	0.80
	(−0.0003)	(0.031)
Z_4	−0.21	−0.99
	(−0.090)	(−0.782)
Z_5	0.72	0.14
	(0.034)	(0.005)
Z_6	−1.55	0.953
	(−0.271)	(0.001)
R^2	0.1979	0.204

注：**和***分别表示在 5%和 1%水平下显著；括号内为回归方程的系数

通过表 7-6 可以看出，无论企业规模的大小，劳动力水平对装备制造业智能化发展总是有正向的影响。对规模较小的企业来说，资本结构对装备制造业智能化有显著的影响，而对规模较大企业的影响并不显著，说明规模较小的企业资本结构有待改善，企业发展潜力较强。

7.5 长三角装备制造企业智能化发展水平及政策建议

从以上理论分析和实证结果可以发现，长三角装备制造企业智能化水平整体呈现上升趋势，各细分行业之间智能化水平存在一定差距，劳动力水平、资本结构和公司成长机会对长三角装备制造业智能化水平存在影响。从异质性检验来看，无论企业规模大小，劳动力水平对长三角装备制造企业的智能化水平都有显著的影响。根据结论，本章为提高长三角装备制造企业智能化水平提出三点建议。

（1）拓展劳动力发展空间，吸引更多人才投身装备制造业。制造业智能化发展需要具有较高知识水平、专业技能、管理能力的人才资源。企业应将人才引进策略融入企业的转型升级中，完善薪酬增长机制和长效激励机制，建立合理的奖金福利等激励制度；提高企业关键技术人员的比例，定期派遣企业人员进行培训学习，不断优化人才结构，构建适用于企业转型升级的人才团队。同时，企业应该具备信息意识，真正实现上下互动及整体业务的网络化和数据化，增强企业信息化技术的应用力度，延伸制造产业发展链条，推动企业转型升级。

（2）完善企业资本结构，提高企业抗风险能力。良好的资本结构能够促进装备制造业智能化发展。企业所有者和债权人对资本结构的要求不同，这需要经营者合理均衡二者之间的关系。通常说来，资产负债率越高，公司经营能力越强，越有机会获得更多的利润，但负债经营要承担较大的风险。通过完善企业的资本结构，既能保证企业利润最大化，又能降低企业的经营风险，从而有利于企业智能化转型。只有在企业资本充足、经营风险合理时，企业才有实力进行智能化转型。

（3）增加企业价值，提高企业竞争力。从企业层面，制造业企业应该增加对技术研发、科研成果的扶持，完善奖励制度，以增强自主创新的积极性；与高校、科研机构进行深入合作，开展研发活动，完善经费支持体系，搭建技术转移交易平台，以保障科技成果转换的实现。企业应寻求从价格竞争到非价格竞争的转换，获得无可取代的竞争优势。企业要从研发设计、创意服务、品牌营销等方面重新思考和定位，实现企业核心增值流程的再造，实现传统制造化向服务化、现代化的生产服务体系转型，实现高附加值价值链嵌入链条的攀升。

参 考 文 献

程筱艾. 2020. 长三角地区制造业优势变化分析[J]. 统计理论与实践, (06): 53-54.

楚明钦. 2016. 长三角产业区域分工与合作——基于生产性服务业与装备制造业融合的研究[J]. 云南财经大学学报, 32(01): 132-140.

冯正强, 白利利. 2018. 我国装备制造业技术水平测算及其影响因素研究——基于省际面板数据的比较分析[J]. 经济与管理评论, 34(2): 69-81.

侯祥鹏. 2013. 长三角地区装备制造业比较优势及其影响因素研究[J]. 现代经济探讨, 3: 49-53.

黄昶生, 张晨, 王丽, 等. 2020. 新旧动能转换背景下中国制造业企业转型升级能力评价研究[J]. 工业技术经济, 39(8): 78-88.

靖学青. 2020. 长三角装备制造业的产业选择[J]. 南通大学学报(社会科学版), 36(3): 31-38.

李廉水, 石喜爱, 刘军. 2019. 中国制造业40年: 智能化进程与展望[J]. 中国软科学, 1: 1-9, 30.

李强. 2020. 中国装备制造企业高质量发展研究[D]. 长春: 吉林大学.

李晓阳, 龙贝, 蔡馨玥, 等. 2020. 基于灰色关联的长三角制造业结构高级化影响因素再筛查[J]. 工业技术经济, 39(4): 139-146.

林兰, 曾刚, 吕国庆. 2017. 基于创新"二分法"的中国装备制造业创新网络研究[J]. 地理科学, 37(10): 1469-1477.

楼永, 王偲琪, 郝凤霞. 2021. 工业智能化对企业绩效的影响——基于薪酬视角的中介效应研究[J]. 工业技术经济, 40(3): 3-12.

邵慰. 2015. 中国装备制造业竞争力分行业测度研究——来自2003—2011年面板数据的证据[J]. 经济学家, 1: 50-55.

王妹禧. 2018. 企业研发支出的会计政策选择问题研究[J]. 财会通讯, 4: 29-33.

王秋玉, 曾刚, 吕国庆. 2016. 中国装备制造业产学研合作创新网络初探[J]. 地理学报, 71(2): 251-264.

温湖炜, 钟启明. 2021. 智能化发展对企业全要素生产率的影响——来自制造业上市公司的证据[J]. 中国科技论坛, 1: 84-94.

熊新. 2013. 开放式创新环境下装备制造企业吸收能力演化机理研究[D]. 哈尔滨: 哈尔滨工业大学.

徐丹丹, 曾章备, 董莹. 2017. 基于效率评价视角的国有企业分类改革实现路径研究——以高端装备制造业为例[J]. 中国软科学, 7: 182-192.

杨勇. 2014. 智能化综合评价理论与方法研究[D]. 杭州: 浙江工商大学.

张丹宁, 陈阳. 2014. 中国装备制造业发展水平及模式研究[J]. 数量经济技术经济研究, 31(7): 99-114.

张晓明. 2014. 基于粗糙集-AHM的装备制造业企业创新能力评价指标权重计算研究[J]. 中国软科学, 6: 151-158.

Cui T, Ye H J, Te H. 2015. Information technology and open innovation: A stvategic alignment pevspective [J]. Information & Management, 52(3): 348-358.

Li Y, Sun H, Huang J, et al. 2020. Low-end lock-in of Chinese equipment manufacturing industry and the global value chain[J]. Sustainability, 12: 2981.

Liefner I, Zeng G. 2016. China's Mechanical Engineering Industry[M]//Zhou Y, Lazonick W, Sun Y. China As an Innovation Nation. Oxford: Oxford University Press.

Lv X Y, Zheng S Y, Zou X. 2018. Equipment manufacturing standard system innovation method research[J]. IOP Conference Series: Materials Science and Engineering, 382(3): 032004.

Porter M., 1985. Competitive Advantage, Creating and Sustaining Superior Performance[M]. New York: The Free Press, Macmillan.

Sun W, Yu X, Arinaitwe M. 2016. Environmental financial performance evaluation of manufacturing enterprises in Shanghai[C]// EESED 2016, Zhengzhou: Atlautis Press: 2352-5401.

Wang R, Feng Y. 2020. Evaluation research on green degree of equipment manufacturing industry based on improved particle swarm optimization algorithm[J]. Chaos, Solitons and Fractals, 131: 109502.

Zhang X, Xu L, Lou P, et al. 2019. Evaluation of manufacturing capability for the job shop by combining the entropy weight method with grey relational analysis[C]//ICRCA 2019, New York: Association for Computing Machinery: 7-11.

撰稿人: 唐德才
审稿人: 程中华

第 8 章　智能化改造对我国企业生产率的影响研究

智能化已经成为我国制造业的发展方向，但企业在智能化改造中表现出了较大的差异性。本章对智能化改造对我国企业生产率的影响进行实证研究。结果表明，人力成本压力越大、行业竞争性越强、国际化程度越高的企业越有动力摘取智能化这一"低垂的果实"。企业智能化改造对我国企业生产率提升起到了显著作用，其中对非国有企业、大企业与东部地区企业的全要素生产率促进作用更为明显。

8.1　智能化改造和企业生产率研究进展

近年来，随着新一轮技术革命的发展，新一代信息技术与制造业深度融合，推动了我国制造业智能化的快速发展。以工业机器人的应用为例，根据国际机器人学联合会（International Federation of Robotics，IFR）的相关数据，全球范围内工业机器人的应用在 2013~2018 年的年均增长率为 19%，而我国在同期的年均增长率高达 33%。经过快速发展，我国已经成为全球最大的工业机器人应用市场。《中国制造 2025》明确指出，智能制造正在引领制造方式的变革，成为我国制造业的发展方向。

人类社会的发展史表明，重大技术创新的突破形成了易被企业采摘的"低垂的果实"，从而推动了产业的技术扩散与技术进步（Cowen，2011）。在我国，企业的智能化改造已经成为一股浪潮，然而数据表明，并非所有的企业都摘取了这一"低垂的果实"，例如，在 2015 年仅有 8.6%的中国企业在工业生产中使用了机器人（Cheng et al.，2019）。由此引申出智能化改造对我国企业究竟带来了哪些影响的问题。又有哪些企业更有动力进行智能化改造？对相关问题的探讨有助于理解新一轮技术革命在微观层面上对我国企业的影响，并对相关的政策制定有所启示。

从现有研究来看，当前文献主要集中在智能化对宏观经济的影响。一些研究指出，工业智能化是工业化的新类型及高级阶段，并已成为国际竞争的战略制高点，是改变全球产业竞争格局的重要力量，我国应该抓住新一轮技术革命的机遇，重塑制造业竞争力（黄群慧等，2013；贾根良，2016；韩江波，2017；李廉水等，2019）；鉴于智能化可以在一定程度上体现机器对人力资本要素的替代，较多文献研究了制造业智能化对就业的冲击影响，认为智能化对就业有着破坏效应和创造效应（Arntz et al.，2016；Borland et al.，2017；邵文波等，2017；Acemoglu et al.，2018；孙早等，2019）。整体来讲，基于企业微观层面的研究还较为缺乏，对此本章进行相关的研究拓展。考虑到任何技术革命的进展，最终会体现为企业生产率水平的提升，因此本章基于微观视角研究智能化改造对我国企业生产率的影响，并探讨相关影响背后的动因以及企业异质性，进而提出政策建议。

8.2 影响机制分析

智能化改造为企业带来潜在收益，主要体现在提升企业生产率上，本章认为存在着 3 种影响机制。

8.2.1 "机器换人"带来劳动力成本的节约效应

劳动力与资本是企业生产投入的两个要素，这两个要素之间存在着一定的替代性。我国长期以来具有劳动力成本优势，因而在国际分工中是劳动密集型产品的制造大国。但近年来，我国劳动力成本呈现持续上升的趋势。根据相关数据，我国适龄劳动人口在 2003 年达到顶点，然后开始下降，相应的工资水平持续上升，2021 年全国居民人均工资性收入为 19 629 元，比上年增长 9.6%，两年平均增长 6.9%。分城乡看，城镇居民人均工资性收入增长 8.0%，两年平均增长 5.5%；农村居民人均工资性收入增长 14.1%，两年平均增长 9.9%。根据德勤会计师事务所的报告，早在 2015 年，中国制造业每小时人工成本就达到 3.30 美元，已经超过马来西亚、泰国、印尼、越南等东南亚国家（Deloitte，2016）。通过智能化改造，企业以"机器换人"来对冲劳动力成本上升的不利影响，尤其是在劳动力成本急剧上升的东部沿海地区，"机器换人"产生劳动力成本的节约效应更为显著。

8.2.2 智能化改造推动企业生产过程更为精准与高效

对于企业来讲，智能化改造不仅是重要的设备投资行为，同时涉及应用基于机器学习等智能算法来优化生产活动，整合各层的生产管理系统，改进产品从研发到设计、制造和质量控制等全生产流程，使得流程之间无缝衔接，推动企业生产过程更精准、更高效。因而企业的智能化改造是一项系统工程，在智能生产条件下，企业资源的利用效率得到较大提升，资源闲置现象明显减少；同时生产过程的精准化意味着产品质量的提升和不良产品的返工率下降，这些特点都会显著提升企业生产率。

8.2.3 智能化改造推动产业资源的优化配置

根据熊彼特的技术创新理论，重大技术创新的出现会带来"创造性毁灭"。智能化改造作为一项重大的新技术应用，同样会引致产业竞争的动态变化，从而推动产业资源的优化配置。那些率先进行智能化改造的企业会获得技术应用的红利，更倾向扩大企业产能。而智能化改造存在着较为明显的规模经济效应，即初始投资之后，产能扩大的边际成本相对较小，这会推动产业资源进一步流向这些进行智能化改造的企业。这一产业的动态变化强化了市场的优胜劣汰机制，实现了产业资源的优化配置，并最终表现为企业生产率的提升。

智能化改造对企业生产率提升有着积极影响，但我们同时认为这一影响效应在不同企业之间可能存在着差异性。一方面，不同的企业有着不同的智能化改造动机，有些企业受到市场竞争的驱动，而有些企业则出于政策驱动，这可能会导致不同的影响效果。

另一方面，企业不同的所有权结构、金融资源约束、行业垄断程度等都可能影响企业智能化改造对企业生产率的影响，对此本章会通过实证分析进行相关研究。

8.3 智能化改造对企业生产率的实证检验

8.3.1 智能化改造对企业生产率的影响模型

研究企业的智能化改造对企业生产率的影响存在两个问题，一类是"反事实"状态，即无法同时观察到企业进行智能化改造与不进行智能化改造的结果，导致无法比较智能化改造对某一企业的实际影响；另一类是"内生性"问题，即进行智能化改造的企业不是随机分配的，可能具备特定条件的企业更倾向于进行智能化改造，例如市场竞争意识强的企业本身更倾向于进行智能化改造，这会导致回归结果有偏。而倾向评分匹配（propensity score matching，PSM）的方法能较好地解决以上问题，其基本思路是将样本分为处理组（$D=1$，进行智能化改造的企业）与对照组（$D=0$，未进行智能化改造的企业），再将两组样本按照匹配原则最大限度地减少样本差异，然后模拟处理组的"反事实"状态处理对照组，从而得出企业进行智能化改造的平均处理效应（average treated effect，ATT），其迭代关系如下：

$$\begin{aligned} \text{ATT} &= E(\text{TFP}_{1i} - \text{TFP}_{0i} \mid D_i = 1) = E(\text{TFP}_{1i} \mid D_i = 1) - E(\text{TFP}_{0i} \mid D_i = 1) \\ &= E(\text{TFP}_{1i} \mid D_i = 1) - E(\text{TFP}_{0i} \mid D_i = 0) \end{aligned} \quad (8\text{-}1)$$

其中，i 代表企业；TFP_{1i} 代表进行智能化改造的企业的生产率；TFP_{0i} 代表未进行智能化改造的企业的生产率。在寻找"反事实"的替代企业的过程中，一般将共同影响因素 X 作为匹配变量，然后匹配出相似度最高的对照组企业。

在选择对照组企业时，首先采用 Logit 二元离散模型模拟企业进行智能化改造的倾向。

$$\text{PS}_i = P_r(D_i = 1 \mid X = x_i) = E(D_i = 1 \mid X = x_i) \quad (8\text{-}2)$$

企业进行智能化改造的概率为

$$P(x_i) = P_r(D_i = 1 \mid X = x_i) = \frac{\exp(\beta x_i)}{1 + \exp(\beta x_i)} \quad (8\text{-}3)$$

上式为逻辑分布的累计函数，β 为参数变量。然后根据上式进行倾向评分匹配处理，最终得到样本估计的企业进行智能化改造对全要素生产率的平均处理效应：

$$\overline{\text{ATT}} = \frac{1}{N_T} \sum_{i \in T} \text{TFP}_i^T - \frac{1}{N_T} \sum_{i \in C} \omega(p_i, p_j) \text{TFP}_i^C \quad (8\text{-}4)$$

其中，T 代表匹配后的处理组；C 代表匹配后的对照组；$\omega(p_i, p_j)$ 为倾向评分匹配的权重函数，一般有邻近匹配、半径匹配和核匹配等方法，本章采用了较为常用的邻近匹配方法。

8.3.2 核心变量选取

本章的核心变量是智能化改造，整体来讲，现有文献对制造业智能化的实证研究相对较少。在已有的实证研究中，孙早等（2019）综合了我国各省份的基础建设、软件普及和应用、智能制造企业产出和工业企业创新能力等指标，通过主因素分析方法构建了省级层面的智能化指标；蔡啸等（2019）使用了各省份信息传输、计算机服务和软件业全社会固定资产投资与生产总值的比值来代表人工智能技术的使用情况。以上文献中的指标主要针对省级层面，并不适合作为企业智能化的指标。

尽管我国是制造业大国，但核心部件仍然需要国际采购。例如，尽管我国是世界上最大的工业机器人市场，但在 2017 年仅有 29%的工业机器人由我国本土企业供应；而制造业智能化中最为关键的芯片，主要还是依靠进口供应，我国对芯片的采购规模甚至超过了石油，芯片成为我国采购规模第一的大宗商品。基于以上事实，我们以企业智能化改造所涉及的核心部件的国际采购规模占本企业工业产值的比率作为代理变量，以 INT 表示，在测算中具体使用的采购产品有计算机、自动数据处理、集成电路、智能设备等类别。

企业的生产率水平以全要素生产率（total factor productivity，TFP）为代表，在具体测算中，参考徐明君等（2015）的做法，以产出扣除资本与劳动贡献之后的余额来近似代表技术因素对企业产出的影响，以此作为企业 TFP 指标，具体的计算公式如下：

$$\text{TFP} = \ln(Q/L) - s\ln(K/L) \tag{8-5}$$

其中，Q 代表企业的工业总产出；L 代表劳动要素投入；K 代表资本要素投入；s 为资本要素贡献度，根据 Hall 等（1999）的方法，设定 s 为 1/3。

8.3.3 控制变量选择

控制变量的选择分为三类，即企业特征控制变量、行业控制变量以及政策影响控制变量。在企业特征控制变量中，以企业工资支出（Wage）代表企业劳动力要素投入成本，选择企业利润率（Profit_rate）、销售费用占销售收入比率（SaleCost_rate）、企业销售增长率（Growth_rate）3 个变量作为企业财务状况的控制变量。为控制企业其他特征的影响，使用是否为国有企业（State_owned）、是否为大企业（Big）、是否为东部地区企业（East）、企业成立年限（Year_exist）、企业是否有出口业务（Export）等变量，其中企业为大企业的判断标准是员工规模大于 500 人。

对于行业控制变量主要选择三类，第一类指标衡量企业所在行业属于资本密集型还是劳动密集型（Capital_intense），在判断标准上，如果企业的资本劳动比大于样本的平均水平则认为该行业为资本密集型，否则认为该行业为劳动密集型；第二类指标衡量行业参与全球价值链（GVC）的程度，以此来检验某一行业参与国际分工程度对企业智能化改造的影响，在指标的测算上，以该行业对中间产品的采购规模占该行业总产出之比作为代表，其中中间产品以联合国经济社会理事会统计机构《经济大类分类标准》所定义中间产品类别为准；第三类指标衡量行业的竞争程度，采用较为常用的赫芬达尔指数（Herfindahl-Hirschman index，HHI）作为衡量指标，该指数分布于 0~1 之间，指数越大，说明所在行业的垄断程度越高。

对于政策影响控制变量，考虑到财政补贴是我国支持企业技术创新的主要政策手段，选择企业是否接受财政补贴（Subsidy）作为该影响因素的控制变量。

8.3.4 数据来源

根据数据可获得性，选取 2013 年中国工业企业数据库作为研究样本来源。首先进行工业企业数据的清理，参考相关研究中常用办法，保留员工人数大于 8 人的企业，删除企业工业总产值、固定资产净值、薪酬支出等主要指标缺失或存在会计核算不合理的数据。然后将企业名称与中国海关数据库进行合并，利用合并数据测算企业在该年度对智能化产品核心部件的采购额，从而计算出企业的智能化指标（INT）。最终得到 231 657 条企业样本数据，所选企业样本的工业总产值占原始工业企业数据的 77.5%，企业数占到 67.3%，说明选择的样本数据具有较强的代表性。

8.4 智能化改造和企业生产率变化实证研究

8.4.1 企业是否进行智能化改造的回归分析

表 8-1 显示了样本企业是否进行智能化改造的 Logit 模型回归结果。从回归结果可以看到，随着控制变量的增加，计量模型的拟合度进一步提高，主要变量的回归结果显著，说明选择的变量具有合理性。由于 Logit 模型的标准回归结果并非变量的弹性系数，为了便于分析不同变量对企业智能化的影响程度，第（5）列显示了按变量概率比的回归结果。

表 8-1 Logit 回归结果

解释变量	（1）标准回归	（2）标准回归	（3）标准回归	（4）标准回归	（5）概率比
ln Wage	0.825***	0.902***	0.824***	0.823***	2.276***
	(48.48)	(40.50)	(33.90)	(34.43)	(33.75)
Year_exist		−0.010***	−0.005	−0.005	0.995
		(−2.83)	(−1.34)	(−1.46)	(−1.36)
Profit_rate		−0.540***	−0.370***	−0.374***	0.688***
		(−3.14)	(−1.94)	(−1.40)	(−1.96)
SaleCost_rate		0.289***	0.315***	0.314***	1.369***
		(2.84)	(3.67)	(4.84)	(3.64)
Growth_rate		−0.223***	−0.223***	−0.222***	0.801***
		(−4.22)	(−4.16)	(−4.08)	(−4.14)
Export		1.941***	1.788***	1.782***	5.940***
		(28.90)	(26.40)	(24.73)	(26.16)
State_owned		−1.178*	−0.191*	−0.200*	0.819*
		(−1.69)	(−1.81)	(−1.81)	(−1.89)
Big		1.505***	1.390***	1.388***	4.01***
		(26.42)	(24.27)	(23.05)	(24.20)
East		0.617***	0.531***	0.532***	1.702***
		(7.77)	(6.63)	(6.40)	(6.64)

续表

解释变量	（1）标准回归	（2）标准回归	（3）标准回归	（4）标准回归	（5）概率比
Capital_intense			0.285*** (4.86)	0.283*** (4.77)	1.327*** (4.81)
GVC			0.102*** (24.43)	0.102*** (26.18)	1.107*** (24.38)
HHI			1.838*** (3.82)	1.930*** (3.64)	6.232*** (3.80)
Subsidy				0.052 (0.86)	1.053 (0.89)
C	−7.621*** (−108.06)	−9.941*** (−75.33)	−10.201*** (−76.03)	−10.201*** (−78.43)	0.000*** (−76.00)
R^2	0.0952	0.2425	0.2708	0.2709	0.2709
样本数	231 657	231 657	231 657	231 657	231 657

注：***和*分别表示在1%和10%显著性水平下通过检验；括号中数值为 t 值

根据回归结果，人力成本（ln Wage）越高的企业，越倾向于进行智能化改造，说明劳动力成本上升推动了企业进行"机器换人"。从企业的财务指标回归结果来看，企业的销售费用占销售收入比率（SaleCost_rate）越高，则越倾向于进行智能化改造，可能的原因是该指标在一定程度上代表了企业的发展战略，销售费用占销售收入比率越高，说明企业属于市场扩张型，在企业战略上更关注企业的长期增长，因而更倾向于进行存在长期收益的智能化改造。企业利润率（Profit_rate）、企业销售增长率（Growth_rate）与企业的智能化改造成反比，可能的原因是企业进行智能化改造在一定程度上以牺牲企业短期财务收益为代价。企业是否有出口业务（Export）对企业进行智能化改造有着较大影响，国际化经营的企业比仅在国内经营的企业在智能化改造的概率上要高出4.9倍，说明国际化经营的企业有着更强烈的动机去进行智能化改造。

在其他企业特征控制变量上，国有企业（State_owned）进行智能化改造的概率要比非国有企业低18.1%，从理论上讲，国有企业的市场竞争意识普遍低于非国有企业，因而在智能化改造上的意愿低于非国有企业；大企业（Big）进行智能化改造的概率要比中小企业高出3.0倍，这个结果与熊彼特的创新理论相一致，即大企业由于具有规模报酬递增优势与更高的风险承担能力，因而更愿意进行智能化改造；东部地区企业（East）进行智能化改造的概率要比中西部地区企业高出70.2%，可能的原因是制造业智能化也需要一个良好的外部生态系统，东部地区存在着人才优势与集聚优势，且经济开放较早，有着更强的市场竞争与技术创新氛围，从而东部地区的企业更有动力进行智能化改造。

行业控制变量的回归结果显示了3个特点：资本密集型的行业比劳动密集型的行业更倾向于进行智能化改造，说明资本密集型行业更容易通过智能化改造实现规模优势；行业竞争程度越强，企业越有动力进行智能化改造，说明了竞争因素确实是技术创新的重要动力；如果一个行业嵌入到全球价值链的程度越高，则该行业企业越倾向于进行智能化改造。

此外，尽管财政补贴（Subsidy）的回归结果为正，但在统计上并不显著，说明财政补贴政策并没有显著推动企业进行智能化改造。一些研究表明，财政补贴政策扭曲了资源配置，对企业技术创新存在"挤出效应"，形成企业对财政补贴政策的"等、靠、要"，最终削弱了企业自身的创新动力，从而使国家财政补贴政策并未发挥激励作用（闫志俊等，2017；金晓雨，2018）。

整体而言，企业进行智能化改造在影响因素与动力机制上存在着较为明显的企业异质性、行业异质性和地区异质性等。这反映出尽管技术创新活动对经济与社会意义重大，但在微观层次上，企业的创新行为也表现出了明显的差异性。

8.4.2 智能化改造对企业生产率的影响效应分析

为了进一步研究企业智能化改造对企业生产率的影响，利用 PSM 方法进行回归。表 8-2 列出了各变量的匹配结果，可以看到变量的标准偏差比匹配前均大幅缩小，匹配后的变量在两组企业间的标准偏差都小于 10%，检验结果不拒绝处理组与对照组无系统差异的原假设，说明所选择的变量合理且匹配过程有效。

表 8-2 PSM 方法匹配结果

匹配变量	样本	均值		标准偏差 /%	误差消减 /%	t-test	
		处理组	对照组			t	P>|t|
ln Wage	匹配前	4.0069	2.7883	117.7	91.2	49.53	0.000
	匹配后	4.001	3.8942	10.4		2.87	0.424
Year_exist	匹配前	12.63	10.435	27.3	92.6	11.72	0.000
	匹配后	12.633	12.779	-1.9		-0.47	0.624
Profit_rate	匹配前	0.0389	0.0513	-8.4	99.4	-4.77	0.000
	匹配后	0.0389	0.03865	0.2		0.04	0.966
SaleCost_rate	匹配前	0.0430	0.0301	15.5	50.5	6.75	0.000
	匹配后	0.0429	0.0382	5.8		1.88	0.060
Growth_rate	匹配前	0.3722	0.5010	-26.2	82.3	-10.64	0.000
	匹配后	0.3717	0.3722	0.0		0.00	1.000
Export	匹配前	0.8154	0.2241	146.8	95.1	58.57	0.000
	匹配后	0.8151	0.8131	0.6		0.18	0.861
Capital_intense	匹配前	0.6942	0.4985	40.7	94	16.17	0.000
	匹配后	0.6937	0.6942	0.0		0.00	1.000
HHI	匹配前	0.0252	0.0154	21.4	81.1	10.61	0.000
	匹配后	0.0250	0.0238	3.2		0.83	0.407
GVC	匹配前	7.0235	2.8137	91.3	99.5	48.05	0.000
	匹配后	6.9875	6.887	3.0		0.69	0.491
Subsidy	匹配前	0.2743	0.1144	41.3	98.2	20.66	0.000
	匹配后	0.2736	0.2807	-1.7		-0.42	0.675

表 8-3 列出了 PSM 方法的回归结果,作为对比,同时列出了未匹配前的回归结果。从结果看,企业进行智能化改造在未匹配前提升了 0.391 个单位的企业生产率,利用 PSM 方法解决"反事实"与"内生性"问题后,进行智能化改造的企业生产率比其他企业要高 0.182 个单位。按企业生产率的均值作为基数进行测算,匹配前智能化改造使得企业生产率提升 8.5%,匹配后智能化改造使得企业生产率提升 3.8%,说明智能化改造对企业生产率提升有着显著性影响。

表 8-3 PSM 方法回归结果

样本	处理组	对照组	差值	方差	t 值
匹配前	5.013	4.623	0.391**	0.023	17.58
匹配后	5.01	4.827	0.182**	0.038	5.08

注:**表示在 5%的显著性水平下通过检验

为了进行稳健性检验,进一步按企业所有权、所在地区、经营规模将样本进行划分为子样本,然后进行回归,表 8-4 显示了子样本的回归结果。对不同企业所有权企业的回归结果显示,国有企业进行智能化改造对企业生产率的促进作用不明显,而非国有企业的智能化改造效果明显。对不同地区企业的回归结果显示,东部地区企业的智能化改造对企业生产率的促进作用更大,而中西部地区的企业智能化改造对企业生产率的促进作用并不明显。此外,大企业和中小企业的智能化改造都促进了企业生产率的提升,但大企业的提升效果要高一些。

表 8-4 按子样本的 PSM 方法回归结果

分类	企业类别	处理组	对照组	差值	方差	t 值
按企业所有权	国有企业	5.437	5.022	0.415	0.165	2.51
	非国有企业	4.977	4.820	0.157**	0.038	4.13
按地区	东部地区	5.006	4.764	0.243**	0.038	6.32
	中西部地区	5.042	5.215	−0.172	0.110	−1.56
按经营规模	大企业	4.920	4.683	0.237**	0.040	5.89
	中小企业	5.191	5.033	0.158*	0.069	2.30

注:**和*分别表示在 5%和 10%显著性水平下通过检验

以上实证研究表明,智能化改造整体上提升了企业生产率,但对不同类型企业有着差异化影响。这说明不同的企业所有权、经营规模、所处地区的产业生态环境等都对企业的智能化改造效果产生重要影响。尤其值得关注的是,智能化改造对不同地区企业的差异化影响有着更深层次的含义,我国不同地区在经济发展上的不平衡是一个重大问题。近些年来,东部地区由于劳动力成本上升,部分产业正在向中西部地区转移,本来这种产业转移有利于我国的区域平衡发展,但智能化改造使得东部地区重塑新的竞争优势,这在一定程度上延缓了我国的产业转移过程,甚至导致我国地区之间的发展不平衡被重新拉大。

8.5 总结与政策建议

本章通过构建企业层面的智能化改造指标，引入企业异质性、行业异质性、财政政策等影响因素，实证研究了智能化改造对企业生产率的影响。实证研究表明，劳动力成本压力是推动企业智能化改造的重要原因；同时，企业的所有权结构、金融资源约束状况、国际化经营程度以及所面临的行业竞争水平都影响到了企业的智能化改造。企业智能化改造使得企业生产率提高8.5%，利用倾向评分匹配方法解决"反事实"与"内生性"问题后，企业智能化改造的这一效应为3.8%，子样本回归表明，智能化对非国有企业、大企业与东部地区企业的企业生产率促进作用更明显。

本章从微观层面上揭示了以智能化改造为代表的新一轮技术革命对企业的深刻影响，有着三方面的政策启示。

第一，我国制造业智能化的发展关键在于培育企业内生动力。企业的智能化改造是新一轮技术革命进行产业化与市场化的自然结果，受到企业经营战略、金融资源约束、行业异质性等各方面因素影响。一个值得关注的现象是，我国国有企业进行智能化改造的动力不足，而智能化改造对国有企业生产率的提升作用也不明显。我国的制造业智能化已经成为国家重大的产业发展战略，不管是国家还是地方政府，都出台了一系列相关的财政刺激政策，但企业智能化改造不能一拥而上，更应该考虑企业实际、行业实际以及地域实际，要以提升企业的生产率水平的市场化目标为牵引，采取循序渐进的过程。

第二，产业政策需以市场化为导向，审慎使用财政补贴政策。本章表明，财政补贴政策对企业智能化改造的促进作用并不明显，企业智能化改造更多地受到企业发展战略、市场竞争意识、全球价值链的嵌入程度等因素影响，因而在产业政策的制定上，更应该注重培育的公平产业市场竞争环境，完善企业的治理结构，提升企业的创新氛围，进一步提升经济开放水平，支持更多的企业走出去，进行国际化经营，切实提升我国企业的国际竞争能力。财政补贴政策并非不能使用，而应更多地撬动风险投资等多渠道市场资金，切实推动企业智能化改造，最大化财政补贴政策的实际效果。

第三，需要关注企业智能化改造对于我国区域经济平衡发展的影响。本章表明，企业智能化改造缓解了东部地区的劳动力成本压力，并且东部地区因为具有良好的产业集聚优势、人才优势与市场优势，相比中西部地区，获得了更多新一轮技术革命的红利。这在一定程度上延缓了我国产业从东部地区向中西部地区转移的过程，甚至有可能进一步拉大我国地区间产业发展的不平衡问题，对国家区域协调发展的战略目标带来挑战。这些都是新一轮技术革命为我国经济所带来的新的影响与挑战，需要通过顶层设计和更为精准的区域产业政策，推动我国经济的协调发展。

参 考 文 献

蔡啸，黄旭美. 2019. 人工智能技术会抑制制造业就业吗?——理论推演与实证检验[J]. 商业研究, 6: 53-62.

韩江波. 2017. 智能工业化: 工业化发展范式研究的新视角[J]. 经济学家, 10: 21-30.
黄群慧, 贺俊. 2013. "第三次工业革命"与中国经济发展战略调整——技术经济范式转变的视角[J]. 中国工业经济, 1: 5-18.
贾根良. 2016. 第三次工业革命与工业智能化[J]. 中国社会科学, 6: 87-106.
金晓雨. 2018. 政府补贴、资源误置与制造业生产率[J]. 财贸经济, 6: 43-57.
李廉水, 石喜爱, 刘军. 2019. 中国制造业 40 年: 智能化进程与展望[J]. 中国软科学, 1: 1-9, 30.
邵文波, 盛丹. 2017. 信息化与中国企业就业吸纳下降之谜[J]. 经济研究, 6: 122-138.
孙早, 侯玉琳. 2019. 工业智能化如何重塑劳动力就业结构[J]. 中国工业经济, 5: 61-79.
徐明君, 黎峰. 2015. 基于生产效率视角的全球价值链分工: 理论解释及实证检验[J]. 世界经济与政治论坛, 6: 74-94.
闫志俊, 于津平. 2017. 政府补贴与企业全要素生产率——基于新兴产业和传统制造业的对比分析[J]. 产业经济研究, 1: 1-13.
Acemoglu D, Restrepo P. 2018. The race between man and machine: implications of technology for growth, factor shares, and employment[J]. American Economic Review, 108(6): 1488-1542.
Arntz M, Gregory T, Zierahn U. 2016. The Risk of Automation for Jobs in OECD Countries: A Comparative Analysis[R]. Paris: OECD Social, Employment and Migration Working Papers, 189.
Borland J, Coelli M. 2017. Are robots taking our jobs[J]. Australian Economic Review, 50(4): 377-397.
Cheng H, Jia R, Li D, et al. 2019. The rise of robots in China[J]. Journal of Economic Perspectives, 33(2): 71-88.
Cowen T. 2011. The Great Stagnation: How America Ate All The Low-Hanging Fruit of Modern History, Got Sick, and Will (Eventually) Feel Better[M]. New York: Dutton Adult.
Deloitte. 2016. Global Manufacturing Competitiveness Index[R]. London: Deloitte Touche Tohmatsu Limited (DTTL).
Hall R E, Jones C I. 1999. Why do some countries produce so much more output per worker than others[J]. The Quarterly Journal of Economics, 114(1): 83-116.

撰稿人: 韩会朝
审稿人: 李廉水

第9章 工业机器人应用对企业生产效率的影响研究

9.1 人工智能和企业生产效率研究背景及进展

长期以来，中国经济增长的可持续性一直受到劳动力短缺、资本紧缩和能源枯竭的限制，亟需新路径和新动力来促进经济增长和转型（Purdy et al.，2017）。不过，近年来在数据存储、计算能力和技术突破三者飞速发展的驱动下，"机器模仿人类智能行为的能力"——人工智能（artificial intelligence，AI）极大地加快了自动化的进程（Cockburn et al.，2018），对生产力和经济效益产生了深远的影响（Aghion et al.，2017）。更为重要的，人工智能完善和提高要素生产力的能力是其真正的潜力所在（Purdy et al.，2017），也是打破传统要素物理限制，促进中国经济可持续发展的关键。

最近，因为深度学习出现的爆炸式增长，学术界对人工智能对经济增长（Purdy et al.，2017；Aghion et al.，2017；Graetz et al.，2018；Brynjolfsson et al.，2018；Ballestar et al.，2020）和创新（Cockburn et al.，2018；Liu et al.，2020）的积极影响产生了新兴趣。然而，关于人工智能对生产效率的影响，现有文献并没有达成共识。事实上，在过去几十年里，发达经济体生产效率放缓的问题不容忽视，并且引发了关于"生产力悖论"的讨论。这个悖论与许多发达经济体（如美国和欧洲国家）自20世纪80年代以来经历的"长期停滞"有关，但这一时期的创新力度一直很大（Teulings et al.，2014；Gordon，2018）。一些学者认为，这个现象也可能在人工智能的发展和应用过程中出现（Brynjolfsson et al.，2018）。第一，作为"扩散机器"，在完全融入生产线之前，人工智能很难在各个国家和行业中快速高效地传播新技术（Mokyr，2018）。在没有匹配的劳动力技能、充足的技术储备和必要的互补发明的情况下，人工智能很难蓬勃发展（Brynjolfsson et al.，2018；Acemoglu et al.，2018）。第二，我们所处的时代，创新的影响正在逐渐减弱，人工智能更有可能稳步提高而不是大幅推动生产效率的增长，而且它的影响取决于物质和人力资本的增长（Cowen，2016；Gordon，2018）。第三，人工智能可能导致过度自动化，不仅会牺牲其他能够提高生产效率的技术，直接导致效率低下；还会浪费资源、取代劳动力，间接抑制生产效率增长（Acemoglu et al.，2018）。

但是，一些来自发达国家的证据反驳了人工智能的"生产力悖论"。最近的一项研究表明，通过模拟人工智能对12个发达国家的影响，预计到2035年，人工智能对全球经济增长的贡献率将超过50%，劳动生产效率将提高40%（Purdy et al.，2017）。基于国际机器人学联合会（IFR）的工业机器人应用数据，Graetz等（2018）研究了工业机器人与劳动生产效率之间的关系，劳动生产效率的增长中有0.36%与工业机器人的应用有关，占17个发达国家生产效率总增长的15%。相似的，Ballestar等（2020）以西班牙制造业中小企业为样本，认为在2015年，工业机器人将劳动生产效率水平提高了 5%。

尽管人工智能引起了学术圈的广泛兴趣和关注,但目前学术界关于人工智能对劳动、资本、能源等要素生产效率水平的影响的系统研究仍然较少。首先,大多数研究都集中在人工智能与劳动或全要素生产效率之间的联系(Graetz et al.,2018;Ballestar et al.,2020),很少有人研究人工智能对要素生产效率的影响,包括劳动、资本、能源和全要素生产效率,尤其是能源生产效率。一方面,生产效率的提高对于打破要素投入与生产力之间的联系、实现经济可持续发展具有现实意义(Callens et al.,1999;Omer,2008;Lin et al.,2021);另一方面,作为耗能技术,人工智能的渗透给能源使用带来了严峻挑战。对于人工智能,其硬件和方法的开发和训练需要消耗大量能源(Vinuesa et al.,2020)。即使这种能源消耗不是必然出现的,人工智能能够引发经济增长,因此带来的巨大刺激仍有可能推动总能源消耗,出现所谓的反弹效应(Grant et al.,2016)。

其次,现有文献只检验了来自发达国家的样本(Graetz et al.,2018;Ballestar et al.,2020),缺乏来自像中国这样的发展中经济体和转型经济体的证据。正如我们提到的人工智能可能出现"生产力悖论"的原因:技术的基础设施和成熟度的差异,导致人工智能的影响也可能有所不同(Brynjolfsson et al.,2018)。这意味着,发达国家的现有文献无法揭示人工智能对中国生产力的积极影响,两者在技术基础设施和成熟度方面存在差异。此外,在中国,"专有技术"缺失、劳动力短缺、工资上涨等可能会进一步加剧这种差异(Relich,2017)。

最后,人工智能可能是第一个能够如此快速地扩散传播到各个行业的革命性技术,覆盖从制造业、公共事业到医疗保健等多个领域(Barbieri et al.,2019)。但是,人工智能不是单一的技术,而是用于特定任务的技术的集合。人工智能的影响在不同行业中不会均匀分布,某些任务更易自动化,而某些行业可能比其他行业受到的影响更大。例如,根据 Purdy 等(2017)的研究,预计到 2035 年,随着人工智能的应用,制造业、信息通信以及金融服务行业 3 个行业将显示出最高的年增长率,分别为 4.4%、4.8%和 4.3%,但在教育行业则呈现出最低的年增长率,仅为 1%。综上,鉴于人工智能的异质性效应,阐明人工智能对生产效率的影响及其机制也至关重要(Pieri et al.,2018)。

针对这些问题,本章基于 IFR[①] 2006~2016 年中国工业部门应用工业机器人的数据,研究人工智能渗透对生产效率的影响。具体来说,首先,我们根据 Acemoglu 等(2020a)和 Liu 等(2020),使用工业机器人的应用数量来衡量工业的人工智能水平,并选择工业机器人库存数量作为稳健性测试,对劳动效率(labor efficiency,LE)、资本效率(capital efficiency,CE)、能源效率(energy efficiency,EE)和全要素效率(total factor efficiency,TFE)4 个指标进行评价。其次,利用 Tobit 模型考察人工智能对要素效率的影响及其滞后效应,并进一步分析人工智能在我国"十二五"规划期间表现出的不同时期和不同行业的异质性。在此基础上,我们使用两阶段最小二乘(2SLS)模型减少极端值观测的影响,使用 FE 模型和改变 AI 测量来检验经验结果的稳健性。最后,分别引入 CE、LE 和

---

① 根据 IFR,工业机器人被定义为一种自动控制的、可重复编程的(至少具有 3 个可重复编程轴)、多目标的、具有多种用途的操作机

EE作为介质，研究AI对TFE的影响通道。

与我们的研究最相关的是Graetz等（2018）和Ballestar等（2020）的研究，他们估计人工智能提高了发达经济体的劳动生产效率。与此相反，我们着眼于中国工业中人工智能渗透的变化，考察人工智能增强生产要素效率的特点，为人工智能效率提升效应的争论提供重要见解，也为中国以及其他发展中经济体的经济转型提供现实意义。此外，我们采用了不同的实证策略。本章通过应用LE、CE、EE和TFE等多个效率指标，评估人工智能对生产效率的影响，并比较不同发展时期和不同行业的差异。最终，我们通过解决内生性问题减少极端值观测的影响，使用FE模型和改变AI测量，进一步增强了估计的合理性，并通过阐明人工智能对生产效率的影响，厘清了人工智能影响要素生产绩效的复杂机制，有助于丰富和完善现有的研究。

9.2　文献综述与假设

9.2.1　人工智能对劳动效率的影响

人工智能有潜力替代和补充目前几乎所有由劳动力完成的任务（Makridakis，2017）。首先，相比以往的技术，人工智能可以更大规模和快速地复制劳动活动，比人类更快地学习，甚至替代人类实现无法完成的任务（Purdy et al.，2017）。例如，在人工智能领域，不同于人类可能需要几十年才能学到足够多的知识，机器人可以将快速通信和互联网结合，并即时与其他所有机器人分享它学到的东西（Pratt，2015）。因此，人工智能作为一种新的虚拟生产要素，可以在单位时间内开展更多的劳动，提高劳动效率。Brynjolfsson等（2018）推测，如果使用人工智能自动驾驶汽车取代200万名司机，美国的劳动生产效率将提高约1.7%。此外，用在语音识别系统和问答工具的人工智能还可以减少呼叫中心60%~70%的工作量，从而使美国的劳动生产效率提高1%。

其次，人工智能对劳动力的补充使其利用效率更高，提高其自然智能（Purdy et al.，2017）。一方面，人工智能重塑了生产过程，使日常任务自动化，增加了人力资本的回报。企业部署中，劳动力被释放并转向高度创造性和专业化的工作，实现更高的劳动生产效率。例如，通过分析大量的非结构化数据，人工智能帮助医生进行预测诊断（Purdy et al.，2017）。另一方面，由于人工智能带来的常规任务自动化，劳动力需求的性质转向非常规任务（以往由高技能、高素质工人承担）（Acemoglu et al.，2011）。因此，人工智能的应用可能会提高企业员工的技能水平。反过来，这些变化提高了吸收技术的能力，进一步发挥了人工智能的效率效应（Majumdar et al.，2010；Liu et al.，2020）。例如，Makridakis（2017）通过比较4家数字公司和4家传统公司发现，虽然数字公司员工数仅为传统公司的15%，但传统公司的人均收入仅约数字公司的三分之一。这是由于数字公司拥有的都是高技能劳动力，同时在人工智能方面进行了大量投资。因此有以下假设：

假设1. 人工智能的应用对劳动效率有积极的影响。

9.2.2 人工智能对资本效率的影响

在之前的自动化深化过程中,自动化投资对效率的提升效应已经有所显现(Acemoglu et al.,2018)。例如,用柴油拖拉机代替马力收割机提高了农业生产效率(Manuelli et al.,2014),计算机数控取代穿孔卡片提高了数控机床的效率(Groover et al.,1983)。此外,数字投资的回报率高于实物投资(Díaz-Chao et al.,2015)。首先,人工智能引发的自动化导致了劳动力被资本替代。这是因为资本执行某些任务的成本比过去的劳动力更低,从边际上降低了生产过程的价格。进一步,随着"云机器人"自身能力和互联能力的提升,一场机器人革命正在实现:云机器人通过模拟能力来探索机器人未来可能面临的情况,并试验可能的解决方案;利用感知能力提高理解世界和与世界互动的能力。在这种情况下,机器人能够实现一定程度的额外自主,并快速与所有机器人共享经验(Pratt,2015)。

其次,在智能管理系统和决策支持系统中,人工智能的应用能够提高组织和业务流程的效率。在大数据的支持下,人工智能借助智能管理系统,准确预测市场趋势,时刻保持低库存,满足最大市场需求,监控原材料、生产进度、机器等,有效平衡供需。例如,人工智能在汽车行业的渗透可以最大限度地缩短产品和零部件的运输距离,预测汽车零部件可能出现故障的时间并快速修复,降低财务和环境成本(Kusiak,2017)。另一个例子是,Fanuc 智能边缘连接和驱动系统:一个基于先进机器学习的分析平台。它可以捕获和分析来自制造过程的不同部分的数据,显著提高制造产量并节约成本(Purdy et al.,2017)。综合上述论点,我们假设:

假设 2. 人工智能的应用对资本效率有正向影响。

9.2.3 人工智能对能源效率的影响

自工业革命以来,现代生产技术都是耗能的,特别是信息与通信技术(ICT)传播之后,经济对能源的依赖程度越来越高(Røpke et al.,2012)。国际能源机构(International Energy Agency,IEA)估计,从 1990 年到 2008 年,全球住宅 ICT 设备的用电量以每年近 7%的速度增长;到 2030 年,电子设备的用电量将增长 250%,呈现出能源消耗上升的趋势(IEA,2009)。近年来,基于大数据训练的神经网络提高了许多自然语言处理任务的准确性。然而,这些模型的训练和开发也会带来大量的能源消耗和碳排放,几乎是制造和使用汽车的 5 倍(Strubell et al.,2020)。

信息技术与能源系统的结合已发展成为一个新的领域,即能源信息学。虽然人工智能带来的能源消耗是持续不断且不可避免的,但能源信息学提供了相反的证据。通过收集和分析能源数据,人工智能能够参与能源系统的设计和实施,优化能源分配和消费网络,提高能源供需系统的效率(Watson et al.,2010)。最近,机器学习和深度学习在数据分析、清洁技术以及预测模型方面的快速发展,使其在能源系统中呈现出各种成功的应用潜力(Heghedus et al.,2018)。此外,基于谷歌 DeepMind 训练的神经网络集成优化了能源消耗,通过追踪数千个传感器所收集的数据,跟踪温度、电力消耗和数据中心的泵送速度,与人类专家相比,降低了 40%的冷却能耗(Brynjolfsson et al.,2018)。另一个例子是 Grid Edge 公司开发的建筑能源管理系统"Flex2X"。它利用丰富的数据和人工智能算法,实时优化建筑的能源使用,并降低了超过 10%的年度能源成本和 40%的碳排放(IEA,2019a)。此外,人工智能在智能电网、新能源汽车、工业和交通领域的应用也验证了其对能源效率的有益影响(IEA,2019b)。因此,可以作出以下假设:

假设 3. 人工智能的应用对能源效率有积极影响。

9.3 人工智能与要素生产效率关系分析

9.3.1 Tobit 综合分析模型

为了研究人工智能与要素生产效率之间的关系,我们参考已有研究,考虑数据的可得性,建立了 Tobit 综合分析模型,包括 6 个控制变量,即外贸(Francisco et al.,2004;Du et al.,2019)、所有制结构(Zhang et al.,2001)、外国直接投资(FDI)(Dimelis et al.,2010;Tsamadias et al.,2019)、工资(Gregory-Smith,2019;Ozturk et al.,2020)、创新能力(Edquist et al.,2017;Tsamadias et al.,2019)和能源结构(Wang,2007;Du et al.,2019)。

$$\text{productivity}_{it} = \alpha + \beta \text{AI}_{it} + \gamma X_{it} + \varepsilon_{it} \tag{9-1}$$

其中,i、t 分别表示行业、年份;productivity 代表要素生产效率,包括劳动效率(LE)、资本效率(CE)、能源效率(EE)和全要素效率(TFE);AI 表示人工智能应用的水平;X 代表控制变量,即外贸(open)、所有制结构(state)、FDI(FDI)、工资(wage)、创新能力(inno)和能源结构(str);α、β 和 γ 是系数,关键系数是 β,它决定了人工智能对效率是促进还是抑制;ε 是误差项。

由于我们使用 DEA 模型来衡量,要素生产效率是一个在 0 和 100%之间的有界变量,所以用 Tobit 模型来进行基准回归。如果因变量既是连续的又是离散的(例如 DEA 评分)(McDonald,2009;Zhang et al.,2011;Gao et al.,2019),则将 productivity* 定义为潜变量,Tobit 回归分析可以描述如下

$$\text{productivity}_{it}^* = 0, \text{productivity}_{it} \leqslant 0 \tag{9-2}$$

$$\text{productivity}_{it}^* = \text{productivity}_{it}, 0 < \text{productivity}_{it} < 1 \tag{9-3}$$

$$\text{productivity}_{it}^* = 1, \text{productivity}_{it} \geqslant 1 \tag{9-4}$$

9.3.2 评价指标

1. 计算生产效率

现有的效率评价方法很多,各有利弊。Charnes 等(1978)开发的数据包络分析(DEA)已成为衡量供应商相对效率最常用的工具之一(Tavassoli et al.,2019)。DEA 模型的主要优点是不需要对生产函数进行显式的先验确定,效率是相对于观察到的最高性能而不是由某个平均值来衡量的(Odeck,2007)。根据 Zhang 等(2011)和 Tavassoli 等(2019),我们使用 DEA 模型来衡量要素生产效率。DEA 方法的投入导向的规模收益不变(constant returns to scale，CRS）模型描述如下（Cooper et al.，2000）

$$\min \theta_i$$
$$\text{s.t.} \quad \sum_{k=1}^{K} \lambda_k x_{kl} \leqslant \theta_i x_{il} \quad (l=1,2,\cdots,L)$$
$$\sum_{k=1}^{K} \lambda_k y_{kl} \geqslant y_{im} \quad (m=1,2,\cdots,M) \quad (9\text{-}5)$$
$$\lambda_k \geqslant 0 \quad (k=1,2,\cdots,K)$$

其中，θ_i 表示 i 的投入导向效率得分，$0 \leqslant \theta_i \leqslant 1$，$\theta_i = 1$，则 i 是有效的，$\theta_i < 1$，则 i 是无效的；x 表示输入的数量；y 表示输出的数量；λ 为强度权重。为了更全面地研究人工智能对生产效率的影响，我们使用四个被解释变量，分别是 LE、CE、EE 和 TFE。

（1）LE。投入变量用《中国工业统计年鉴》年平均就业人数（人）表示；产出变量为《中国工业统计年鉴》中的销售额（万元）。一般情况下，输出变量是产值或增加值。然而，自 2012 年，《中国工业统计年鉴》并没有提供工业产值或增加值的数据。考虑数据的可用性，根据 Montalbano 等（2019）和 Alam 等（2019），我们选择行业销售价值替代行业产值或增加值来衡量产出。

（2）CE。投入变量用《中国工业统计年鉴》中的固定资本总额（万元）表示；产出变量为销售额（万元）。

（3）EE。投入变量用《中国能源统计年鉴》中的工业能源消耗（吨煤当量）表示；产出变量为销售额（万元）。

（4）TFE。投入变量包括上述指标的 3 个输入变量，即年平均就业人数（人）、固定资本总额（万元）和工业能源消耗（吨煤当量）；产出变量为销售额（万元）。

2. 计算人工智能水平

人工智能包括机器学习、深度学习这些无形的自然语言处理以及工业机器人等有形技术。相比机器学习、深度学习这些无形的自然语言处理的非物质性，工业机器人在时间和空间上更易跟踪（Acemoglu et al.，2020a）。也就是说，工业机器人是完全自主的机器，可以通过编程来执行多种手动任务，而无需人工干预（Acemoglu et al.，2020a）。此外，本章选择中国的工业部门数据，相比其他部门，工业机器人的数量能够更好地反映人工智能应用水平（McElheran，2018）。根据 Graetz 等（2018）、Acemoglu 等（2020a）和 Liu 等（2020，2021），我们用中国工业部门中工业机器人的数量的对数来衡量 AI 水平。

3. 控制变量估计

本章使用外贸（open）、所有制结构（state）、FDI（FDI）、工资（wage）、创新能力（inno）和能源结构（str）作为实证模型的控制变量。①外贸（open）是以出口价值与分部门销售价值的比率来衡量的；②所有制结构（state）以国家销售价值占工业销售总额的比例来衡量；③FDI（FDI）采用外商投资和港澳台资工业企业在销售总额中的比值来衡量；④工资（wage）采用工业职工平均工资的对数；⑤创新能力（inno）是通过授予工业发明专利数量的对数来衡量的；⑥能源结构（str）是指工业煤炭消费占能源消费总量的比例。以上数据均来源于《中国工业统计年鉴》。

9.3.3 数据管理

考虑数据的可用性，我们选择中国 2006~2016 年的 16 个工业部门作为样本区间。描述性统计、变量的相关矩阵、单位根检验结果汇总在表 9-1。方差膨胀因子（VIFs）均小于经验标准 10，说明本章使用的这些回归变量不存在显著的多重共线性关系。ADF、PP 和 LLC 的结果表明，所有变量在 10% 及以上的显著性水平上是平稳的，可以进一步用于实证分析。

表 9-1 描述性统计、变量相关矩阵和单位根检验

	均值	标准差	最小值	最大值	VIFs	ADF	PP	LLC
LE	0.627	0.280	0.172	1.000	—	100.4200***	79.3723***	−1.7541**
CE	0.657	0.241	0.112	1.000	—	159.9074***	44.4969*	−4.0702***
EE	0.386	0.328	0.039	1.000	—	159.9074***	64.9244***	−15.3978***
TFE	0.786	0.247	0.248	1.000	—	83.3398***	52.9102**	−2.7610***
ln AI	4.236	3.027	0.000	10.308	1.88	297.7442***	54.4656***	−5.4710***
open	0.122	0.116	0.002	0.522	2.98	241.1632***	90.8205***	−10.0135***
state	0.154	0.163	0.009	0.683	2.65	75.2102***	50.4790**	−13.5535***
FDI	0.256	0.140	0.009	0.764	4.48	165.8342***	67.1894***	−1.8723**
ln wage	10.918	0.577	9.503	12.193	1.83	100.8676***	48.3531**	−6.3674***
ln inno	11.802	1.837	6.626	15.919	1.67	233.0312***	261.2463***	−2.2747**
str	0.670	0.207	0.239	0.961	2.00	158.7599***	148.5780***	−17.6847***

注：***，** 和 * 表示在 1%，5% 和 10% 水平上表示显著性；ADF，PP 和 LLC 分别为 Augmented Dickey-Fuller, Phillips-Perron 和 Levin Lin-Chu 平稳性测试面板

9.4 人工智能与要素生产效率的实证结果

9.4.1 基准估计结果

Tobit 模型的基准测试结果见表 9-2 的第（1）~（4）列。第（1）~（4）列分别给出了 AI 对 LE、CE、EE 和 TFE 的影响结果，其中包括控制变量、行业和年度固定效应[①]。在第（1）列中，我们估计 AI 和 LE 之间存在很强的正相关关系，其系数为 0.0288（标

---

① 工业机器人的质量及其复杂程度是影响生产效率的重要因素，由于缺乏关于工业机器人质量和复杂程度的数据，我们控制工业固定效应消除工业机器人之间的差异

表 9-2 人工智能对要素生产效率的影响及其滞后效应

	（1）LE	（2）CE	（3）EE	（4）TFE	（5）LE	（6）CE	（7）EE	（8）TFE
ln AI	0.0288***	0.0097**	0.0098*	0.0151***				
	(0.0071)	(0.0041)	(0.0055)	(0.0042)				
lag_ln AI					0.0294***	0.0058	0.0111**	0.0150***
					(0.0072)	(0.0040)	(0.0054)	(0.0040)
open	0.6409**	0.3904**	−0.6139**	0.8172***	0.7409**	0.3855*	−0.8549***	0.8069***
	(0.3245)	(0.1785)	(0.2760)	(0.2072)	(0.3686)	(0.2053)	(0.3199)	(0.2232)
state	0.2032	−0.4700***	0.4023**	−0.4922***	0.2666	−0.4073***	0.4872**	−0.4145***
	(0.2102)	(0.1333)	(0.1890)	(0.1362)	(0.2212)	(0.1568)	(0.1978)	(0.1329)
FDI	−0.2844	−0.1181	0.1999	−0.0808	−0.4116**	−0.1560	0.1226	−0.1362
	(0.2044)	(0.1173)	(0.1622)	(0.1233)	(0.2046)	(0.1145)	(0.1587)	(0.1145)
ln wage	0.2079***	0.0723**	0.1367***	0.1619***	0.1743***	0.0638*	0.0945*	0.1287***
	(0.0563)	(0.0336)	(0.0467)	(0.0348)	(0.0593)	(0.0362)	(0.0488)	(0.0339)
ln inno	−0.0549***	−0.0347***	−0.0800***	−0.0201*	−0.0515***	−0.0278***	−0.0746***	−0.0160
	(0.0175)	(0.0089)	(0.0165)	(0.0117)	(0.0180)	(0.0099)	(0.0172)	(0.0115)
str	−0.1161	−0.2943***	−0.3865***	−0.0969	−0.0604	−0.3453***	−0.3528***	−0.0815
	(0.1385)	(0.0802)	(0.1165)	(0.0875)	(0.1607)	(0.0944)	(0.1364)	(0.0962)
行业固定效应	YES	YES	YES	YES	YES	YES	YES	YES
年度固定效应	YES	YES	YES	YES	YES	YES	YES	YES
常数项	−1.2371**	0.3655	−0.3308	−0.8314**	−0.9327	0.4622	0.1085	−0.5042
	(0.6108)	(0.3464)	(0.5156)	(0.3796)	(0.6574)	(0.3688)	(0.5491)	(0.3782)
sigma_u	0.2156***	0.1063***	0.3467***	0.1918***	0.2204***	0.1121***	0.3802***	0.1875***
	(0.0418)	(0.0271)	(0.0672)	(0.0350)	(0.0433)	(0.0339)	(0.0744)	(0.0340)
sigma_e	0.0985***	0.0565***	0.0728***	0.0573***	0.0967***	0.0533***	0.0702***	0.0523***
	(0.0055)	(0.0033)	(0.0041)	(0.0032)	(0.0058)	(0.0034)	(0.0042)	(0.0031)
rho	0.8274	0.7797	0.9578	0.9180	0.9397	0.8155	0.9670	0.9278
Prob > chi2	0.000	0.000	0.000	0.000	0.000	0.000	0.000	0.000
Prob > = chibar2	0.000	0.000	0.000	0.000	0.000	0.000	0.000	0.000
样本数	176	176	176	176	160	160	160	160

注：估计系数对应的标准误差如括号中所示；***、**和*分别在1%，5%和10%水平上显著

准误差=0.0071），与 Graetz 等（2018）中的系数一致。结果与假设 1 一致，制造过程正在变得越来越自动化，工人正在被更智能的工业机器人取代和补充，这些机器人能够更快、更高效地执行以前由人类执行的任务（Dauth et al.，2017）。第（2）列表明，AI 对 CE 的积极影响具有统计学意义，系数为 0.0097（标准误差=0.0041）。Díaz-Chao 等（2015）认为，数字化投资的回报率高于实物投资的回报率，因为数字化投资应用与传统的人力资本改善和组织结构变化有异曲同工之妙，结果与本章一致，假设 2 被接受。第（3）列表明，ln AI 的系数为正，显著表明人工智能的采用提高了能源生产效率。最近的一项研

究指出了人工智能对生态效率的积极影响,人工智能能够通过深化可再生能源和能源效率的整合来支持低碳能源系统,从而抑制能源需求(Liu et al., 2021),这在一定程度上验证了我们的结果和假设3。同样,第(4)列也证实了AI与TFE之间的正相关关系,系数为0.0151(标准误差=0.0042),结果与相关研究一致(Graetz et al., 2018;Ballestar et al., 2020)。

值得注意的是,我们的结论与Brynjolfsson等(2018)关于"生产力悖论"的研究并不矛盾。Brynjolfsson等(2018)认为造成这一悖论的最主要原因是"执行滞后"。人工智能及其对要素生产效率的潜在影响之间的延迟导致人工智能需要时间去建立技术积累从而生成聚合优势。此外,需要追加投资从而获得全部优势,这同样需要时间(Brynjolfsson et al., 2018)。一方面,2016年,在劳动力成本和政府政策两大因素的影响下,中国工业机器人的可使用库存以年均38%的速度增长(Cheng et al., 2019)。另一方面,中国在人工智能领域有着雄厚基础,尤其是人脸与语音识别、视觉识别和中文信息处理方面(Wu et al., 2020)。最近,中国进一步制定了国家顶层规划《中国新一代人工智能发展规划》,推进人工智能理论、技术和应用整体上达到世界领先水平(Fatima et al., 2020)。新一代人工智能的加速发展推动了人工智能基础设施和成熟度的长期进步,这可能与人工智能对要素效率的影响有关。因此,人工智能在中国对要素生产效率有积极影响(或部分影响)。

进一步,为了检验人工智能对要素生产效率的滞后效应,我们引入人工智能的滞后项目(lag_ln AI)作为解释变量,以扩展我们的实证模型。表9-2的第(5)~(8)列给出了4个效率指标的正系数,表明AI对LE、CE、EE和TFE有正滞后影响,尽管CE并不显著。

9.4.2 异质性分析

1. 不同时期的异质性效应

为了验证人工智能在不同时期对效率增长的异质性效应,我们根据中国的五年规划,将样本区分为2006~2010年和2011~2016年两个阶段,并进一步引入虚拟变量plan(若year ≤ 2010,则plan = 0;若year > 2010,则plan = 1)和交互变量ln AI * plan。在表9-3的第(1)~(4)列中,我们对两个发展时期的模型进行了估计,以评估随着时间的推移,人工智能对生产效率的不同影响。我们发现人工智能渗透率与LE、CE、EE和TFE成正相关,与表9-2中的基准结果一致。ln AI * plan 的系数分别为0.0186和0.0100,且至少在第(1)和第(3)列的5%水平上显著,说明与2006~2010年相比,2011~2016年AI对LE和EE的影响更为稳健。结果与Pieri等(2018)一致,验证了随着发展阶段的推移,人工智能对效率增长的影响效应也随之提高。我们的发现可能有两个原因:一方面,人工智能能力在过去几十年经历了深刻的发展(Graetz et al., 2018)。例如,工业机器人在减少碳排放方面的能力已经得到显著提高(Liu et al., 2021)。另一方面,正如上面提到的,人工智能对效率提高影响的增加归功于在中国的输入积累,因为中国在人工智能领域有坚实的基础(Wu et al., 2020),并且还在不断加强研发和应用(Fatima et al., 2020)。

表 9-3　人工智能对要素生产效率的异质性影响

	（1）LE	（2）CE	（3）EE	（4）TFE	（5）LE	（6）CE	（7）EE	（8）TFE
ln AI	0.0202***	0.0088**	0.0052	0.0158***	0.0224***	0.0088**	0.0117**	0.0112**
	(0.0074)	(0.0044)	(0.0058)	(0.0045)	(0.0073)	(0.0043)	(0.0057)	(0.0043)
ln AI * plan	0.0186***	0.0019	0.0100**	−0.0015				
	(0.0059)	(0.0035)	(0.0045)	(0.0036)				
ln AI * high-tech					0.0243***	0.0035	−0.0078	0.0154***
					(0.0089)	(0.0052)	(0.0070)	(0.0053)
open	0.6379**	0.3886**	−0.6195**	0.8181***	0.5001	0.3748**	−0.5912**	0.7602***
	(0.3186)	(0.1786)	(0.2723)	(0.2070)	(0.3215)	(0.1780)	(0.2761)	(0.2045)
state	0.1719	−0.4712***	0.3684**	−0.4876***	0.1556	−0.4855***	0.4031**	−0.4969***
	(0.2064)	(0.1323)	(0.1863)	(0.1365)	(0.2058)	(0.1365)	(0.1875)	(0.1328)
FDI	−0.2052	−0.1103	0.2494	−0.0883	−0.2999	−0.1180	0.2110	−0.1024
	(0.2006)	(0.1179)	(0.1614)	(0.1244)	(0.2005)	(0.1173)	(0.1616)	(0.1207)
ln wage	0.2111***	0.0725**	0.1405***	0.1613***	0.1698***	0.0680**	0.1495***	0.1356***
	(0.0549)	(0.0335)	(0.0460)	(0.0348)	(0.0566)	(0.0341)	(0.0479)	(0.0352)
ln inno	−0.0610***	−0.0351***	−0.0842***	−0.0195*	−0.0573***	−0.0355***	−0.0787***	−0.0226**
	(0.0178)	(0.0090)	(0.0164)	(0.0118)	(0.0167)	(0.0089)	(0.0165)	(0.0115)
str	−0.0273	−0.2850***	−0.3306***	−0.1053	−0.1169	−0.2975***	−0.3734***	−0.1160
	(0.1384)	(0.0823)	(0.1176)	(0.0895)	(0.1364)	(0.0793)	(0.1167)	(0.0856)
行业固定效应	YES	YES	YES	YES	YES	YES	YES	YES
年度固定效应	YES	YES	YES	YES	YES	YES	YES	YES
常数项	−1.2955**	0.3594	−0.3816	−0.8229**	−0.7993	0.4214	−0.4847	−0.5184
	(0.5975)	(0.3460)	(0.5090)	(0.3799)	(0.6164)	(0.3547)	(0.5319)	(0.3865)
sigma_u	0.2181***	0.1066***	0.3451***	0.1915***	0.1987***	0.1032***	0.3500***	0.1878***
	(0.0429)	(0.0270)	(0.0666)	(0.0350)	(0.0396)	(0.0270)	(0.0676)	(0.0344)
sigma_e	0.0955***	0.0564***	0.0717***	0.0573***	0.0971***	0.0566***	0.0724***	0.0560***
	(0.0054)	(0.0033)	(0.0040)	(0.0032)	(0.0055)	(0.0033)	(0.0041)	(0.0031)
rho	0.8390	0.7811	0.9586	0.9179	0.8074	0.7698	0.9589	0.9184
Prob > chi2	0.000	0.000	0.000	0.000	0.000	0.000	0.000	0.000
Prob >= chibar2	0.000	0.000	0.000	0.000	0.000	0.000	0.000	0.000
样本数	176	176	176	176	176	176	176	176

注：估计系数对应的标准误差如括号中所示；***，**和*表示在1%，5%和10%水平上显著

2. 不同行业的异质性效应

我们进一步研究了不同行业的人工智能效率提升效果是否存在差异。我们将样本区

分为高技术产业和中低技术产业，并引入哑变量 high-tech（如果行业属于高技术产业，则 high-tech=1[①]；如果不是，则 high-tech=0）和交互项 ln AI 与虚拟变量 ln AI*high-tech。表 9-3 中的第（5）～（8）列显示了结果，高技术产业和中低技术产业都受益于人工智能渗透率的增加，在高技术产业中效应更明显。研究结果与 Acemoglu 等（2020a）的研究一致，即人工智能对各行业效率的提高具有普遍的积极影响，而且这些影响在高技术产业更为显著。这一结果也与 Sterlacchini 等（2014）一致，他们认为从事高科技生产的企业能够从研发活动的投资中获得更大的收益。

9.4.3 内生性检验

上面的结果指出了人工智能和要素效率提高之间的强正相关关系。但是，未观察到的效率冲击可能会影响人工智能的应用。如果有可信的证据表明人工智能的应用对效率增长有积极影响，那么受到正面冲击的行业可能会加大对人工智能的投资。为了解决这种内生性问题，我们引入工具变量（IV）进行规范。参考 Acemoglu 等（2020a），我们采用了美国相应工业子部门工业机器人使用数量的对数（ln US_AI）作为工具[②]。表 9-4 给出了 2SLS 模型的回归结果并进行了 Anderson 典型相关 LM 统计分析、弱识别检验和 Anderson-Rubin Wald 检验，结果均表明本章所采用的工具是合适的。

表 9-4　人工智能对要素生产效率变化的估计

	第 1 步	第 2 步			
	(1)	(2)	(3)	(4)	(5)
	ln AI	LE	CE	EE	TFE
ln AI		0.0276**	0.0178**	0.0438***	0.0242**
		(0.0132)	(0.0070)	(0.0167)	(0.0115)
ln US_AI	0.4896***				
	(0.0565)				
open	−4.6569**	0.3334	0.3044**	0.0109	−0.2038
	(1.9357)	(0.2608)	(0.1226)	(0.2910)	(0.1994)
state	−4.2362***	0.0754	−0.6604***	0.3781**	−0.7903***
	(1.4884)	(0.1828)	(0.0787)	(0.1867)	(0.1401)
FDI	6.1669***	0.1750	0.0790	1.3914***	−0.2582
	(1.9760)	(0.2596)	(0.1208)	(0.2866)	(0.2102)
ln wage	0.0910	0.1987***	0.1068***	0.2462***	0.2165***
	(0.3491)	(0.0434)	(0.0206)	(0.0490)	(0.0347)

---

① 中国国家统计局（2018）将高技术产业定义为一组以高技术为基础，进行密集研发活动的企业。中国的高新技术产业包括：药品的制造；航空器、航天器及其有关设备的制造；电子设备和通信设备的制造；计算机和办公设备的制造；医疗设备和测量仪器的制造；电子化学品的制造；我们相应地将它们分类为制药和化妆品、运输设备、电气/电子部门和其他化学产品

② 相关数据由 IFR 提供

续表

	第 1 步	第 2 步			
	（1）	（2）	（3）	（4）	（5）
ln inno	−0.0952	−0.0643***	−0.0424***	−0.0471***	−0.0550***
	(0.0822)	(0.0102)	(0.0040)	(0.0095)	(0.0079)
str	−6.4906***	−0.3605**	−0.4232***	−0.1665	−0.4562***
	(0.9199)	(0.1667)	(0.0747)	(0.1773)	(0.1265)
常数项	−2.3201	−1.7851***	0.0809	−2.4164***	−0.8892**
	(3.5393)	(0.4193)	(0.1956)	(0.4640)	(0.3469)
Anderson canon 典型相关 LM 统计分析	44.771***				
弱识别检验	57.317***				
Anderson-Rubin Wald 检验	3.88*				
F		10.9380	107.6812	21.4867	9.5531
调整 R^2		0.3226	0.8056	0.4115	0.4751
样本数	176	176	176	176	176

注：估计系数对应的标准误差如括号中所示；***、**和*分别表示在 1%，5%和 10%水平上显著

在表 9-4 的第（1）列中，我们首先给出了第一步回归的结果，ln US_AI 和 ln AI 之间存在很强的正相关关系，系数为 0.4896（标准误差= 0.0565）。这意味着美国人工智能渗透对中国人工智能的影响重大。表 9-4 中的第（2）～（5）列分别为以 LE、CE、EE、TFE 为解释变量的第二步回归结果。结果表明，人工智能在克服内生性后，对 LE、CE、EE 和 TFE 也具有积极和强烈的冲击作用，与基准结果一致。

9.4.4 其他稳健性检验

为加强解释的可信度，我们进一步减少带有极值［依赖 Winsorize 处理数据（5% / 95%阈值］的观察结果的影响，分别使用有限元模型重新评估经验模型，使用智能工业机器人库存来衡量人工智能的水平（Acemoglu et al.，2020a）①，这些估计值载于表 9-5②。当我们减少数据、回归模型和度量方法的影响时，人工智能对生产效率的弹性保持相似，证实了我们之前的推论，即人工智能渗透促进了要素效率的提高。

---

① 工业机器人库存数据来源于 IFR
② 完整的估算结果分别见附录中的表 1、表 2 和表 3

表 9-5　对其他回归结果进行稳健性检验

	(1)	(2)	(3)	(4)
	LE	CE	EE	TFE
	减少带有极值的观察结果的影响			
ln AI	0.0289***	0.0096**	0.0098*	0.0151***
	(0.0071)	(0.0041)	(0.0055)	(0.0042)
	FE 模型			
ln AI	0.0254***	0.0044	0.0089*	0.0130***
	(0.0073)	(0.0043)	(0.0053)	(0.0043)
	改变人工智能度量			
ln AI_stock	0.0247***	0.0075	0.0142**	0.0207***
	(0.0082)	(0.0047)	(0.0062)	(0.0047)
行业固定效应	YES	YES	YES	YES
年底固定效应	YES	YES	YES	YES
样本数	176	176	176	176

注：估计系数对应的标准误差如括号中所示；***、**和*分别表示在1%，5%和10%水平上显著。

9.5　进一步分析

到目前为止，我们研究结果建立了人工智能和要素效率改善（包括 LE、CE、EE 和 TFE）之间的强正相关关系。正如在 9.2 节中讨论的，人工智能的效率效应有 3 个主要的途径，即通过提高劳动、资本和能源的生产效率。然而，主要的传播途径是什么？每个途径的比例是多少？为了解决这些问题，我们采用逐步回归方法和引导程序方法，并分别使用 LE、CE 和 EE 作为中介变量，测试传播途径和各途径的比例。

表 9-6 的第（1）～（3）列给出了使用 LE 作为中介变量的逐步回归和引导程序方法的结果。第（1）列的回归表明，AI 对 TFE 的积极影响具有统计学意义，系数为 0.0151（标准误差= 0.0042）。第（2）和（3）列表明，AI 对 TFE 的影响的直接部分为 0.0054 [第（3）的 AI 系数]，而通过 LE 产生影响的间接部分是 0.0101 [第（2）列的 ln AI 系数乘以第（3）列的 LE 系数]。因此，在 LE 对 TFE 的总效应中，中介效应所占的比例约为 66.68%。此外，1000 次重复采样的引导程序方法也证实了 LE 具有明显的中介效应。以同样的方式，使用逐步回归和引导方法，我们确定了 CE 途径 [第（1）、（4）和（5）列] 和 EE 途径[第（1）、（6）和（7）列]，CE 和 EE 的中介效应的比例在总效应中分别占 30.37%和 11.86%。

结果表明，TFE 的增长主要来自人工智能带来的 LE 增长，约占 TFE 的 66.68%；人工智能带来的 CE 收益占 TFE 的 30.37%，也较为可观；人工智能的能源效率提高只占 TFE 改善的相对较小的份额，为 11.86%。这个研究结果与目前发展人工智能的趋势相一致，即进一步的自动化将更多地接管以前由劳动力完成的任务（Acemoglu et al.，2020b）。

表 9-6 AI 影响生产效率的机制检验

	使用 LE 为中介变量			使用 CE 为中介变量		使用 EE 为中介变量	
	（1）	（2）	（3）	（4）	（5）	（6）	（7）
	TFE	LE	TFE	CE	TFE	EE	TFE
ln AI	0.0151***	0.0288***	0.0054	0.0097**	0.0114***	0.0098*	0.0132***
	(0.0042)	(0.0071)	(0.0036)	(0.0041)	(0.0038)	(0.0055)	(0.0041)
LE			0.3496***				
			(0.0368)				
CE					0.4728***		
					(0.0709)		
EE							0.1828***
							(0.0568)
open	0.8172***	0.6409**	0.5532***	0.3904**	0.6949***	−0.6139**	0.9388***
	(0.2072)	(0.3245)	(0.1693)	(0.1785)	(0.1902)	(0.2760)	(0.2071)
state	−0.4922***	0.2032	−0.5703***	−0.4700***	−0.3535***	0.4023**	−0.5588***
	(0.1362)	(0.2102)	(0.1112)	(0.1333)	(0.1276)	(0.1890)	(0.1371)
FDI	−0.0808	−0.2844	0.0340	−0.1181	0.0031	0.1999	−0.1226
	(0.1233)	(0.2044)	(0.1012)	(0.1173)	(0.1110)	(0.1622)	(0.1204)
ln wage	0.1619***	0.2079***	0.0938***	0.0723**	0.1437***	0.1367***	0.1362***
	(0.0348)	(0.0563)	(0.0297)	(0.0336)	(0.0318)	(0.0467)	(0.0350)
ln inno	−0.0201*	−0.0549***	0.0031	−0.0347***	−0.0061	−0.0800***	−0.0055
	(0.0117)	(0.0175)	(0.0100)	(0.0089)	(0.0110)	(0.0165)	(0.0126)
str	−0.0969	−0.1161	−0.0419	−0.2943***	0.0171	−0.3865***	−0.0241
	(0.0875)	(0.1385)	(0.0720)	(0.0802)	(0.0805)	(0.1165)	(0.0886)
行业固定效应	YES	YES	YES	YES	YES	YES	YES
年度固定效应	YES	YES	YES	YES	YES	YES	YES
常数项	−0.8314**	−1.2371**	−0.4789	0.3655	−1.1420***	−0.3308	−0.7652**
	(0.3796)	(0.6108)	(0.3209)	(0.3464)	(0.3484)	(0.5156)	(0.3754)
Bootstrap 中介效应检验		0.0194***		0.0225***		0.0130***	
sigma_u	0.1918***	0.2156***	0.1534***	0.1063***	0.1909***	0.3467***	0.2065***
	(0.0350)	(0.0418)	(0.0299)	(0.0271)	(0.0367)	(0.0672)	(0.0395)
sigma_e	0.0573***	0.0985***	0.0466***	0.0565***	0.0507***	0.0728***	0.0551***
	(0.0032)	(0.0055)	(0.0026)	(0.0033)	(0.0029)	(0.0041)	(0.0031)
rho	0.9180	0.8274	0.9155	0.7797	0.9341	0.9578	0.9335
Prob > chi2	0.000	0.000	0.000	0.000	0.000	0.000	0.000
Prob >= chibar2	0.000	0.000	0.000	0.000	0.000	0.000	0.000
样本数	176	176	176	176	176	176	176

注：估计系数对应的标准误差如括号中所示；***，**和*分别表示 1%，5%和 10%水平上显著

9.6 人工智能与要素生产效率的研究结论

在本章中,我们考察了人工智能对劳动、资本和能源要素效率的改善效果。尽管 Graetz 等（2018）和 Ballestar 等（2020）的研究与我们的研究相关性很大,但我们的独特贡献如下:一方面,我们研究了人工智能在中国的要素增强特性,首次提供证据证明了人工智能与要素生产效率之间的关系;另一方面,我们采用不同的实证策略,评估人工智能对 CE、LE、EE 和 TFE 等多个效率指标的影响,分析它们在不同发展时期和不同行业的异质性效应。

关于人工智能在我国要素效率提升中发挥的作用,本章也提供了有价值的见解。首先,人工智能的渗透增加了劳动、资本和能源效率,从而有助于全要素生产率的增长,具有同期和滞后的影响。人工智能的劳动效率增益是主要贡献,而能源效率增益贡献较小。因此,应该推动人工智能战略、政策和补贴,鼓励人工智能渗透作为中国产业转型的一种方式。同时,人工智能驱动的劳动效率收益的替代效应导致的失业问题也值得关注。此外,对于中国这样的能源消耗大国,人工智能的能源效率增长效益也不容忽视。

然后,人工智能的要素效率提升效应具有阶段特异性和行业异质性。通过研究,我们发现人工智能对各个发展阶段和各个行业的效率增益具有普遍的正向影响,且人工智能的效率增长效果随着时间的推移而增强,并在高科技产业中更为明显。因此,我们建议,应根据不同发展时期和不同行业的优势和特点,制定针对性的适应性和差异化的政策,提高政策的实用性。

参 考 文 献

Acemoglu D, Autor D. 2011. Skills, tasks and technologies: Implications for employment and earnings[J]. Handbook of Labor Economics, 4(B): 1043-1171.

Acemoglu D, Restrepo P. 2018. The race between man and machine: Implications of technology for growth, factor shares, and employment[J]. American Economic Review, 108(6): 1488-1542.

Acemoglu D, Restrepo P. 2020a. Robots and jobs: Evidence from US labor markets[J]. Journal of Political Economy, 128(6): 2188-2244.

Acemoglu D, Restrepo P. 2020b. The wrong kind of AI? Artificial intelligence and the future of labour demand[J]. Cambridge Journal of Regions, Economy and Society, 13(1): 25-35.

Aghion P, Jones B, Jones C. 2017. Artificial Intelligence and Economic Growth[R]. Cambridge: National Bureau of Economic Research.

Alam M S, Atif M, Chien-Chi C, et al. 2019. Does corporate R&D investment affect firm environmental performance? Evidence from G-6 Countries[J]. Energy Economics, 78: 401-411.

Ballestar M T, Díaz-Chao Á, Sainz J, et al. 2020. Knowledge, robots and productivity in SMEs: Explaining the second digital wave[J]. Journal of Business Research, 108: 119-131.

Barbieri L, Mussida C, Piva M, et al. 2019. Testing the employment impact of automation, robots and AI: A survey and some methodological issues[J]. IZA Discussion Paper, No. 12612.

Brynjolfsson E, Rock D, Syverson C. 2018. Artificial Intelligence and the Modern Productivity Paradox: A Clash of Expectations and Statistics[M]//The Economics of Artificial Intelligence: An Agenda. Chicago: University of Chicago Press: 23-57.

Callens I, Tyteca D. 1999. Towards indicators of sustainable development for firms: A productive efficiency perspective[J]. Ecological Economics, 28(1): 41-53.

Charnes A, Cooper W W, Rhodes E. 1978. Measuring the efficiency of decision making units[J]. European Journal of Operational Research, 2(6): 429-444.

Cheng H, Jia R, Li D, et al. 2019. The rise of robots in China[J]. Journal of Economic Perspectives, 33(2): 71-88.

Cockburn I M, Henderson R, Stern S. 2018. The Impact of Artificial Intelligence on Innovation[R]. Cambridge: National Bureau of Economic Research.

Cooper W W, Seiford L M, Tone K. 2000. Data envelopment analysis[J]. Handbook on Data Envelopment Analysis: 1-40.

Cowen T. 2016. Is Innovation Over? The Case Against Pessimism[R]. Washington D. C. : Council on Foreign Relations, Foreign Affairs.

Dauth W, Findeisen S, Sudekum J, et al. 2017. German robots-The impact of industrial robots on workers[J]. CEPR Discussion Paper, No. DP12306.

Díaz-Chao Á, Sainz-González J, Torrent-Sellens J. 2015. ICT, innovation, and firm productivity: New evidence from small local firms[J]. Journal of Business Research, 68(7): 1439-1444.

Dimelis S P, Papaioannou S K. 2010. FDI and ICT effects on productivity growth: A comparative analysis of developing and developed countries[J]. The European Journal of Development Research, 22(1): 79-96.

Du K, Li J. 2019. Towards a green world: How do green technology innovations affect total-factor carbon productivity[J]. Energy Policy, 131: 240-250.

Edquist H, Henrekson M. 2017. Do R&D and ICT affect total factor productivity growth differently?[J]. Telecommunications Policy, 41(2): 106-119.

Fatima S, Desouza K C, Dawson G S. 2020. National strategic artificial intelligence plans: A multi-dimensional analysis[J]. Economic Analysis and Policy, 67: 178-194.

Francisco A, Antonio C. 2004. Trade and productivity[J]. The Quarterly Journal of Economics, 119(2): 613-646.

Gao Y, Zhang M. 2019. The measure of technical efficiency of China's provinces with carbon emission factor and the analysis of the influence of structural variables[J]. Structural Change and Economic Dynamics, 49: 120-129.

Gordon R J. 2018. Why has Economic Growth Slowed when Innovation Appears to be Accelerating?[R]. Cambridge: National Bureau of Economic Research.

Graetz G, Michaels G. 2018. Robots at work[J]. Review of Economics and Statistics, 100(5): 753-768.

Grant D, Jorgenson A K, Longhofer W. 2016. How organizational and global factors condition the effects of energy efficiency on CO_2 emission rebounds among the world's power plants[J]. Energy Policy, 94: 89-93.

Gregory-Smith I. 2019. Wages and labor productivity: Evidence from injuries in the National Football League[J]. Economic Inquiry, 59(2): 829-847.

Groover M, Zimmers E. 1983. CAD/CAM: Computer-aided Design and Manufacturing[M]. New Jersey: Pearson Education.

Heghedus C, Chakravorty A, Rong C. 2018. Energy informatics applicability: machine learning and deep learning[C]. 2018 IEEE International Conference on Big Data, Cloud Computing, Data Science &

Engineering (BCD). IEEE, 97-101.

IEA. 2009. Gadgets and Gigawatts, Policies for Energy Efficient Electronics[R]. Paris: International Energy Agency.

IEA. 2019a. Case Study: Artificial Intelligence for Building Energy Management Systems[R]. Paris: International Energy Agency.

IEA. 2019b. Energy Efficiency and Digitalization[R]. Paris: International Energy Agency.

Kusiak A. 2017. Smart manufacturing must embrace big data[J]. Nature, 544(7648): 23-25.

Lin B, Zhou Y. 2021. Does the internet development affect energy and carbon emission performance?[J]. Sustainable Production and Consumption, 28: 1-10.

Liu J, Chang H, Forrest J Y L, et al. 2020. Influence of artificial intelligence on technological innovation: Evidence from the panel data of china's manufacturing sectors[J]. Technological Forecasting and Social Change, 158: 120142.

Liu J, Liu L, Qian Y, et al. 2021. The effect of artificial intelligence on carbon intensity: Evidence from China's industrial sector[J]. Socio-Economic Planning Sciences, 101002.

Majumdar S K, Carare O, Chang H. 2010. Broadband adoption and firm productivity: Evaluating the benefits of general purpose technology[J]. Industrial and Corporate Change, 19(3): 641-674.

Makridakis S. 2017. The forthcoming Artificial Intelligence (AI) revolution: Its impact on society and firms[J]. Futures, 90: 46-60.

Manuelli R E, Seshadri A. 2014. Frictionless technology diffusion: The case of tractors[J]. American Economic Review, 104(4): 1368-1391.

McDonald J. 2009. Using least squares and Tobit in second stage DEA efficiency analyses[J]. European Journal of Operational Research, 197(2): 792-798.

McElheran K. 2018. Economic measurement of AI[R]. Cambridge: Cambridge: National Bureau of Economic Research.

Mokyr J. 2018. The past and the future of innovation: Some lessons from economic history[J]. Explorations in Economic History, 69(7): 13-26.

Montalbano P, Nenci S. 2019. Energy efficiency, productivity and exporting: Firm-level evidence in Latin America[J]. Energy Economics, 79: 97-110.

Odeck J. 2007. Measuring technical efficiency and productivity growth: A comparison of SFA and DEA on Norwegian grain production data[J]. Applied Economics, 39(20): 2617-2630.

Omer A M. 2008. Energy, environment and sustainable development[J]. Renewable and Sustainable Energy Reviews, 12(9): 2265-2300.

Ozturk M, Durdyev S, Aras O N, et al. 2020. How effective are labor wages on labor productivity: An empirical investigation on the construction industry of New Zealand[J]. Technological and Economic Development of Economy, 26(1): 258-270.

Pieri F, Vecchi M, Venturini F. 2018. Modelling the joint impact of R&D and ICT on productivity: A frontier analysis approach[J]. Research Policy, 47(9): 1842-1852.

Pratt G A. 2015. Is a Cambrian explosion coining for robotics?[J]. The Journal of Economic Perspectives, 29(3): 51-60.

Purdy M, Daugherty P. 2017. How AI Boosts Industry Profits and Innovation[R]. Accenture.

Relich M. 2017. The impact of ICT on labor productivity in the EU[J]. Information Technology for Development, 23(4): 1-17.

Røpke I, Christensen T H. 2012. Energy impacts of ICT–Insights from an everyday life perspective[J]. Telematics and Informatics, 29(4): 348-361.

Sterlacchini A, Venturini F. 2014. R&D and productivity in high-tech manufacturing: A comparison between Italy and Spain[J]. Industry and Innovation, 21(5): 359-379.

Strubell E, Ganesh A, McCallum A. 2020. Energy and policy considerations for deep learning in NLP[C]. Florence: Proceedings of the 57th Annual Meeting of the Association for Computational Linguistics: 3645-3650.

Tavassoli M, Saen R F. 2019. Predicting group membership of sustainable suppliers via data envelopment analysis and discriminant analysis[J]. Sustainable Production and Consumption, 18: 41-52.

Teulings C, Baldwin R. 2014. Secular Stagnation: Facts, Causes and Cures[M]. London: CEPR Press.

Tsamadias C, Pegkas P, Mamatzakis E, et al. 2019. Does R&D, human capital and FDI matter for TFP in OECD countries? [J]. Economics of Innovation and New Technology, 28(4): 386-406.

Vinuesa R, Azizpour H, Leite I, et al. 2020. The role of artificial intelligence in achieving the Sustainable Development Goals[J]. Nature Communications, 11(1): 233.

Wang C. 2007. Decomposing energy productivity change: A distance function approach[J]. Energy, 32(8): 1326-1333.

Watson R T, Boudreau M C, Chen A J. 2010. Information systems and environmentally sustainable development: Energy informatics and new directions for the IS community[J]. MIS Quarterly, 23-38.

Wu F, Lu C, Zhu M, et al. 2020. Towards a new generation of artificial intelligence in China[J]. Nature Machine Intelligence, 2(6): 312-316.

Zhang A, Zhang Y, Zhao R. 2001. Impact of ownership and competition on the productivity of Chinese enterprises[J]. Journal of Comparative Economics, 29(2): 327-346.

Zhang X P, Cheng X M, Yuan J H, et al. 2011. Total-factor energy efficiency in developing countries[J]. Energy Policy, 39(2): 644-650.

附　录

表1　去除极值后人工智能对生产效率的影响

	(1) LE	(2) CE	(3) EE	(4) TFE
ln AI	0.0289***	0.0096**	0.0098*	0.0151***
	(0.0071)	(0.0041)	(0.0055)	(0.0042)
open	0.6370**	0.3909**	−0.6126**	0.8159***
	(0.3243)	(0.1787)	(0.2761)	(0.2072)
state	0.2021	−0.4672***	0.4031**	−0.4925***
	(0.2101)	(0.1337)	(0.1891)	(0.1362)
FDI	−0.2848	−0.1180	0.1992	−0.0810
	(0.2043)	(0.1174)	(0.1622)	(0.1233)
ln wage	0.2076***	0.0721**	0.1365***	0.1619***
	(0.0563)	(0.0336)	(0.0467)	(0.0348)
ln inno	−0.0548***	−0.0346***	−0.0800***	−0.0200*
	(0.0175)	(0.0090)	(0.0165)	(0.0117)
str	−0.1169	−0.2939***	−0.3873***	−0.0969
	(0.1385)	(0.0804)	(0.1165)	(0.0875)
行业固定效应	YES	YES	YES	YES
年度固定效应	YES	YES	YES	YES
常数项	−1.2334**	0.3656	−0.3273	−0.8308**
	(0.6107)	(0.3468)	(0.5159)	(0.3796)
sigma_u	0.2154***	0.1065***	0.3468***	0.1917***
	(0.0417)	(0.0272)	(0.0672)	(0.0350)
sigma_e	0.0985***	0.0566***	0.0728***	0.0573***
	(0.0055)	(0.0033)	(0.0041)	(0.0032)
rho	0.9184	0.8272	0.7801	0.9578
Prob > chi2	0.000	0.000	0.000	0.000
Prob >= chibar2	0.000	0.000	0.000	0.000
样本数	176	176	176	176

注：估计系数对应的标准误差如括号中所示；***、**和*分别表示1%、5%和10%水平上显著

表2 利用FE模型研究人工智能对生产效率的影响

	（1）LE	（2）CE	（3）EE	（4）TFE
ln AI	0.0254***	0.0044	0.0089*	0.0130***
	(0.0073)	(0.0043)	(0.0053)	(0.0043)
open	0.4927	0.0753	−0.8748***	0.6207***
	(0.3548)	(0.2074)	(0.2569)	(0.2074)
state	0.0786	−0.4128***	0.4942***	−0.6946***
	(0.2329)	(0.1361)	(0.1686)	(0.1362)
FDI	−0.2106	−0.1076	0.1994	0.0878
	(0.2070)	(0.1209)	(0.1498)	(0.1210)
ln wage	0.1637***	0.0333	0.1464***	0.1629***
	(0.0575)	(0.0336)	(0.0417)	(0.0336)
ln inno	−0.0790***	−0.0247**	−0.0608***	−0.0235**
	(0.0184)	(0.0107)	(0.0133)	(0.0107)
str	−0.2154	−0.0781	−0.2674**	−0.0643
	(0.1544)	(0.0902)	(0.1118)	(0.0903)
行业固定效应	YES	YES	YES	YES
年度固定效应	YES	YES	YES	YES
常数项	−0.5129	0.6057*	−0.6074	−0.8092**
	(0.5392)	(0.3151)	(0.3903)	(0.3152)
F	0.2154***	0.1065***	0.3468***	0.1917***
调整 R^2	0.1214	−0.0476	0.4179	0.3024
样本数	176	176	176	176

注：估计系数对应的标准误差如括号中所示；***，**和*分别表示在1%，5%和10%水平上显著

表3 利用工业机器人库存来衡量人工智能对生产效率的影响

	（1）LE	（2）CE	（3）EE	（4）TFE
ln AI_stock	0.0247***	0.0075	0.0142**	0.0207***
	(0.0082)	(0.0047)	(0.0062)	(0.0047)
open	0.7099**	0.4105**	−0.5773**	0.8683***
	(0.3308)	(0.1809)	(0.2745)	(0.2044)
state	0.2097	−0.4655***	0.4094**	−0.4842***
	(0.2147)	(0.1374)	(0.1876)	(0.1340)
FDI	−0.3971*	−0.1553	0.1526	−0.1510
	(0.2080)	(0.1180)	(0.1594)	(0.1204)
ln wage	0.2016***	0.0702**	0.1276***	0.1501***
	(0.0579)	(0.0342)	(0.0467)	(0.0345)

续表

	（1）	（2）	（3）	（4）
	LE	CE	EE	TFE
ln inno	−0.0557***	−0.0349***	−0.0804***	−0.0203*
	(0.0179)	(0.0091)	(0.0164)	(0.0115)
str	−0.1430	−0.3026***	−0.3974***	−0.1082
	(0.1413)	(0.0808)	(0.1155)	(0.0857)
行业固定效应	YES	YES	YES	YES
年度固定效应	YES	YES	YES	YES
常数项	−1.1202*	0.4044	−0.2277	−0.6991*
	(0.6274)	(0.3522)	(0.5144)	(0.3743)
sigma_u	0.2192***	0.1089***	0.3468***	0.1900***
	(0.0430)	(0.0285)	(0.0669)	(0.0348)
sigma_e	0.1005***	0.0569***	0.0723***	0.0563***
	(0.0057)	(0.0033)	(0.0041)	(0.0032)
rho	0.8264	0.7854	0.9583	0.9192
Prob > chi2	0.000	0.000	0.000	0.000
Prob >= chibar2	0.000	0.000	0.000	0.000
样本数	176	176	176	176

注：估计系数对应的标准误差如括号中所示；***，**和*分别表示在1%，5%和10%水平上显著

撰稿人：刘　亮
审稿人：李廉水

第10章 智能化与制造企业网络韧性影响机制研究

10.1 智能化与制造企业网络韧性研究背景

改革开放以来，中国制造业规模由小到大，发展质量逐步提升，带动中国经济持续奇迹般增长，创造了举世瞩目的发展成就。然而，中国制造业整体上还处于全球生产体系的中低端，规模虽大但整体的创新能力还不够强，智能化水平还不太高。面对迅猛发展而不断创新变革的信息技术，借鉴发达国家持续利用新知识和新技术不断提升制造业智能化程度的战略安排，要实现制造业的持续高质量发展，保持制造业持续向中高端价值链攀升，持续提高中国制造业的生产效率和核心竞争力，唯一的战略路径是走制造业智能化道路，全面实施智能制造战略，持续提升中国制造业智能化整体水平（李健旋，2020）。当前，受新冠肺炎疫情的影响，全球经济面临衰退危机，我国经济发展面临着更大的竞争和压力（刘军等，2021）。针对我国经济发展新阶段出现的新情况、新要求，中央提出"要推动形成以国内大循环为主体、国内国际双循环相互促进的新发展格局"，既要抓好防疫、恢复生产、扩大消费，形成国内大循环主体；又要提升国际竞争力，使国内国际双循环相互促进，在此过程中，对制造企业网络韧性提出了较高要求。

目前，关于网络韧性的研究主要集中于电力网络（Abdin et al., 2017; Wang et al., 2017a)、交通网络（Zhang et al., 2018; Yang et al., 2019）、研发网络（刘慧等，2017；杨乃定等，2020）等，对制造企业网络的研究仍处于起步阶段，相关文献鲜少，且主要集中于网络中的风险评估，而对风险传播的关注度较低。Kuznetsova 等（2017）认为共生行为使企业产生相互依存关系，当园区内的工业行为主体发生故障时，很可能以级联效应的方式进行扩散。因此，他们采用投入-产出失灵模型对破坏性事件造成的风险进行评估，并针对网络恢复措施提供指导。Wang 等（2017b）基于网络脆弱性分析框架，构建出一种改进的有指向性加权网络级联失效模型，通过观察网络性能指标的变化来验证模型的有效性。结果表明，经济波动与网络结构之间的相互作用是决定产业网络脆弱性的关键因素。Wu 等（2017）对钢铁产业网络的单节点环境风险及风险传递进行量化分析，他们指出在没有共生合作的情况下，焦化厂的环境风险水平较高；而在网络环境下，炼铁厂和热电厂的环境风险传播系数最高。Xu 等（2019）认为大面积的共生网络故障总是由小故障源扩散所致，研究借助蚁群算法搜索共生网络中的薄弱环节，从而确定风险最大的故障传播路径。

尽管现有研究已经揭示出多元化的成果，但仍有两个方面值得进一步商榷。首先，现有研究对影响制造企业网络韧性的风险传播的影响机制研究不足。实际上，厘清风险传播规律可以更好地提升网络韧性，将对网络的潜在损失降到最低。其次，部分文献仅选择特定行业网络（如钢铁或煤炭网络）作为研究对象，这可能会导致其结果并不具有普适性。

10.2 智能化与制造企业网络韧性研究背景的关系分析

10.2.1 制造企业风险传播模型

智能化情境下制造企业与外部各组织间资源流动（如技术流、知识流）关系错综复杂，企业很难作为一个完全独立的个体存在。制造企业与其他组织间相互影响、相互作用，在获得集体竞争优势的同时，也承担相应的风险，如制造企业与组织 i、组织 j 等具有技术或知识合作关系，若组织 i 由于某些原因，对制造企业不再提供技术或知识支撑，考虑极端情况，制造企业可能在该项技术上没有可替代的技术合作伙伴来继续生产。此时，制造企业便会发生风险。同时，该制造企业的风险会通过共生关系触发其合作伙伴发生风险，进而影响网络的整体稳定性。

需要注意的是，风险扩散是一个持续的过程，组织可以通过信息交换来感知风险发生的可能性，从而缓解风险传播现象。因此，本章使用基于感知行为和风险传播的双层耦合网络来进行研究。如图 10-1 所示，双层网络中的节点是一一对应的，代表相同的组织，但网络拓扑结构具有差异。

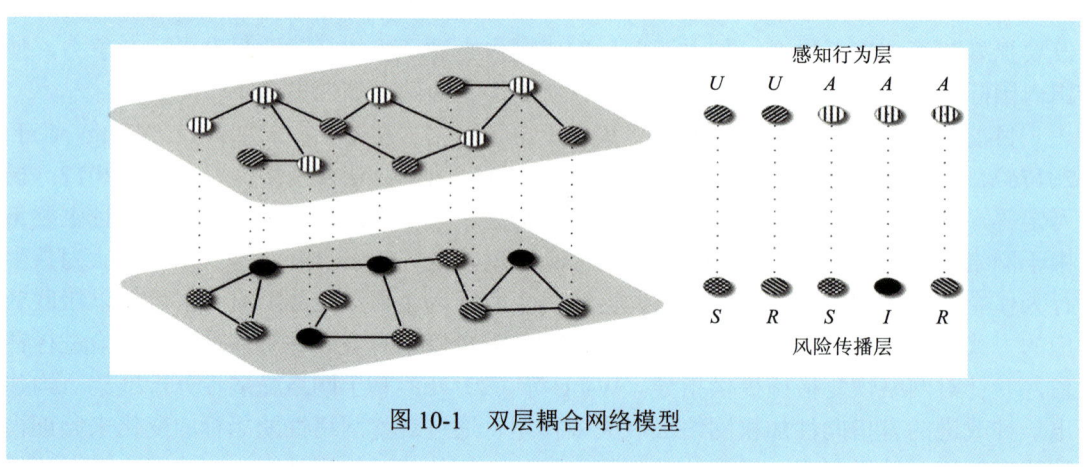

图 10-1 双层耦合网络模型

其中，上层网络表示感知行为层，组织存在两种状态：感知到风险（A）或者未感知到风险（U）状态，且两种状态之间可以相互转换。某时刻，在未感知到风险的组织的邻居中，实际存在的已感知到风险的邻居数与其邻居总数之比大于其局部感知系数 τ，那么在下一时刻，该组织便会转变为感知状态；否则，它将继续保持未感知状态。另外，考虑在实际中，随着应急事件的情况好转，应急响应会逐渐降低，组织对风险的感知状态并不会一直持续，处于感知状态的组织在同一时刻会以概率 μ 进入到未感知状态。此外，当组织发生风险时，由于其共生活动中的资源流会出现显著变化，因此，该组织会立即感知到风险。

下层网络则表示风险传播层，考虑到组织既可能发生风险，也可以从风险中恢复。因此，借鉴 SIR 模型，将组织分为未发生风险（S）、发生风险（I）、从风险中恢复（R）

三种状态。若制造企业所处的网络中某一组织发生风险，其共生伙伴均会依据共生合作程度的大小（下文称为共生系数 w_{ij}）与自身的感知行为而受到不同程度的影响。具体来说，对于没有感知到风险的共生伙伴而言，它们是否会发生风险主要取决于组织间的共生系数；而已经感知到风险的组织，则会采取一定的保护措施来降低发生风险的可能性。因此，这里定义组织的风险触发率等于共生系数与其固有风险触发率的乘积，对于处于感知状态与未感知状态的组织，分别为 $w_{ij}\beta^A$ 与 $w_{ij}\beta^U$，且 $\beta^A = \lambda_i \beta^U$，$\beta^U = \beta$。其中 $\lambda_i = (1-\theta)^{s_i}$ 表示由感知行为所引起的风险折扣因子，在本章中，该因子呈现出异质性的特征，被用于更好地描述组织感知行为的差异。θ 代表感知行为层对风险传播层的影响强度，而 s_i 为与组织 i 有共生关系且处于感知状态的组织数量。

当然，处于风险状态的组织可以执行一系列控制措施来达到消除风险的目的。以技术资源错配为例，组织可以寻求能够提供所需技术的新共生伙伴，或者直接从市场中获取所需技术资源。因此，发生风险的组织会以 δ 的概率恢复，且此类组织之后将不再被感染，也不具备感染其他任何组织的能力。考虑到组织感知行为与风险传播的耦合关系，模型中节点共存在 5 种状态，即未感知未发生风险（US）、未感知已恢复（UR）、感知未发生风险（AS）、感知且发生风险（AI）、感知已恢复（AR）。

10.2.2 理论分析

本节对双层耦合网络模型进行理论分析。

对于感知行为层，定义邻接矩阵 $\boldsymbol{M} = (m_{ij})_{N \times N}$ 表示其网络结构，如果 $m_{ij}=1$，则组织 i 与组织 j 相连接，否则 $m_{ij}=0$。类似地，使用邻接矩阵 $\boldsymbol{D} = (d_{ij})_{N \times N}$ 表示风险传播层的网络结构。同时，假设组织 i 在 t 时刻处于五种状态的概率分别为 $p_i^{US}(t)$、$p_i^{UR}(t)$、$p_i^{AS}(t)$、$p_i^{AI}(t)$ 以及 $p_i^{AR}(t)$。由 10.2.1 节中的定义可知，组织 i 在 t 时刻处于未感知状态的概率为

$$r_i(t) = H\left(\tau - \frac{\sum_j m_{ij} p_j^A(t)}{k_i}\right) \tag{10-1}$$

其中，k_i 表示组织 i 的度，$p_j^A(t) = p_j^{AS}(t) + p_j^{AI}(t) + p_j^{AR}(t)$。此外，$H(x)$ 是一个判别函数，当 $x>0$ 时，$H(x)=1$，表示组织仍处于未感知状态；当 $x \leq 0$ 时，$H(x)=0$，说明与组织 i 相连接且处于感知状态的共生伙伴与其共生伙伴总数之比已超过局部感知系数，从而使组织 i 也感知到风险。同理，将组织 i 处于感知状态与未感知状态且未发生风险的概率分别记为 $q_i^A(t)$ 和 $q_i^U(t)$，结合感知行为导致的风险折扣，则

$$q_i^A(t) = \prod_j (1 - d_{ij} p_j^{AI}(t) w_{ij} \lambda_i(t) \beta^U) \tag{10-2}$$

$$q_i^U(t) = \prod_j (1 - d_{ij} p_j^{AI}(t) w_{ij} \beta^U) \tag{10-3}$$

基于式（10-2）和式（10-3），组织可能表现出的五种潜在状态的转移过程，如图 10-2 所示。

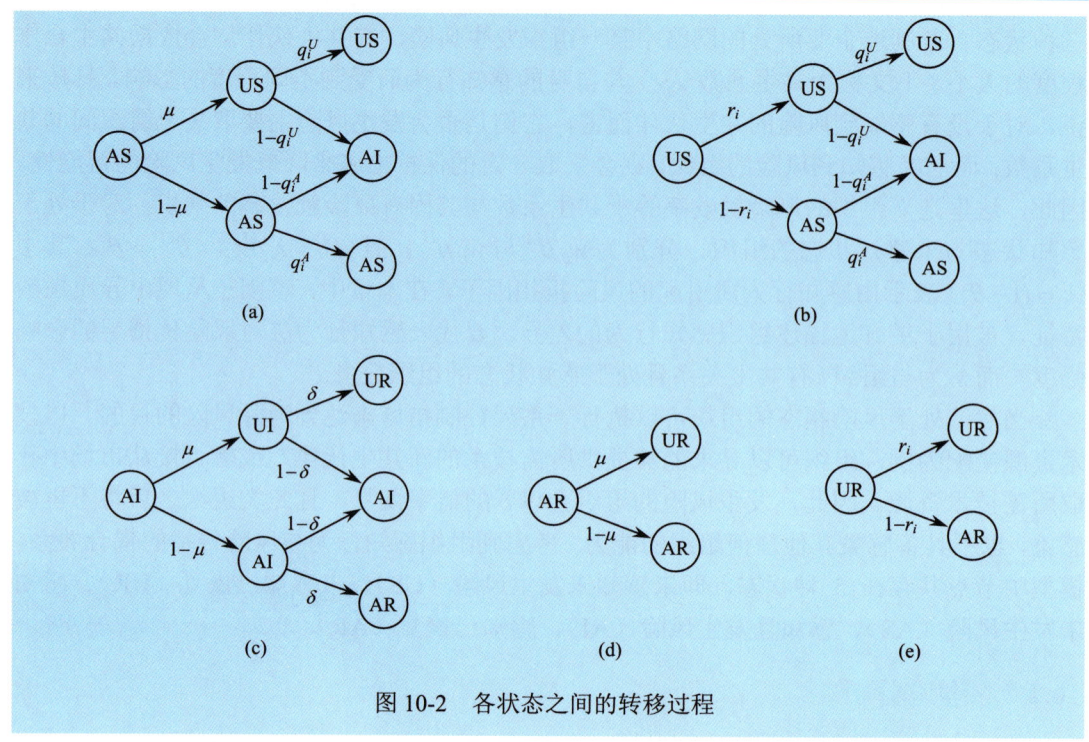

图 10-2 各状态之间的转移过程

进一步，可使用马尔可夫（Markov）链定义上述潜在状态的动态演化方程：

$$p_i^{US}(t+1) = p_i^{AS}(t)\mu q_i^U(t) + p_i^{US}(t)r_i(t)q_i^U(t) \tag{10-4}$$

$$p_i^{UR}(t+1) = p_i^{AI}(t)\mu\delta + p_i^{AR}(t)\mu + p_i^{UR}(t)r_i(t) \tag{10-5}$$

$$p_i^{AS}(t+1) = p_i^{AS}(t)(1-\mu)q_i^A(t) + p_i^{US}(t)(1-r_i(t))q_i^A(t) \tag{10-6}$$

$$\begin{aligned} p_i^{AI}(t+1) = & p_i^{AS}(t)[\mu(1-q_i^U(t)) + (1-\mu)(1-q_i^A(t))] \\ & + p_i^{US}(t)[r_i(t)(1-q_i^U(t)) + (1-r_i(t))(1-q_i^A(t))] \\ & + p_i^{AI}(t)(1-\delta) \end{aligned} \tag{10-7}$$

$$p_i^{AR}(t+1) = p_i^{AI}(t)(1-\mu)\delta + p_i^{AR}(t)(1-\mu) + p_i^{UR}(t)(1-r_i(t)) \tag{10-8}$$

当演化时间足够长时，网络中各状态的比例将达到稳定状态，即不再随时间而变化。因此，对于任意一种状态，都有 $p_i^X(t+1) = p_i^X(t) = p_i^X$ 恒成立，X 表示制造业企业网络中的五种潜在状态。因此，当 $t \to \infty$ 时，式（10-4）~式（10-8）可重写为

$$p_i^{US} = p_i^{AS}\mu q_i^U + p_i^{US}r_i q_i^U \tag{10-9}$$

$$p_i^{UR} = p_i^{AI}\mu\delta + p_i^{AR}\mu + p_i^{UR}r_i \tag{10-10}$$

$$p_i^{AS} = p_i^{AS}(1-\mu)q_i^A + p_i^{US}(1-r_i)q_i^A \tag{10-11}$$

$$\begin{aligned} p_i^{AI} = & p_i^{AS}[\mu(1-q_i^U) + (1-\mu)(1-q_i^A)] + p_i^{US}[r_i(1-q_i^U) \\ & + (1-r_i)(1-q_i^A)] + p_i^{AI}(1-\delta) \end{aligned} \tag{10-12}$$

$$p_i^{AR} = p_i^{AI}(1-\mu)\delta + p_i^{AR}(1-\mu) + p_i^{UR}(1-r_i) \tag{10-13}$$

由 Castellano 等（2010）的研究可知，产业共生网络中存在风险触发阈值 β_c，该阈值对确定防控措施具有重要的参考意义。如果 $\beta \geq \beta_c$，网络中就会出现大量发生风险的组织；反之，风险会被逐渐消除，不会对网络造成太大的影响。因此，当风险触发率在阈值附近时，组织发生风险的概率较低，记为 $0 \leq p_i^{AI} = \pi_i \ll 1$。此时，式（10-2）与式（10-3）可近似为

$$q_i^A(t) \approx 1 - \lambda_i \beta^U \sum_i d_{ij} w_{ij} \pi_i = 1 - \varepsilon_i^A \tag{10-14}$$

$$q_i^U(t) \approx 1 - \beta^U \sum_i d_{ij} w_{ij} \pi_i = 1 - \varepsilon_i^U \tag{10-15}$$

同时，由于 p_i^{AI} 极低，在网络稳定时，p_i^{UR} 与 p_i^{AR} 都将趋于 0。因此，式（10-10）与式（10-13）可忽略不计，将式（10-14）、式（10-15）代入式（10-9）、式（10-11）及式（10-12），可得

$$p_i^{AS} = p_i^{AS}(1-\mu) + p_i^{US}(1-r_i) \tag{10-16}$$

$$p_i^{US} = p_i^{AS}\mu + p_i^{US}r_i \tag{10-17}$$

$$\pi_i = p_i^{AS}[\mu\varepsilon_i^U + (1-\mu)\varepsilon_i^A] + p_i^{US}[r_i\varepsilon_i^U + (1-r_i)\varepsilon_i^A] + \pi_i(1-\delta) \tag{10-18}$$

根据式（10-16）、式（10-17），式（10-18）可进一步化简为

$$\delta\pi_i = (p_i^{AS}\lambda_i + p_i^{US})\beta^U \sum_j d_{ij} w_{ij} \pi_i \tag{10-19}$$

由于 $p_i^{US} + p_i^{UR} + p_i^{AS} + p_i^{AI} + p_i^{AR} = 1$，同时 p_i^{AI}，p_i^{UR} 以及 p_i^{AR} 均趋于 0，因此，容易得到 $p_i^A \approx p_i^{AS}$，$1 - p_i^A \approx p_i^{US}$，从而式（10-19）最终可改写为

$$\sum_j \{[1-(1-\lambda_i)p_i^A]d_{ij}w_{ij} - \frac{\delta}{\beta^U}e_{ij}\}\pi_i = 0 \tag{10-20}$$

其中 e_{ij} 表示单位矩阵的元素。

定义矩阵 $\boldsymbol{G} = (g_{ij})_{N \times N}$，其中 $g_{ij} = [1-(1-\lambda_i)p_i^A]d_{ij}w_{ij}$。那么，当矩阵 $\boldsymbol{G}$ 的特征值等于 $\frac{\delta}{\beta^U}$ 时，式（10-20）有非平凡解。因此，要得到制造企业网络风险触发阈值，只需要找到满足式（10-20）的最小的 β^U。令 $\Lambda_{\max}(\boldsymbol{G})$ 表示矩阵 $\boldsymbol{G}$ 的最大特征值，则制造企业网络的风险触发阈值为

$$\beta_c = \beta_c^U = \frac{\delta}{\Lambda_{\max}(\boldsymbol{G})} \tag{10-21}$$

从式（10-21）中不难发现，制造企业网络的风险触发阈值主要取决于组织的风险恢复概率（δ）、组织的异质性感知行为（λ_i 和 p_i^A）、组织间的共生系数（w_{ij}）以及网络结构（d_{ij}）。

10.3 数值仿真

制造企业网络的形成模式多样，既有可能表现出无标度的特性，也有可能具有小世

界的特性。因此，在对模型进行仿真时，我们分别基于 BA 模型与 WS 模型的生成算法来构建两种具有不同特性的制造企业网络，从而比较它们之间的风险传播差异。两种网络中的组织个数均为 100，随机选取 5% 的组织作为初始风险源。考虑到从风险中恢复的组织记录了风险传播过程中所有发生过风险的组织个数。因此，采用 t 时刻恢复的组织占所有组织的比例（ρ^R）来表示制造企业网络中风险传播的范围是一种合适的选择。下述分析结果均为 500 次仿真的平均值。

10.3.1 制造企业网络风险传播特征

为研究制造企业网络风险传播的总体特征，将基本参数设置为 $\mu = 0.1$，$\delta = 0.3$，$\tau = 0.3$，$\theta = 0.3$，$\beta = 0.4$。图 10-3 显示了两类网络中五种组织状态的比例变化。

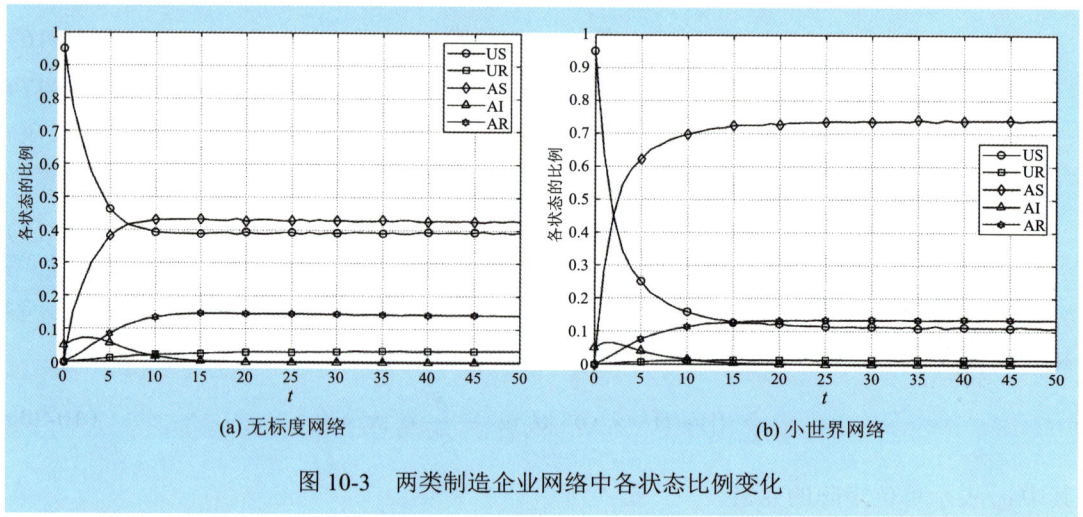

图 10-3 两类制造企业网络中各状态比例变化

由图 10-3（a）可知，在无标度网络中，发生风险的组织数量先上升，后缓慢下降，直至完全消失。在网络稳定时，观察未发生风险的组织，其中有 42.88% 的组织处于感知状态，同时也有 39.35% 的组织处于未感知状态，两者之差在 5% 以内。因此，仅通过该现象，并不能很好地体现出感知行为的积极影响。对于从风险中恢复的组织，有 14.40% 的组织一直处于感知状态，仅 3.37% 最终重新进入未感知状态。这说明，大部分从风险中恢复的组织，其感知水平都高于局部感知系数。在小世界网络 [图 10-3（b）] 中，处于 UR、AI、AR 状态的组织比例的演化轨迹与无标度网络中的情形较为接近。不同的是，在未发生风险的组织中，处于感知状态的组织占据绝对主导地位，约为 73.80%。这可能要归功于小世界网络相对更强的连通性，使得组织间的感知行为更易扩散。通过对比两类制造企业网络中各状态组织比例的变化可知，组织的感知行为能延缓风险的传播。

此外，为验证风险触发阈值的存在性，通过调整风险触发率来比较风险的传播情况。使用 ρ^I 表示发生风险的组织占所有组织的比例，仿真结果如图 10-4 所示。显然，在当前条件下，风险触发阈值位于 0.2～0.4 之间。当 $\beta = 0.2$ 时，随着时间演化，发生风险的组织比例会逐渐下降，且该现象在两类制造企业网络中保持一致，说明风险不会在网中大范围传播。然而，当 $\beta=0.4$ 时，ρ^I 就会先增加再减少，这意味着风险在组织中有一个爆发的阶段。

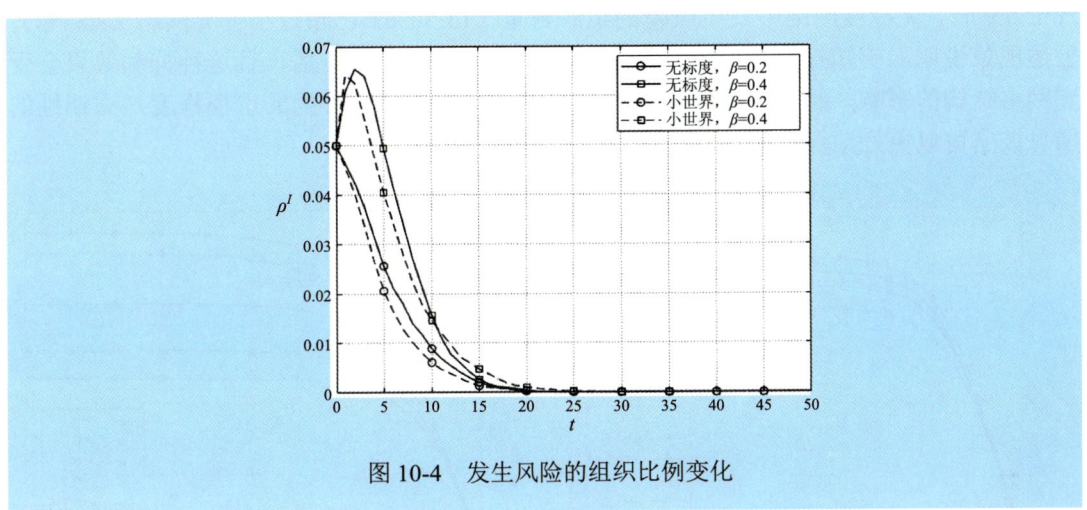

图 10-4　发生风险的组织比例变化

10.3.2　异质性感知行为对网络韧性的影响

为深入探索组织的异质性感知行为对网络韧性的影响，选取与感知行为相关的参数进行仿真分析，其中包括感知行为层对风险传播层的作用强度 θ、感知状态的遗忘率 μ 以及局部感知系数 τ。图 10-5、图 10-6 与图 10-7 分别展示了相应的模拟结果。需要注意的是，当对上述三个参数分别进行分析时，其余参数取值均保持不变，基本参数设置为 $\mu=0.1$，$\delta=0.3$，$\tau=0.3$，$\theta=0.3$，$\beta=0.4$。

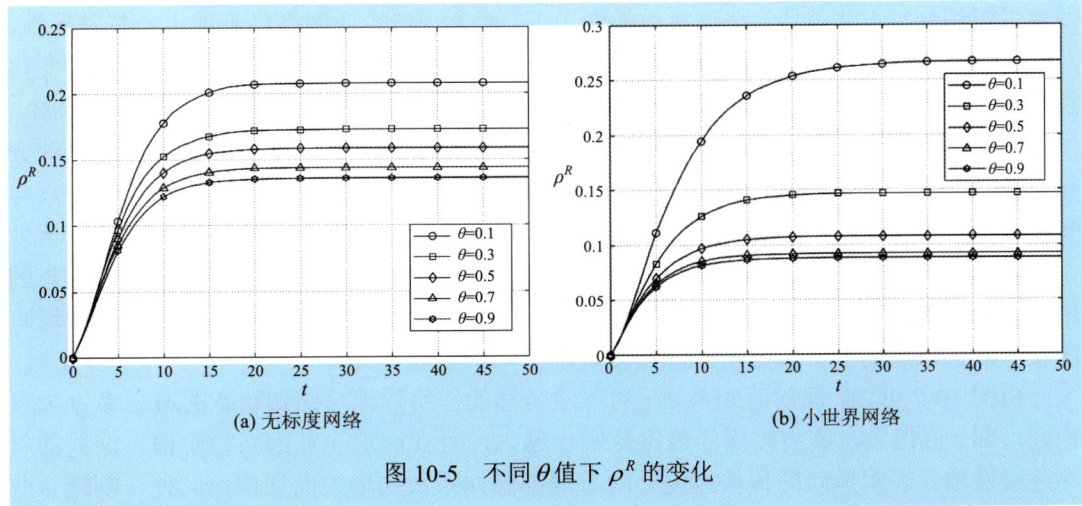

(a) 无标度网络　　　　　　(b) 小世界网络

图 10-5　不同 θ 值下 ρ^R 的变化

由图 10-5 可知，总体上，感知行为层对风险传播层的作用强度与风险对制造企业网络的影响成反比，即参数 θ 的值越大，从风险中恢复的组织比例（风险的传播范围）就越小。通过对两类网络进行对比，不难发现，当 θ 处于一个较低的水平时，小世界网络中的风险传播范围（26.59%）要明显高于无标度网络（20.78%）。然而，一旦 θ 逐渐增加，尽管风险对两类网络的影响均会减弱，但在小世界网络中的减弱幅度相对更大。当 θ 升至 0.9 时，无标度网络中发生风险的组织数量（13.58%）已超过小世界网络（8.81%）。上述现象说明，感知行为在一定程度上可以较好地抑制风险传播，且这种抑制效果会受到网络结构的影响。制造企业网络中的组织需要提高对感知行为的重视程度，周期性的信息披露可以更好地保持网络稳定运作。

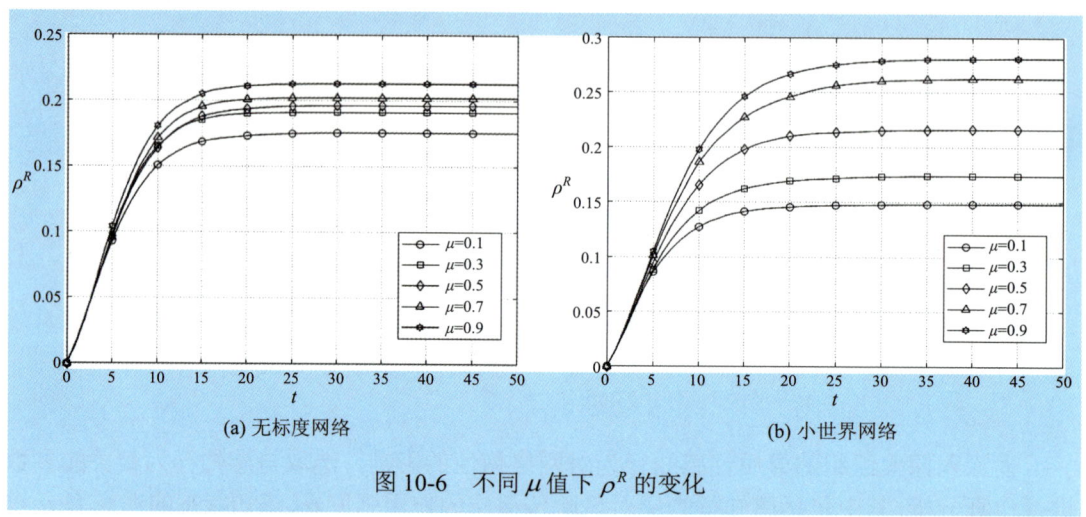

图 10-6　不同 μ 值下 ρ^R 的变化

图 10-6 揭示出在不同感知状态的遗忘率 μ 下，制造企业网络中风险传播的演化情况。显然，随着参数 μ 的增大，在风险传播达到稳定状态后，发生风险的组织比例也会相应增大。这表明，如果组织对感知状态的遗忘率越高，那么风险就会沿着合作关系触发更多组织相继发生风险。在该参数的作用下，两类制造企业网络仍表现出一些差异性。对于无标度网络，当 μ 分别等于 0.1、0.3、0.5、0.7 以及 0.9 时，其恢复的组织比例变化较小，尤其在 0.3~0.7 区间内，阶段涨幅不足 1%，总体上也仅从 17.55% 增至 21.28%，不足 5%。相比之下，在具有小世界特性的共生网络中，μ 的增加会带来较为显著的变化。当 μ 从 0.1 上升至 0.9 时，发生风险的组织总量从 14.80% 上升至 28.00%。此外，与参数 θ 的情景类似，在 μ 值处于低水平时，风险在无标度网络中更易传播；而当 μ 值处于高水平时，小世界网络的特性会使更多的组织发生风险。因此，对于处于感知状态的组织而言，可将发生风险时组织的状态、属性、资源流动进行适当记录，作为判断现阶段发生潜在风险的参考依据，以降低对风险感知的遗忘率。

由图 10-7 可知，局部感知系数 τ 对风险传播的作用效果与感知状态的遗忘率 μ 大致相同，即 τ 值越大，风险传播的最终范围也越大，且在制造企业网络稳定前，曲线的斜率逐级递增，表明风险的传播速度会随着局部感知系数的增大而加快。此外，制造企业网络达到稳定状态所消耗的时间也与 τ 的值成正比。在不同的制造企业网络中，参数 τ 的作用效果仍有些许差异。从图 10-7（a）中不难看出，尽管参数 τ 每一次的增量是固定的，但仿真结果间的间隔却在变小，说明其边际效应持续减弱。这种现象在图 10-7（b）中却没有发生，甚至当 τ 从 0.5 上升至 0.7 时，发生风险的组织总量呈跳跃式地增加。一般地，局部感知系数体现了组织感知风险的难易程度，这与其所处的环境以及合作伙伴有关。因此，未发生风险的组织适当增加与状态恢复组织的信息交换，借鉴其应对风险时的处理措施，就可使自身尽可能处于感知状态，从而防止风险发生。

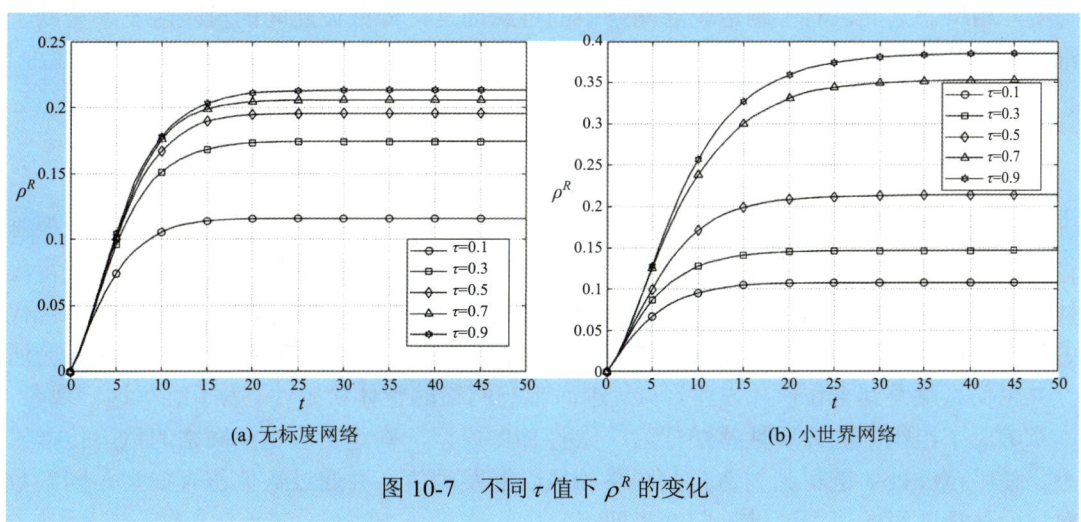

图 10-7　不同 τ 值下 ρ^R 的变化

10.3.3　风险触发率 β 对网络韧性的影响

为研究风险触发率对网络韧性的影响，将基本参数设置为 $\mu=0.1$，$\tau=0.3$，$\theta=0.3$，同时 δ 依次赋值为 0.1、0.3、0.5、0.7 和 0.9，仿真结果如图 10-8 所示。

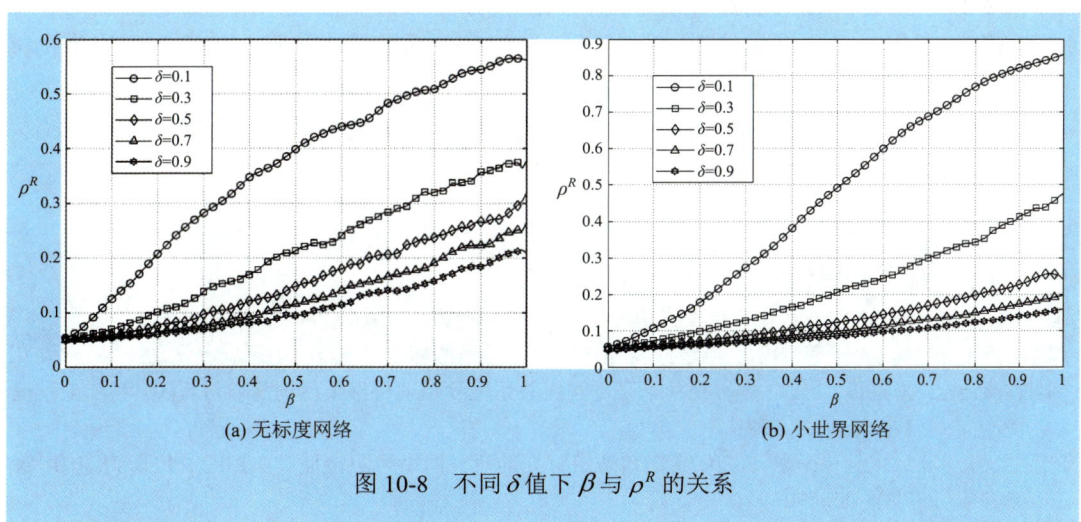

图 10-8　不同 δ 值下 β 与 ρ^R 的关系

从图 10-8 可以看出，对于任意水平的风险恢复概率，随着 β 值不断增加，从风险中恢复的企业比例也相应增加。尽管在 β 到达风险触发阈值前，发生风险的组织比例（ρ^I）会持续下降（图 10-4），但其中包括这样一种情况，即恢复的组织数大于新发生风险的组织数，由于 ρ^R 描述的是发生风险的组织总量，因此，参数 ρ^R 的值会增加，且当 $\beta=1$ 时，它会达到峰值。在两类不同结构的网络中，无标度网络和小世界网络发生风险的组织总量最低分别可达 20.84% 与 16.16%，最高分别可达 56.05% 与 85.70%。此外，风险恢复概率对网络韧性的影响也较为直观。恢复概率越高，风险最终传播的范围也越小，这与实际相符。因此，对于制造企业网络中的组织而言，降低彼此间的风险触发率有助于维持网络的稳定性。

10.4 结　　语

智能化情境下制造企业与外部各组织间技术流、知识流的关系错综复杂，企业很难作为一个完全独立的个体存在。制造企业与其他组织间相互影响、相互作用，在获得集体竞争优势的同时，也承担了相应的风险。制造企业如若出现在某项技术上没有可替代的技术合作伙伴继续生产，此时制造企业便会发生风险。同时，该制造企业的风险会通过共生关系触发其合作伙伴发生风险，进而影响网络的整体稳定性。为了缓解这一现象，本章考虑了组织间的异质性感知行为，借鉴 SIR 模型，构建制造企业网络的风险传播模型，使用 Markov 链得到制造企业网络的风险触发阈值，并通过数值仿真探索不同参数对风险传播的影响。主要结论归纳为四点。

（1）制造企业网络的风险触发阈值是由组织的风险恢复概率、组织的异质性感知行为、组织间的共生系数以及网络结构共同决定的。

（2）当风险触发率低于阈值时，制造企业网络中的风险会直接被消除，而当风险触发率高于阈值时，网络中的风险会经历短期内爆发后逐渐被消除的过程。

（3）组织的感知行为能够有效地抑制风险传播。具体而言，如果感知行为层的作用强度越大、组织对风险感知的遗忘率越低、局部感知系数越小，那么风险在网络中传播的范围就越有限。

（4）风险在不同结构的制造企业网络中的传播特征大致相同，但相比无标度网络，小世界网络对参数的变化更为敏感。

参 考 文 献

李健旋. 2020. 中国制造业智能化程度评价及其影响因素研究[J]. 中国软科学, (1): 154-163.

刘军, 曹雅茹, 鲍怡发, 等. 2021. 制造业智能化对收入差距的影响研究[J]. 中国软科学, (3): 43-52.

刘慧, 杨乃定, 张延禄. 2017. 竞合视角下研发网络关系风险相继传播模型构建与仿真[J]. 系统工程理论与实践, 37(05): 1313-1321.

杨乃定, 王京北, 张延禄, 等. 2020. 考虑自适应行为的研发网络风险传播模型构建及仿真[J]. 中国管理科学, 28(03): 182-190.

Abdin I, Li Y F, Zio E. 2017. Risk assessment of power transmission network failures in a uniform pricing electricity market environment[J]. Energy, 138: 1042-1055.

Castellano C, Pastor-Satorras R. 2010. Thresholds for epidemic spreading in networks[J]. Physical Review Letters, 105(21): 218701.

Kuznetsova E, Louhichi R, Zio E, et al. 2017. Input-output inoperability model for the risk analysis of eco-industrial parks[J]. Journal of Cleaner Production, 164: 779-792.

Wang Z, Hill D J, Chen G, et al. 2017a. Power system cascading risk assessment based on complex network theory[J]. Physica A: Statistical Mechanics and its Applications, 482: 532-543.

Wang D, Li J, Wang Y, et al. 2017b. Comparing the vulnerability of different coal industrial symbiosis networks under economic fluctuations[J]. Journal of Cleaner Production, 149: 636-652.

Wu J, Pu G, Ma Q, et al. 2017. Quantitative environmental risk assessment for the iron and steel industrial symbiosis network[J]. Journal of Cleaner Production, 157: 106-117.

Xu Y, Wang Z, Jiang Y, et al. 2019. Small-world network analysis on fault propagation characteristics of water networks in eco-industrial parks[J]. Resources, Conservation and Recycling, 149: 343-351.

Yang D Y, Frangopol D M. 2019. Societal risk assessment of transportation networks under uncertainties due to climate change and population growth[J]. Structural Safety, 78: 33-47.

Zhang H, Yuan M, Liang Y, et al. 2018. A risk assessment based optimization method for route selection of hazardous liquid railway network[J]. Safety Science, 110: 217-229.

撰稿人：单海燕
审稿人：李廉水

第11章 智能制造与劳动力就业结构调整

11.1 智能制造与就业结构调整的研究背景

制造业是立国之本、兴国之器、强国之基。制造业是国民经济的主体，也是今后我国经济"创新驱动、转型升级"的主战场。打造具有国际竞争力的制造业，是我国提升综合国力、保障国家安全、建设世界强国的必由之路。我国已经成为制造大国，但仍然不是制造强国。打造中国制造新优势，实现由制造大国向制造强国的转变，对我国新时期的经济发展最为重要，也最为迫切（周济，2015）。智能制造已被公认是全球制造业的发展趋势，是提升制造水平的关键，是制造业未来竞争的主战场和区域经济发展的主要推动力，这也是中国在新的产业变革中所面临的一个最佳机会（黄群慧等，2015）。

根据国际机器人学联合会（IFR）的定义，工业机器人是一种可自动控制（automatically controlled）、可重复编程（reprogrammable）、可完成多目标任务（multi-purpose）的机械，是面向工业领域的多关节机械手或多自由度机器人，可在一些单调、繁复和长时间的工作中替代人类[①]。目前，机器人应用已经成为推动中国从"制造大国"向"制造强国"转变，实现经济"高质量发展"的重要力量（王永钦等，2020）。根据 IFR 数据显示，2006~2018 年，中国制造业行业工业机器人保有量由 3690 台增加到 524 273 台，年均增长率达到 51.14%，2018 年拥有量占到世界的 25.35%，2017 年超越日本成为全球制造业工业机器人拥有量第一大国（实际上 2016 年就已经非常接近，到 2017 年中国为 408 561 台，远超日本的 294 453 台）（图 11-1）。工业机器人保有量的迅猛增长是中国制造业智能化转型的可靠保障，也必然对中国社会发展的各方面产生影响。

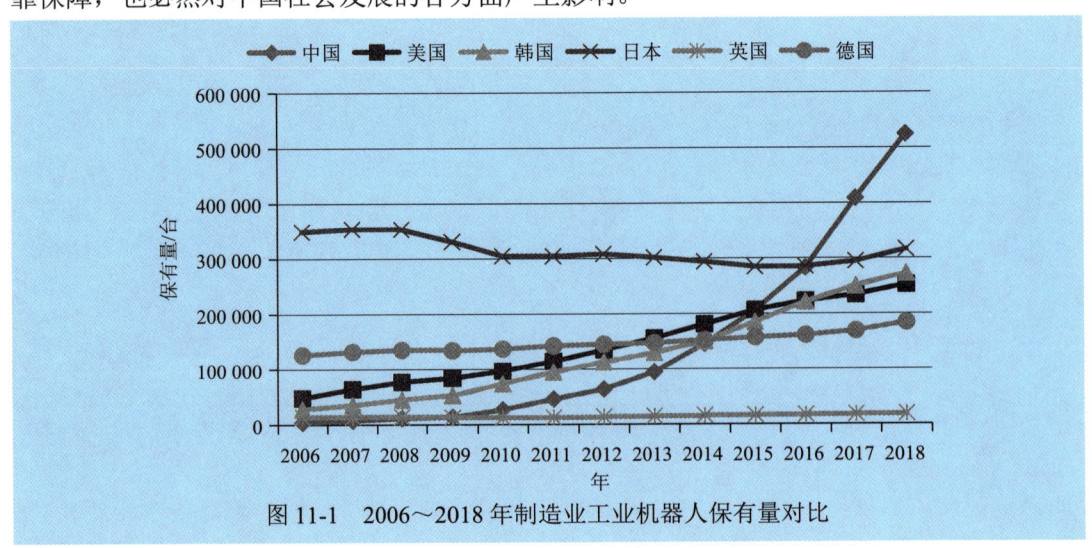

图 11-1 2006~2018 年制造业工业机器人保有量对比

---

① https://ifr.org

就业是经济发展最基本的支撑。在当前高度重视实体经济发展的背景下，制造业就业问题也引起了大家的关注，2021年8月国务院发布的《"十四五"就业促进规划》也关注到制造业的就业问题，对制造业的稳定发展以及促进制造业就业等作了专门部署。制造业和服务业是中国吸纳就业的两大部门，制造业就业人数在2006年为3351万人，2013年达到最高峰，为5258万人，此后逐年下降，2018年下降到4178万人。同期服务业就业人数在波动中增加，2006年为6105万人，2018年增加到9393万人，12年间增加了3288万人。从全国就业人数比重看，制造业占比呈下降趋势，2006年为28.61%，2018年为24.21%。服务业就业人数占全国比例在50%左右波动，近年来有增加的趋势，2018年占比为54.43%（图11-2）。由此可见，制造业和服务业就业人数存在着此消彼长的态势。

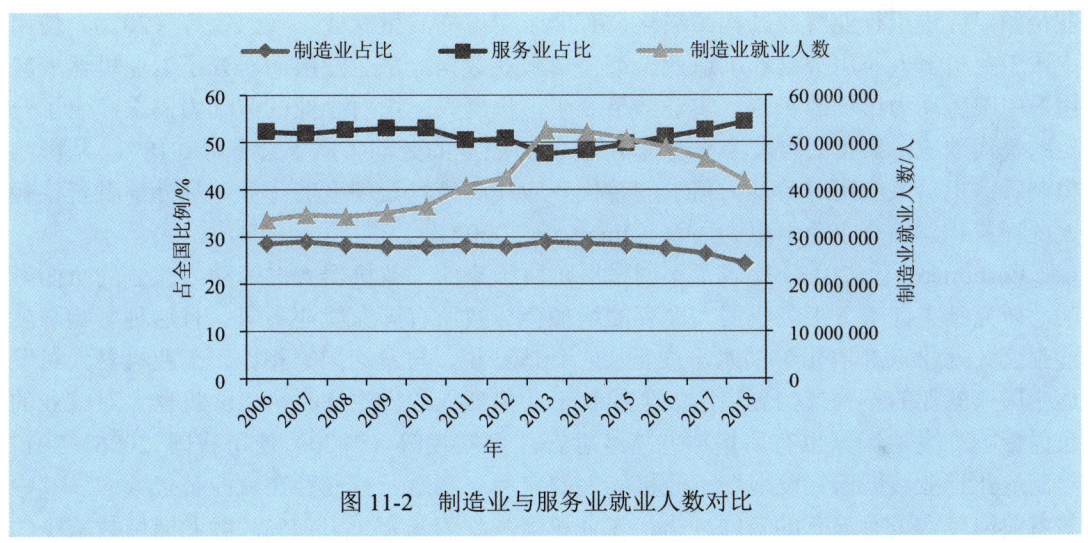

图11-2 制造业与服务业就业人数对比

制造业和服务业就业人数产生这种相对变化的原因较为复杂，但其中可能与中国制造业的智能化升级有关。以工业机器人大规模应用为代表的制造业智能化转型，对中国就业市场产生了深远的影响，可能会进一步增加高技能劳动力同时减少低技能劳动力的需求；可能通过创造新岗位、培养新市场、扩大产品需求等方式扩大就业市场。因此制造业和服务业就业人数的这种相对变化是制造业就业流向服务业造成的，还是服务业自身快速发展而引起的？工业机器人的大规模应用在其中起到了什么作用？本章将系统探究上述问题，并提出针对性的政策建议。这对于我国深入推进人工智能发展、推动制造业智能化，保障我国制造业等实体经济的稳定发展，具有重要的理论价值和实践意义。

11.2 工业机器人应用对就业结构影响的研究进展

IFR在2018年的统计报告中指出，工业机器人的广泛使用，将引起生产效率、产品升级、劳动供需等多方位的连锁反应（程虹等，2018）。其中工业机器人的使用对就业特别是对制造业就业的影响正受学者们较多关注，综合现有文献主要有三种观点，一种观点是减少了就业岗位，降低了制造业就业规模，即抑制派；另一种观点是创造了新岗位和新需求，扩大了制造业就业，即促进派；还有一种观点认为影响是复杂的，要对就业人口、经济发展阶段、区域特征等进行分层次讨论，即分层派。

11.2.1 抑制派

工业机器人的大规模应用，必然出现人工智能取代部分工人劳动，产生工业机器人对人力资本的替代效应。Acemoglu 等（2017）建立了一个将劳动力和工业机器人作为输入要素的生产函数，反映工业机器人对低技能劳动力的替代，研究发现工业机器人的扩张降低了男女工人的就业人口比和收入。王文（2020）发现工业智能化水平的提升显著降低了制造业就业份额，同时增加了服务业特别是知识和技术密集型的现代服务业就业份额，促进了行业就业结构高级化，有助于实现高质量就业。王永钦等（2020）使用中国工业机器人应用数据和制造业上市公司微观数据，从企业层面研究了工业机器人应用对中国劳动力市场的影响。实证结果表明，机器人应用对企业的劳动力需求产生了一定的替代效应，工业机器人渗透度每增加 1%，企业的劳动力需求会下降 0.18%。从影响机制看，机器人应用对劳动力需求的替代效应在高市场集中度的行业、高外部融资依赖度的行业和非国有企业中更为显著（Jin et al., 2020）。

Carbonero 等（2018）比较了不同发展阶段国家的工业机器人对劳动力就业的负面影响。研究结果证实，工业机器人库存的增加会导致所有国家就业下降，且这种影响与就业强度（就业/资本存量）的水平成正比。具体地说，与发达国家相比，工业机器人对发展中国家就业的不利影响更突出；当控制工业机器人的内生性时，工业机器人对就业的负面影响在发达国家也有所增加并持续存在。闫雪凌等（2020）使用我国 2006~2017 年制造业行业数据研究发现，工业机器人的使用对制造业行业存在就业替代效应，其中对就业岗位数量有显著的负向冲击，工业机器人保有量每上升 1%，就业岗位数减少约 4.6%。在考虑了劳动力市场的动态调节后，工业机器人的使用对就业岗位数的负面影响仍然存在。

11.2.2 促进派

工业机器人的大规模应用可以通过增加收入扩大需求，增加新的就业岗位等方式促进就业。吴清华等（2020）采用 1991~2017 年国际机器人学联合会和世界银行的非平衡面板数据，实证分析了工业机器人对就业的影响。研究发现，整体而言，工业机器人对劳动力市场具有显著的创造效应，即增加国家层面的就业量；分经济发展阶段看，工业机器人对国别劳动力市场的影响存在异质性，其中对低收入国家的就业创造效应最大；分产业结构看，工业机器人对工业就业的促进作用小于对服务业的溢出效应；分性别结构看，工业机器人对女性劳动力的创造效应大于男性，且在工业内的这种促进作用较服务业更为显著。Fu 等（2021）的研究也证实了机器人使用的增加提高了发达国家的劳动生产率和就业总量。

此外，Kromann 等（2020）研究了机器人（以工业机器人的数量相对于 non-ICT 资本）在生产率、就业、制造业和工资水平等方面的影响强度，发现机器人的增加导致了全要素生产率（TFP）的增长和工资水平的提升，而不是导致就业水平下降。这是因为工业机器人对劳动生产率起到了积极的提升作用。

11.2.3 分层派

工业机器人对就业的影响是复杂的，受到多种因素的相互影响和制约，其效果将通过其合力呈现。技术创新增加就业还是减少就业在很大程度上取决于技术创新的性质。一般来说，产品创新通过增加对新产品的需求来扩大市场规模，从而通过扩大对劳动力的需求来增加就业。然而，工艺创新往往会降低对劳动力的需求，更具体地说，会增加低技能劳动力失业的可能性（Jin et al., 2020）。工业机器人应用影响劳动力需求弹性的渠道主要有两个，即替代效应渠道和规模效应渠道，中国企业引入工业机器人显著加剧了就业市场波动；工业机器人应用对就业风险的冲击不仅显著且带有行业异质性，技术要求越低、自动化风险越高的行业，其劳动力需求受到工业机器人的冲击越明显（王小霞等，2020）。

工业机器人会对制造业就业产生冲击，对制造业就业总量的影响通过劳动力结构对不同层次的劳动力产生不同影响。吕洁等（2017）的模型分析表明，工业机器人的技术进步会加强工业机器人对低技能劳动力的替代，但同时会提升对中、高技能劳动力的互补性需求，进而能够促进一国的劳动力结构转型。不断增长的工业机器人投入正在缓慢地促进发达国家的劳动力结构转型，其高技能劳动力比例在逐年上升，其中韩国等新兴经济体的表现尤为突出。杜传文等（2018）研究了工业机器人应用对异质性技能劳动力变化的结构效应，工业机器人应用数量每增加10%，则低技能劳动力需求在所有劳动力中的比例将下降0.64%。而高、中技能劳动力需求在所有劳动力中的比例将分别提高0.26%、0.38%。韩民春等（2020）的研究结果表明，工业机器人应用对中国制造业整体就业有显著的抑制作用，但这种抑制作用只存在于低技能劳动力就业中，具体表现为机器人使用量每增加10%，低技能劳动力就业下降0.54%，而对高技能劳动力就业影响不显著；其次，从地区差异性看，机器人密度较高的地区对就业冲击明显，密度低的地区对就业影响不大。

综合以上研究可以发现，虽然目前关于以工业机器人大规模应用为代表的制造业智能化对就业结构影响的具体效应没有达成统一看法，但是我国制造业转型升级是经济发展的内在需求，而制造业智能化是转型升级的主要方向，工业机器人应用则是智能化的主要途径，会对我国生产过程、就业数量和结构等方面产生重要影响。因此，关注制造业和服务业的就业流动，并分析其中制造业工业机器人应用所产生的作用，同时考虑该影响变化的趋势和异质性，对如何平衡工业机器人增长与就业之间的矛盾，保障实体经济平稳发展显得尤为重要。

11.3 理论机制和经验假说

随着工业机器人的大规模应用，给制造业行业带来了生产方式的变革，重塑了产业结构，对就业也产生了影响。制造业和服务业就业变化与多种影响因素有关，其中既有经济自身发展规律的约束,也有制造业智能化给就业带来的冲击。其最终效应是这些影响合力的体现。

11.3.1 经济自身发展规律约束

根据配第-克拉克定律,随着经济的发展,在国民生产产出结构和就业结构上,第一产业的比例将持续下降;第二产业的比例在工业化前期先上升,到工业化后期逐渐下降,经历了一个倒"U"形变化;第三产业的占比则将持续上升,最终占据绝对优势,成为国民经济支柱产业(张捷等,2013)。从国际发展经验来看,一个经济体一旦进入中高收入阶段,即人均收入(以购买力平价计算)达到8000~9000美元,工业在其宏观经济中的占比达到峰值(无论按就业占比,还是国内生产总值占比),通常在35%~45%,其在宏观经济中的占比会不可避免地出现下降,同时伴随着服务业占比上升①。其原因和机制表现在三个方面。

(1)消费需求转型升级。根据马斯洛的需要层次理论,随着经济发展和生活水平提升,在消费者消费支出结构中收入弹性低的商品所占比例将越来越低,而收入弹性高商品占比越来越高,消费需求将不断转型升级,从物质需求向更高层次服务产品的需求过渡,成为推动服务业发展的重要动力和原因。

(2)服务业新产业、新业态、新模式不断涌现。我国经济进入高质量发展阶段,基于大数据、云计算、人工智能、物联网等新一代信息技术的应用,企业价值链、产业链、产业间价值链重构,实行新兴组织形态。新技术的运用提升了服务业数字化、智能化发展水平,引导传统服务企业改造升级,智慧物流、服务外包等新业态不断发展,平台经济、共享经济等新模式有序发展,不断拓展消费渠道②。

(3)工业增长持续放缓使得服务业发展更加突出。改革开放前三十年,中国工业基本上实现了由价格优势向规模优势的转变,当前正处于由规模优势向创新优势转变的过程中(中国社会科学院工业经济研究所课题组等,2020)。工业发展处在主动转方式、调结构阶段,在促进工业转型升级的一系列政策措施调控下,工业增速放缓。我国工业经济运行的内外经济环境发生了变化,国内外经济环境趋于复杂严峻,"逆全球化"冲击持续,世界经济复苏乏力、外需疲软;单从国内看,土地、劳动力、环境等生产要素成本不断上升,工业经济面临需求不足、产能过剩、产品价格下跌、企业效益下降等一系列矛盾和困难。

11.3.2 制造业智能化对制造业就业的冲击

工业机器人在制造业领域得到了大规模应用。工业机器人凭借其"成本低""稳定性强""精度高"等优势,必将引起制造业领域的一系列变革,包括产品标准、生产流程、组织管理、劳动力需求、价值链重塑等,在理论上,自动化技术对劳动力需求的影响方向并不一致,既有正的效应,也存在负向的效应(王永钦等,2020)。其影响具体表

---

① https://baijiahao.baidu.com/s?id=1708880452984372132&wfr=spider&for=pc
② 国家发展改革委、市场监管总局联合印发《关于新时代服务业高质量发展的指导意见》,2019年10月.https://www.ndrc.gov.cn/xwdt/xwfb/201910/t20191021_1181543.html?code=&state=123

现在三个方面。

（1）就业挤出和替代。工业机器人主要完成可重复程式化的任务，这部分任务一般由低技能劳动力完成。因此当工业机器人相对低技能劳动力更具有比较优势时，低技能劳动力就会被挤出和替代，从而为企业节约成本。资本对劳动的挤出和替代使得企业对低技能劳动力的需求下降，降低了企业的就业需求，由此产生技术性失业。

（2）生产规模扩大。该效应的作用机制主要体现在：工业机器人的应用降低了生产要素价格，企业节约了成本，提升了生产效率，从而使得商品和服务价格下降，增加消费者对该商品或服务的消费需求。当市场需求扩大时，企业可能主动扩大生产规模，从而非自动化岗位的就业需求也在增加。

（3）技术扩散。有研究指出，人工智能和机器人技术的广泛应用无疑会创造出更多的新业态、新模式和新的就业（王永钦等，2020）。历史经验也表明，重大的技术变革往往伴随着一系列新的工作职位的诞生（王文，2020）。工业机器人在取代一部分劳动岗位的同时，也会创造出新的人力更具比较优势的工作岗位，增加就业需求。

11.3.3 制造业智能化对服务业就业的冲击

制造业和服务业存在极强的产业关联性，两业出现融合协同发展状态。2019 年《关于推动先进制造业和现代服务业深度融合发展的实施意见》中，提出通过价值链、产业链与创新链、供应链、信息链、资金链、人才链等紧密结合，以数字技术改造传统的制造业，打造"工业 4.0"版的中国制造业。因此以工业机器人为代表的制造业智能化发展，在推动制造业优化升级的同时，也会对服务业特别是生产性服务业产生影响。

智能化为服务业发展提供了契机。一方面与机器人等人工智能相关的知识和技术密集型新任务大多都归属于生产性服务业和高端服务业，即由机器人所创造出的新任务将会推动生产性服务业和高端服务业的扩张，从而促进服务业结构升级（王文，2020）。另一方面工业机器人的使用显著提升了制造业劳动生产率，并进一步通过"规模-生产率"效应带动与制造业处于同一产业链上的生产性服务业和高端服务业发展（Acemoglu et al.，2017），制造业效率的改善将会提升其对生产性服务业和高端服务业的需求，促使生产性服务业和高端服务业进行规模化、专业化生产和技术创新，从而提升生产性服务业和高端服务业的发展水平，促进服务业结构升级，提升服务业就业。

智能化影响服务业就业结构。工业机器人在通过资本深化推动生产率增长的同时，也将与历史上的多次技术变革类似，对不同行业的就业结构产生深刻影响。智能化通过就业挤出和替代，可能使得部分低技能劳动力从制造业向传统服务业流动。此外，机器人在替代之前由传统劳动力执行的任务的同时，也会创造出新的知识和技能密集型任务。这些知识和技能密集型新任务大多归属于服务业特别是高端服务业，推动服务业扩张和升级，扩大服务业就业。

11.3.4 经验假说

综合以上分析，制造业和服务业就业变化有多重原因，以工业机器人大规模应用为代表的制造业智能化对就业结构的冲击存在多种可能。一般经济自身发展规律约束当前中国经济发展阶段的就业结构，制造业就业比例下降，服务业就业比例上升。智能化对制造业有挤出和替代效应、生产规模扩大效应和技术扩散效应。智能化也通过产业关联影响服务业，为服务业发展和升级提供了契机，对制造业就业的影响也会传导到服务业，影响服务业的就业结构。

基于以上机制分析，本章提出两个对立假设，并通过计量实证分析智能制造在其中的综合效应。

假说 H_1：智能制造促进了制造业向服务业的就业流动；

假说 H_2：智能制造抑制了制造业向服务业的就业流动。

11.4 实 证 研 究

11.4.1 数据来源和处理

本章中的核心解释变量涉及工业机器人年保有量，数据来自国际机器人学联合会（IFR）提供的全球分行业工业机器人数据。IFR 是成立于 1987 年的国际性非营利组织，提供了从 1993 年至 2018 年全球近 100 个国家和地区，19 个行业工业机器人使用情况的数据。本章首先将 IFR 制造业行业划分为 14 个行业，并根据中国制造业两位数行业分类标准，与这 14 个制造业行业对应匹配，具体结果见表 11-1。IFR 中关于我国的工业机器人使用情况从 2006 年开始才有明确数据记录，因此本章样本数据时间维度设定为 2006~2018 年。

其他数据来源于《中国统计年鉴》《中国科技统计年鉴》《中国劳动统计年鉴》等官方统计资料，涉及我国除港澳台和西藏以外的 30 个省份。本章构建了 30 个省份 2006~2018 年的面板数据样本，并建立面板计量模型对上述假设进行实证检验，计量工具软件为 stata 17。

表 11-1 中国与 IFR 制造业行业对应表

本章设定行业	IFR 制造业行业	中国制造业两位数行业
食品饮料加工制造业	10-12-Food and beverages	农副食品加工业；食品制造业；酒、饮料和精制茶制造业
纺织及服装制品业	13-15-Textiles	纺织业；纺织服装、服饰业；皮革、毛皮、羽毛及其制品和制鞋业
木制品及家具制造业	16-Wood and furniture	木材加工和木、竹、藤、棕、草制品业；家具制造业
造纸及印刷制品业	17-18-Paper	造纸和纸制品业；印刷和记录媒介复制业
化学制品业	19-Pharmaceuticals, cosmetics; 20-21-Other chemical products n.e.c.; 229-Chemical products, unspecified	化学原料和化学制品制造业；医药制造业；化学纤维制造业
橡胶和塑料制品业	22-Rubber and plastic products（non-automotive）	橡胶和塑料制品业
非金属矿物制品业	23-Glass, ceramics, stone, mineral products（non-auto）	非金属矿物制品业

续表

本章设定行业	IFR 制造业行业	中国制造业两位数行业
金属加工冶炼业	24-Basic metals	黑色金属冶炼和压延加工业；有色金属冶炼和压延加工业
金属制品业	25-Metal products（non-automotive）	金属制品业
通用及专用设备制造业	28-Industrial machinery 289-Metal, unspecified	通用设备制造业；专用设备制造业
电子和电气设备制造业	26-27-Electrical/electronics	电气机械和器材制造业；计算机、通信和其他电子设备制造业；仪器仪表制造业
汽车制造业	29-Automotive	汽车制造业
交通运输设备制造业	30-Other vehicles	铁路、船舶、航空航天和其他运输设备制造业
其他制造业	91-All other manufacturing branches	烟草制品业；文教、工美、体育和娱乐用品制造业；石油加工、炼焦和核燃料加工；其他制造业；废弃资源综合利用业；金属制品、机械和设备修理业

注：2006～2011 年，汽车制造业归属于交通运输设备制造业，2012 年独立出来成为两位数行业

11.4.2 模型设定与变量解释

（1）为实证检验制造业智能化是否促使就业从制造业向服务业流动，参考相关文献做法，本章建立线性回归模型：

$$\ln \mathrm{MS} = \beta_0 + \beta_1 \ln \mathrm{Rob}_{it} + \Phi X + \mu_i + \delta_t + \varepsilon_{it} \tag{11-1}$$

其中，下标 i 表示省份；t 表示年份；被解释变量 MS 表示服务业和制造业就业人数相对变动系数；核心解释变量 Rob 表示各省份的工业机器人保有量；X 为一组可能影响就业流动的省级层面控制变量集；考虑到可能存在不随省份或时间变动的遗漏变量，由此产生内生性问题，因此模型也控制了不可观测、不随时间变化的个体异质性特征 μ_i 和不随省份变化的年度固定效应 δ_t；ε_{it} 表示随机扰动项。为了降低可能的异方差的影响，将各变量取对数处理。

（2）被解释变量为服务业和制造业就业人数相对变动系数（MS），代表制造业和服务业的就业流动，用服务业就业人数和制造业就业人数的比值来衡量，即通过该比值来衡量服务业和制造业在就业人数上发生的相对变化。

（3）核心解释变量为各省份工业机器人保有量，代表各省份的制造业智能化水平。因为 IFR 的统计数据只包含国家行业工业机器人统计，没有区域层面的统计数据。因此本章参照 Acemoglu 等（2017）及王文（2020）的做法，假设各省份制造业工业机器人的应用率相同，采用 IFR 工业机器人行业保有量数据和《中国劳动统计年鉴》各省份制造业分行业就业数据，将某省份某一行业占全国就业人数的比例作为权重，从而将行业数据分解到各省份，得到估算后的各省份工业机器人保有量面板数据，具体计算公式如下：

$$\mathrm{Rob}_{it} = \left[\sum_{j=1}^{J}\left(E_{ijt} \times \mathrm{Robot}_{jt}\right)\right] \tag{11-2}$$

其中，Rob_{it} 表示 i 省份 t 年的工业机器人密度；E_{ijt} 表示 i 省份 t 年 j 行业的从业人数在当年全国该行业总从业人数中所占份额；$Robot_{jt}$ 为 IFR 提供的 j 行业 t 年的工业机器人保有量；J 表示需要加总的行业数量。由于中国统计体系中的行业分类标准与 IFR 的行业分类（ISIC）不完全一致，本章按照全国分省份分行业就业数据，对照 14 个制造业行业进行归并，得到全国层面和各省份层面 j 行业 t 年的从业人数，进而计算获得 E_{ijt}。

（4）控制变量。为缓解遗漏变量可能带来的内生性问题，进一步将经济发展水平（PGDP）、城市化水平（Urban）和人力资本积累水平（Cap）等变量的影响加以控制，各变量的意义与计算方法见表 11-2。

表 11-2 变量指标含义

变量	符号	变量名称	计算方法	单位
被解释变量	MS	服务业和制造业就业人数相对变动系数	服务业和制造业就业人数之比	%
核心解释变量	Rob	制造业智能化水平	各省份工业机器人保有量	台
控制变量	PGDP	经济发展水平	人均生产总值，平减为 2006 年	亿元
	Urban	城市化水平	各省份年末城镇人口比例	%
	Cap	人力资本积累水平	大学专科、本科及研究生人数占全省就业人员比例	%
	RD	研发投入强度	R&D 经费投入占全省生产总值比例	%
	Str	产业结构	服务业产值占生产总值比例	%
	FDI	外资利用水平	外商投资企业年底投资总额占生产总值比例	%

各变量的描述性统计分析见表 11-3。

表 11-3 变量描述性统计

变量	个数	均值	方差	最小值	最大值
MS	390	283.4	158.2	67.45	1110
Rob	390	4701	10 564	1	116 855
PGDP	390	40 345	29 994	5787	186 737
Urban	390	54.10	13.64	27.46	89.60
RD	390	1.461	1.070	0.200	6.170
Cap	390	14.72	9.648	3.010	57.43
FDI	390	39.65	52.25	4.790	585.4
Str	390	43.24	9.369	28.60	81

11.4.3 基准回归

表 11-4 报告了模型的 OLS、单向固定和随机效应、双向控制固定和随机效应的估

计结果。结果显示不管采用何种估计方法，工业机器人应用对就业差异的影响都是负的，说明估计结果具有一定的稳健性。考虑到时间趋势的存在及可能存在的相关性，本章以双向控制固定效应回归结果进行分析。从结果可知，工业机器人的应用对服务业和制造业就业人数比值有着显著的影响，影响方向为负，工业机器人保有量每增加1%，差异降低0.295%。实证结果表明，随着制造业智能制造的深化，保持其他影响因素不变，服务业和制造业的就业人数差异在降低，因此工业机器人使用的增加并没有明显促进就业从制造业向服务业流动，这一结果初步验证了本章提出的假说 H_2。从产业和结构的变迁上看，随着经济发展、社会生活水平的提升，服务业规模变大、经济结构从工业制造业为主向服务业为主过渡是一种经济规律；但制造业智能化的加速为制造业发展注入了新的生命力，推动了制造业转型升级，提升了制造业竞争力，使得制造业规模扩大，吸引劳动者到制造业行业就业，反而拉低制造业向服务业就业流动的趋势。

表 11-4 基准回归结果

	OLS	稳健 OLS	稳健固定效应	稳健固定效应	稳健随机效应	稳健随机效应
Rob	−0.0713***	−0.0713***	−0.168**	−0.295***	−0.111**	−0.286***
	(−4.67)	(−5.02)	(−2.66)	(−4.65)	(−2.10)	(−4.97)
PGDP	−0.268***	−0.268***	0.908***	0.0573	0.653**	0.142
	(−2.76)	(−3.17)	(3.09)	(0.17)	(2.33)	(0.63)
Urban	−0.398	−0.398*	−0.714	−0.623	−0.851	−0.595
	(−1.61)	(−1.76)	(−1.28)	(−1.63)	(−1.60)	(−1.50)
RD	−0.392***	−0.392***	−0.0823	−0.213*	−0.210**	−0.158*
	(−9.17)	(−7.77)	(−0.71)	(−1.97)	(−2.19)	(−1.70)
Cap	0.465***	0.465***	0.0170	0.0793	0.0831	0.0838
	−6.61	(7.37)	(0.25)	(1.18)	(1.19)	(1.33)
FDI	−0.175***	−0.175***	0.130**	0.00585	0.0686	0.0199
	(−5.43)	(−4.26)	(2.24)	(0.13)	(1.47)	(0.38)
Str	1.778***	1.778***	0.294	−0.206	0.489**	−0.0582
	(13.66)	(11.94)	(1.38)	(−0.93)	(2.52)	(−0.31)
常数项	3.154***	3.154***	−1.501	9.027**	0.631	7.455***
	(4.06)	(4.54)	(−0.80)	(2.50)	(0.42)	(4.75)
样本量	390	390	390	390	390	390
调整 R^2	0.6444	0.6508	0.4012	0.6405	0.3642	0.6366
控制个体效应	No	No	Yes	Yes	Yes	Yes
控制时间效应	No	No	No	Yes	No	Yes

注：括号内为标准误差；*，**，***分别表示在10%，5%，1%的水平上显著

11.4.4 区域异质、稳健性检验及其机制检验

1. 区域异质性

我国地理位置和历史原因使各省份之间的发展状况差异较大，为辨析区域间的异质性，本章划分为东、中、西部三大区域对就业流动的影响因素进行分析①。回归结果见表 11-5 中第（1）～（3）列。从估计结果可以看出，东、中、西部地区工业机器人应用对服务业和制造业就业差异的影响都为负，并且至少在 5%的显著性水平上为负。这也进一步证明了结果的稳健性。但是三大区域影响的力度是不同的。其中东部最大，西部次之，中部最小。原因可能与三大区域的产业布局有关，东部作为我国经济最为发达的区域，制造业和服务业两大产业都发展良好，2018 年东部拥有机器人数量占到全国的

表 11-5 进一步回归结果

变量	区域异质性			稳健性检验		机制检验
	（1）东	（2）中	（3）西	（4）	（5）	（6）
Rob	−0.321***	−0.147**	−0.298***	−0.100***	−0.0758**	0.295***
	(−5.58)	(−2.28)	(−4.20)	(−9.09)	(−2.34)	−4.33
PGDP	−0.605*	−0.0821	1.894***	−0.834***	−0.296*	−0.0704
	(−1.76)	(−0.33)	(3.42)	(−4.39)	(−1.90)	(−0.18)
Urban	−0.483	−0.796	−1.327**	−0.358***	−0.490***	0.353
	(−1.70)	(−1.54)	(−2.66)	(−8.75)	(−2.66)	−0.89
RD	−0.130**	−0.137	−0.0450	0.384***	−0.271***	0.349***
	(−2.18)	(−1.32)	(−0.46)	(6.00)	(−4.72)	−3.14
Cap	0.0868	−0.0146	0.155	−0.174***	0.0257	−0.0936
	(1.28)	(−0.19)	(1.65)	(−5.40)	(0.45)	(−1.31)
FDI	0.0665	−0.00979	−0.0473	1.791***	0.00419	0.011
	(1.14)	(−0.16)	(−1.41)	(13.78)	(0.13)	−0.32
Str	−0.238	−0.142	0.329	2.445***	−0.0692	0.0346
	(−1.35)	(−0.77)	(1.47)	(3.34)	(−0.55)	−0.15
常数项	14.93***	10.39***	−7.925	−0.100***	10.31***	11.69***
	(4.39)	(4.92)	(−1.63)	(−9.09)	(6.54)	−3.12
样本量	156	117	117	390	390	390
调整 R^2	0.7916	0.8349	0.7579	-	0.4554	0.6505
控制个体效应	Yes	Yes	Yes	No	Yes	Yes
控制时间效应	Yes	Yes	Yes	No	Yes	Yes

注：括号内为标准误差；*，**，***分别表示在 10%，5%，1%的水平上显著

---

① 东部地区包括北京、天津、河北、辽宁、上海、江苏、浙江、福建、山东、广东、广西、海南 12 个省份；中部地区包括山西、内蒙古、吉林、黑龙江、安徽、江西、河南、湖北、湖南 9 个省份；西部地区包括四川、重庆、贵州、云南、陕西、甘肃、宁夏、青海、新疆 9 个省份。

67.95%，通过工业机器人的大规模应用，促进了制造业的更新换代与转型升级，为制造业带来了更多的活力，吸引大量就业人员包括高端人才在制造业就业，降低了服务业和制造业的就业差异；西部总体上是中国经济较为落后的区域，但也是政府支持力度最大的区域，在政策和市场的引导下，大量制造业企业迁移到西部或在西部创业，因此制造业发展也较快；受到制造业智能化的冲击，当保持其他因素不变时，缩减了服务业和制造业的就业差异。

2. 稳健性检验

从不同的估计方法和分区域进行估计，得到的估计系数都为负，表明影响是负的，具有一定的稳健性。为进一步证明研究结果的稳健性，本章采用广义最小二乘法进行回归，估计结果见表 11-5 第（4）列。

重新选择工业机器人渗透度及机器人密度代表各省份的制造业智能化水平。计算方法是将各省份工业机器人保有量除以各自的制造业就业人数，具体计算公式为

$$\text{Rob}_{it} = \left[\sum_{j=1}^{J} \left(E_{ijt} \times \text{Robot}_{jt} \right) \right] / \text{pop}_i \tag{11-3}$$

其中，pop 为各省份的制造业就业人数。仍然控制个体效应和时间效应，采用固定效应回归方法对模型进行估计，估计结果见表 11-5 第（5）列。

虽然不同模型的估计系数在数量上稍有差异，但都为负值，说明保持以前因素不变，智能制造抑制了就业差异，与基准回归的结构保持了一致，进一步支持了假说 H_2，表明本章的实证结果具有稳健性。

3. 机制检验

从上一部分的实证结果可知，工业机器人应用显著缩小了服务业和制造业的就业差异，抑制了制造业向服务业的就业流动趋势。基于理论机制部分的分析可知，工业机器人的大规模应用会对制造业和服务业就业产生各种影响，最终结果取决于影响的综合结果。本章进一步分析工业机器人应用对制造业就业的影响，解释抑制就业流动的机制。具体回归模型为

$$\ln M = \beta_0 + \beta_1 \ln \text{Rob}_{it} + \Phi X + \mu_i + \delta_t + \varepsilon_{it} \tag{11-4}$$

其中，变量 M 代表各省份制造业历年就业人数。仍然控制个体效应和时间效应，采用固定效应回归方法，对模型进行估计。估计结果见表 11-5 第（6）列。结果表明，工业机器人的应用显著影响了制造业就业。在 1%显著性水平上，工业机器人应用每增加 1%，制造业就业增加 0.295%。因此制造业行业中以工业机器人大规模应用为代表的制造业智能化对就业存在多种影响，可能通过就业挤出和替代降低就业规模；可能通过生产规模扩大和产业关联扩大就业，但综合影响是正向的，综合表现出促进就业的结果。这也解释了智能化实质上扩大了制造业就业，从而降低了就业从制造业向服务业流动的倾向。

11.5 工业机器人应用对就业结构影响的结论与政策建议

制造业智能化对就业结构的影响受到广泛关注,为实证研究制造业智能化对就业流动的影响,本章以最受关注的制造业和服务业就业为研究对象,以工业机器人保有变量代表制造业智能化,构建2006~2018年全国30个省份的面板数据模型,并采用双向控制固定效应回归方法估计模型。实证结果表明,当控制其他影响因素不变时,制造业智能化抑制了制造业就业向服务业的流动,降低了两个行业的就业差异。机制分析发现,制造业智能化实质上扩大了制造业的就业,从而减缓了制造业向服务业就业流动的趋势。基于以上结果提出3项政策建议。

(1) 推广工业机器人应用,大力推进制造业智能化。制造业智能化是中国制造业转型升级的趋势和方向,以智能化转型推进制造业高质量发展。推进智能化转型,首先在思想上应充分认识到其重要意义,智能制造意味着竞争优势;其次要关注关键智能制造技术攻关,特别是自主可控的关键技术,避免受制于人;最后应注重智能制造与互联网、物联网、大数据、人工智能等关键技术的融合,实现制造业的创新融合发展。

(2) 吸引高端人才到制造业就业,提升制造业竞争力。当今世界正经历百年未有之大变局,新一轮产业变革正在孕育兴起,时代要求"保持制造业比重基本稳定,巩固壮大实体经济根基"。智能化是制造业转型升级的新动能,劳动者特别是高端人才是制造业发展的基础,应通过政策引导、提升劳动者待遇、改善劳动者福利条件等措施,吸引高端人才到制造行业创业、就业,为制造业竞争力的提升提供智力保障。

(3) 推进制造业服务业融合发展,强化制造业核心地位。制造业和现代服务业融合是顺应新一轮科技革命和产业变革,增强制造业核心竞争力、培育现代产业体系、实现高质量发展的重要途径。以制造业智能化为契机,大力发展生产性服务业和高端服务业,强化服务业对制造业产业链的支撑作用,使制造业与服务业相辅相成、互相促进、融合发展。

参 考 文 献

程虹, 陈文津, 李唐. 2018. 机器人在中国: 现状、未来与影响——来自中国企业-劳动力匹配调查(CEES)的经验证据[J]. 宏观质量研究, 6(3): 1-21.

杜传文, 李晴, 芮明杰, 等. 2018. 大规模工业机器人应用与异质性技能劳动力之间的替代互补关系[J]. 中国科技论坛, 8: 174-182.

韩民春, 乔刚. 2020. 工业机器人对制造业劳动力就业的结构性影响与地区差异[J]. 产经评论, 11(3): 49-63.

黄群慧, 贺俊. 2015. 中国制造业的核心能力、功能定位与发展战略——兼评《中国制造2025》[J]. 中国工业经济, 6: 5-17.

吕洁, 杜传文, 李元旭. 2017. 工业机器人应用会倒逼一国制造业劳动力结构转型吗?——基于1990—2015年间22个国家的经验分析[J]. 科技管理研究, 37(22): 32-41.

王文. 2020. 数字经济时代下工业智能化促进了高质量就业吗[J]. 经济学家, 4: 89-98.

王小霞, 李磊. 2020. 工业机器人加剧了就业波动吗——基于中国工业机器人进口视角[J]. 国际贸易问题, 12: 1-15.

王永钦, 董雯. 2020. 机器人的兴起如何影响中国劳动力市场?——来自制造业上市公司的证据[J]. 经济研究, 55(10): 159-175.

吴清华, 周晓时, 朱兰. 2020. 工业机器人对就业的异质性影响——基于发展阶段与行业的分析[J]. 中国科技论坛, 4: 74-82, 110.

闫雪凌, 朱博楷, 马超. 2020. 工业机器人使用与制造业就业: 来自中国的证据[J]. 统计研究, 37(1): 74-87.

张捷, 张媛媛, 莫扬. 2013. 对外贸易对中国产业结构向服务化演进的影响——基于制造-服务国际分工形态的视角[J]. 财经研究, 39(6): 12.

中国社会科学院工业经济研究所课题组, 史丹. 2020. "十四五"时期中国工业发展战略研究[J]. 中国工业经济, 2: 20.

周济. 2015. 智能制造——"中国制造2025"的主攻方向[J]. 中国机械工程, 26(17): 2273-2284.

Acemoglu D, Restrepo P. 2017. Robots and jobs: Evidence from US labor markets[J]. Journal of Political Economy, 128(6): 2188-2244.

Carbonero F, Ernst E, Weber E. 2018. Robots worldwide: The impact of automation on employment and trade[J]. ILO Working Paper, 36: 1-13.

Fu X, Bao Q, Xie H, et al. 2021. Diffusion of industrial robotics and inclusive growth: Labour market evidence from cross country data[J]. Journal of Business Research, 122: 670-684.

Jin H J, Lim D G. 2020. Industrial robots, employment growth, and labor cost: A simultaneous equation analysis[J]. Technological Forecasting and Social Change, 159. 120202.

Kromann L, Malcow-Møller N, Skaksen J R, et al. 2020. Automation and productivity–a cross-country, cross-industry comparison[J]. Industrial and Corporate Change, 29(2): 265-287.

撰稿人：王常凯
审稿人：程中华

第12章 中小制造企业智能化转型中的动态能力演化

12.1 中小制造企业智能化转型的研究背景

数字时代为中小企业增值现有活动、开发高价值产品与服务、降本增效等提供了重要机会，智能转型已成为中小制造业企业重塑竞争优势和高质量发展的关键所在。然而关于中小企业如何进行智能化转型仍缺乏系统的理论和实证研究。相较于大型制造企业，中小制造企业规模不大，资源较为稀缺，其智能转型可能面临着更为严峻的环境和条件。但就现实而言，中小企业数量已占据公司总量的95%以上，因此对其智能转型展开研究更具实践意义。特别是从外部环境冲击看，进入互联网时代以来，企业外部环境呈现出易变性（volatility）、不确定性（uncertainty）、复杂性（complexity）和模糊性（ambiguity）（VUCA）等特征。这使得对企业的研究视角，从已有的资源基础观到核心能力观，再转变为现在的动态能力观。动态能力可以帮助企业解决适应企业发展不同阶段快速变化环境的难题，这意味着企业必须构建自身的动态能力以应对环境的变化。但目前针对企业特别是中小企业如何通过构建动态能力实现智能化转型的相关研究较为匮乏。因此本章探讨VUCA环境下，中小制造企业的智能转型需要何种动态能力，其动态能力如何演化。

12.2 中小制造企业智能化转型的研究进展

12.2.1 制造业智能化转型

现有对制造企业智能化转型的研究，不仅只讨论智能技术的应用，还主要从改变生产方式、推动技术（产品/服务）创新、转型发展趋势等各方面展开研究（孟凡生等，2019），智能化转型被认为是组织变革的过程。不同学者对智能制造的内容或是阶段划分存在一定的差异，Zhou等（2018）认为，智能制造要从智能产品属性、智能生产、营销模式以及智能基础实现四个层面系统推进，并且将智能制造分为数字化制造、数字化网络化制造、数字化网络化智能化制造三个阶段，且三个阶段呈现依次展开、逐级递升的特征。吕文晶等（2019）认为，智能制造的具体实施包括智能产品、智能生产和智能服务三个方面。陈瑾等（2019）认为，我国制造业的智能化转型反映在产业链层面时，主要体现在企业经营活动向着智能研发、智能营销以及生产制造的智能化升级上。杨青峰等（2020）认为，智能制造先行企业的企业形态等诸多方面已经呈现出前所未有的变化，与传统企业大为不同（表12-1）。

表 12-1 智能制造先行企业与传统企业的差异概览

	智能制造先行企业	传统企业
企业形态	平台型、网络化	层级制
企业边界	跨界经营、开放	封闭
资源形态	标准化、流程化、数字化和互联化	有形和无形
资源基础	独占或排他	共享、共创和共生
价值创造主体	企业、用户和其他参与者	企业
价值创造过程	用户参与、多方共创、产用融合	企业主导
驱动机制	数据（形式）和用户（根本）	企业家或管理层
流程惯例	去中介化、并联	串联、集权与分权、分工与协作
竞争方式	对用户选择权的竞争（获得用户选择）	产品、服务、价格

此外，当前对制造企业智能转型的研究往往针对或聚焦于大型平台企业或行业领先企业，而对中小制造企业智能转型的研究仍较为匮乏。已有文献表明，在企业的数字化转型研究中，动态能力能够帮助企业改变资源基础，更好地适应外部技术环境变化（崔淼等，2021）。企业通过改变、调整或扩展公司现有资源、流程和价值观而产生的动态能力，有助于其数字化转型（Warner et al.，2019）。同时企业数字化转型过程也会引发个人、组织和产业等多个层面的变革，特别是对组织结构/能力/战略的影响，从而推动企业动态能力的演化。即动态能力是数字化转型的基础（肖静华，2017），而数字化转型又重塑了企业的动态能力（曾德麟等，2021）。对于企业而言，能够在智能化转型过程中提升动态能力，对于获取竞争优势是至关重要的。因此，从动态能力视角研究中小企业的智能转型具有极其重要的现实意义。

12.2.2 动态能力

已有研究关注了制造企业智能化发展过程中的商业模式变革、资源基础变革、数字化赋能、创新柔性等诸多问题，但是对于转型过程中的中小制造企业动态能力变化还存在较大的探索空间。一些学者认为，动态能力是指组织感知并抓住新机遇，重新配置和保护知识资产、能力和互补资产，以实现持续竞争优势的能力（Augier et al.，2009）。企业通过识别和捕捉新的战略机遇，协调必要的组织资产，发明新的商业模式和组织形式，转换业务流程及重组资源实现适应新环境（Augier et al.，2008）。也有学者将动态能力定义为企业整合、建立以及重构企业内外资源以便适应快速变化环境的能力。总体而言，"动态能力"强调两个方面：一是强调环境的变化特征；二是强调在面对环境动态性和整合企业内外部资源中战略管理的职能能力与重要作用。李璨（2018）总结现有文献对动态能力的概念界定主要基于三种视角：其一，将其视为响应动态环境的能力，强调动态能力是企业在动态环境中取得竞争优势的重要来源（Teece et al.，1997）；其二，将其定义为一系列可以识别的流程与惯例（Eisenhardt et al.，2000）；其三，将其视为一种高阶能力，通过改变普通能力作用于竞争优势（Winter，2003）。陈应龙等（2013）认为，动态能力可以促进企业更好地与环境互动，从而获得和维持竞争优势，其作用方式是调整和创新，其作用对象是企业特有的战略资源，包括由企业控制并能帮助企业设计和实施提升其效率的所有资产、能力、组织过程、企业特征和信息资源等。现有研究尽管认为动态能力能够创造市场变化、促使企业识别机会和威胁、简化运营与提高效率、及时做出战略决策并改变资源基础潜能、系统解决问题、实现组织转型、创建新的商业模式等，从而在高速动态环境中使企业实现持续竞争优势（杨青峰等，2020），但在动态能力内涵和维度划分方面仍存在一定的差异，如表 12-2 所示。

表 12-2 动态能力的内涵和维度划分

作者	年份	内涵/维度
Teece 等	1997	感知能力、利用能力和再配置能力
Eisenhardt 等	2000	企业利用资源以适应甚至创造市场变化的过程，特别是整合、配置、获取和释放资源的过程
焦豪等	2008	环境洞察能力、变革更新能力、技术柔性能力与组织柔性能力
陈应龙等	2013	战略意会能力、柔性决策能力、及时调整能力和灵活创新能力
韩凤晶等	2018	战略隔绝能力、环境洞察能力、网络关系能力、适应性学习能力、创新变革能力
马文甲等	2018	环境洞察能力、快速吸收能力和灵活整合能力
夏清华等	2019	环境洞察能力、组织学习能力、组织柔性、变革更新能力、市场潜力、战略隔绝能力
侯娜等	2019	资源配置能力、创新能力、扩散能力和客制化能力
Warner 等	2019	数字化检测、数字化思维培养、战略敏捷性、重新设计内部结构能力
杨青峰等	2020	技术和产品创新能力、智慧生产能力、连接与获取终身用户能力、内外部环境创新能力
崔淼等	2021	环境感知能力、机会利用能力和资源重构能力

表 12-2 中对动态能力的界定视角丰富，但这些研究对中小制造企业的关注度仍不充分，同时对动态能力的研究也缺少演变的过程。因此，本章以中小制造企业为对象，以案例研究的方法，观察其智能化转型过程中动态能力的演化过程，从而推动中小制造企业的智能化发展。

12.3 中小制造企业智能化转型的研究设计与方法

12.3.1 研究方法

本章选择案例从纵向角度展开研究，主要基于三个原因：一是中小制造企业的智能转型是一个动态过程，案例分析能够深入描述这一过程。二是纵向角度的案例研究有利于对关键事件和事件的因果关系进行全面观测（孟凡生等，2019），能够更加准确地呈现中小制造企业智能化转型的动态过程。三是案例研究适用于回答"如何"与"为什么"等问题，能够回答本章所探索的中小制造企业智能转型过程中的动态能力演化。

12.3.2 研究样本

本章选取了小家电行业的 A 企业作为案例研究对象，主要基于三个原因。

一是行业典型性。随着消费升级步伐不断加快以及互联网电子商务平台的蓬勃发展，小家电市场体量不断扩张。据工业和信息化部赛迪研究院的《2018 家电网购分析报告》显示，2018 年小家电网购市场规模首破千亿元大关，达到 1045 亿元，且其增幅远远高于家电网购市场整体增幅。《2020 年中国家电市场报告》显示，即使受疫情和经济大环境影响，2020 年，绝大多数家电产品品类市场规模出现下滑，但是生活类小家电产品，如吸尘器、美发美容仪、料理机、按摩器等，却出现了不同程度的热销，活跃了本来沉闷的家电市场。

二是企业典型性。尽管小家电行业中，大型企业优势明显，但本章研究的对象是中小企业，因此选取的是 A 企业股份有限公司（下文简称"A 企业"）。作为我国率先上市的小家电中小企业，A 企业的智能化转型升级过程和经验对行业内其他企业具有广泛的影响和可借鉴性，也具有较好的代表性与典型性。A 企业目前已成为国内研发设计实力强、产品类型丰富、产品质量优良的创意小家电供应商，具备较强的市场竞争力和品牌知名度，占据了良好的市场地位。

三是纵向案例研究的可行性。A 企业于 2006 年成立，成立时间较长，有较为丰富的企业资料。作为小家电行业中的典型企业，媒体或专家对其进行了较多的宣传报道和相关研究，同时该企业已在深交所中小板挂牌上市，有公开的公司信息，这些内容能够为本章提供较为丰富的参考资料。

12.3.3 转型阶段划分

A 企业成立于 2006 年 3 月，是一家以自主品牌为核心，运用互联网大数据进行创意小家电研发、设计、生产和销售，并将产品销售渠道与互联网深度融合的"创意小家电+互联网"企业，其不断向消费者推出精致、创新、智能、健康的创意小家电。其产品使用对象涵盖幼儿、青年、中老年人群，主要产品包括厨房小家电、生活小家电及其他小家电等。2019 年 8 月 23 日，A 企业正式在深交所中小板挂牌上市，首日涨幅达 44%，市值约 59 亿元人民币，成为创意小家电市场最亮眼的黑马。2020 年"双十一"期间，公司烤串机/电烤炉等七大品类获得某平台销售额第一，打蛋器等五大品类在另一平台销售额第一。截至 2021 年 6 月，公司搭建了 3 级研发体系、10 个研发团队，共计 300 多名研发人员，包含用户研究、产品体验、创新设计、工程开发、基础研究等各方面人才，每年开发新品超过 100 款，近三年研发投入复合增长率在 60% 以上。目前公司拥有 60多个品类、超过 500 款的产品型号，共有 5 大生产基地，另有上市募投的 10 亿元资金用于建设三大智能化生产基地。A 企业还被认定为"中国驰名商标""广东省企业 500强""佛山市标杆高新技术企业""佛山脊梁企业"，获得政府、业界及消费者的高度认可。

对于 A 企业发展阶段的划分，其创始人和董事长曾将 A 企业的发展分为三个阶段，即注重产品功能性研发的初期、加强外观颜值和生活场景协调的中期及关注产品与目标用户个性和喜好匹配的后期。这种阶段的划分显然是依据产品的性能来划分的，但就本章而言，在关注 A 企业的智能化发展历程时，借鉴 Yeow 等（2018）的划分方式可能更为适宜。他认为，企业适应数字化转型过程的实质是组织协调，即协调新战略与资源之间的张力。由此他们构建了协调过程模型，该模型由探索、构建、扩展 3 个阶段以及组织感知、获取和转化能力的协调行动组成。根据 A 企业智能化转型的发展历程，本章亦将其划分为探索、发展和升级 3 个阶段。

第一个阶段：智能化转型探索阶段（2008~2012 年）。A 企业在 2006 年 3 月成立时，即将自身定位于产品销售渠道与互联网深度融合的"创意小家电+互联网"企业。在该阶段，A 企业感知到市场机遇与威胁，积极利用数字技术应对市场变化与环境复杂性，进而重新调整战略。一方面，A 企业往多品类方向去发展；另一方面，2008 年起，A 企业建立"线上授权经销"的创新商业模式，其产品主要通过线上经销、电商平台入仓和线上直销方式在多家电商平台进行销售。在这一时期，A 企业积极探索企业价值创造新方式，运用互联网大数据进行创意小家电研发、设计、生产和销售。

第二个阶段：智能化转型发展阶段（2013~2018 年）。在该阶段，A 企业重新配置资源，特别是知识、技术和制度 3 种交互资源的配置及其组合模式，持续调整业务流程与结构，运用更加丰富的数据处理能力，使业务与智能化转型战略不断保持一致。在这一阶段，A 企业精准把握小家电用户需求，运用较强的技术创新实力、完善的采购管理体系实现产品量产。同时利用成熟的互联网销售体系快速推广产品，并及时优化升级产品，从而实现销售的稳健增长。

第三个阶段：智能化转型升级阶段（2019 年至今）。在该阶段，A 企业加强能力整合和新资源利用，如通过加入数字平台生态系统等拓展自身环境，并实现对知识、客户和关系的调整与重组。2019 年起，该企业不仅成功上市，而且开始在行业率先尝试数字化革命：一是位于顺德的 A 企业智能小家电制造基地内，由研发中心、产品中心、测试中心组成的研发大楼投入使用，并将运用信息化、数据化的平台资源进行创新及管理。二是智能化工厂投入运行，引入行业先进智能化设备，中央集中供料系统自动上料，既保证产品质量，同时使其生产效率是普通工厂的 2 倍以上。三是 A 企业在创意产业园内进行 24 小时直播，并开展不定期头脑风暴会议，勾勒出新的数字化全链条生产雏形。正如企业负责人强调的"我们希望能通过自己的探索，在市场端为消费者提供更好的产品和服务，在行业中为同行的数字化转型'打样'"。A 企业拟进一步完成智能制造基础能力构建，并将其变革落脚在消费者端。

12.3.4 数据收集

本章研究使用的数据以二手资料为主，案例企业是上市企业，认知度和曝光度较高，公开数据充裕，足够案例研究使用；同时二手资料可以供反复分析解读，利于核实关键数据和信息。为保证数据资料的全面性和准确性，本章主要从四类途径收集：一是浏览案例企业官网，获取企业的发展历程、宣传视频、年度报告、组织架构、产品/技术/市场介绍、企业家访谈等企业基本资料。二是通过企业公众号等社交平台、资讯类网站等投资机构平台、知名搜索平台和有影响力的媒体报道、知识数据库中的学术论文、公开著作等渠道，获取案例企业的主要研究资料；三是到各大购物平台或是线下直营店进行产品和服务体验，获得相对直接的企业信息；四是访谈不同类型的典型消费者，多维度地收集企业相关信息。对于不同渠道来源的资料，根据"三角论证"的原则，进行反复比对和分析，以保证研究资料的可靠性和客观性。

12.3.5 数据分析

本章遵循Strauss（1987）提出的编码方法对收集的数据资料进行分析，以A企业智能化转型的各阶段为分析单位，通过开放式编码等提炼动态能力的具体维度。

1. 开放式编码

开放式编码是对数据和资料分析整理和归纳，进行概念化和范畴化的过程。主要步骤为贴标签—概念化—范畴化。即逐句对动态能力相关的资料贴标签；然后对意思相近或属性相同的标签进行归类，形成初始概念；再对这些初始概念进一步提炼，进行同类分析和归纳，提炼出范畴。经过标注与研究主题相关的内容，抽象出60个概念，进而归纳出25个具有一定逻辑关系的初始范畴。开放式编码过程示例见表12-3。

表 12-3　开放式编码过程示例

典型引用	贴标签	概念化	初始范畴
大家电企业对小家电产品重视程度不高，同类竞争对手在小家电上的创意也很低，市场蕴藏巨大潜力	小家电行业的市场前景分析	家电行业分析	行业分析
网络购物作为一种新生活方式而进入公众视野之初，个性化的、相对小众的产品，吸引了年轻用户的目光	年轻用户对个性化及小众产品的青睐	目标顾客的需求分析	用户分析
电商从2003年某平台成立到现在接近20年，A企业15年来也一直跟电商结缘，从企业创业初期就开始切入电商	从企业创业初期就开始切入电商	购物环境和技术的变化	技术分析
A企业伴随火爆的"酸奶利器"进入千千万万的用户家庭……用最贴近用户需求的产品，以充满人性化和想象力的设计，带来轻松快乐的体验，获得了大批粉丝的拥趸	产品设计充满人性化和想象力，带来轻松快乐的体验	挖掘客户需求并满足	满足顾客需求
企业负责人带领A企业不断抓住机遇，发现需求，创造价值。小巧好用的煮蛋器、养生壶、电热饭盒、电炖盅、电饼铛、和面机等层出不穷的创意小家电陆续问世	发现需求，层出不穷的创意小家电陆续问世	不断开发新产品	新产品开发
A企业又以"重金"扬帆电子商务，成为顺德第一家与某电商平台签订百万元广告投放合作协议的家电品牌	最早与某电商平台签订广告投放合作协议	利用电商的风口构建线上渠道	布局线上销售渠道
……	……	……	……

2. 主轴式编码

对开放式编码形成的初级范畴进行提炼和归纳,探寻并总结各初级范畴之间的关系,然后形成若干主范畴的过程,即为主轴式编码。如在开放式编码环节中形成的行业分析、用户分析、技术分析等初始范畴可整合成一个轴线,即通过对行业、消费者和互联网技术等变化的跟踪与分析,对企业外部环境进行实时监测。因此把上述 3 个初始范畴纳入 1 个主范畴,即环境监测能力,3 个初始范畴以副范畴形式对主范畴做出解释。对所有范畴之间的逻辑关系按照上述过程进行分析,发展出所有主范畴和副范畴,共得到 9 个主范畴,主轴式编码结果见表 12-4。

表 12-4 主轴式编码结果

副范畴	主范畴
行业分析、用户分析、技术分析	环境监测
满足顾客需求、新产品开发、布局线上销售渠道	机会利用
产品风险管理、渠道风险管理、品牌风险管理	风险感知
数字平台合作、生态系统共建	外部合作
联名合作、体验创新、情感链接	共生文化
管理者认知、人力资本、社会资本	动态管理
积累隐性知识、获取显性知识	学习能力
研发体系构建、商业模式创新、差异化创新	研发能力
智能化工厂建设、自动化生产、智能化制造	智慧生产能力

3. 选择式编码

系统分析所有已发现的主范畴后,选择一个具有统领性的"核心范畴"即为选择式编码。这一过程可将大部分研究结果包含在较宽泛的理论范围之内,起到"提纲挈领"的作用,并形成"故事线"。数字经济时代,中小制造企业智能化转型过程中企业的动态能力不断发展变化,进而强化了智能化转型的效果。具体说来,对主范畴进行逻辑关系分析并整合,如环境监测、机会利用、风险感知可以整合为一个核心范畴,即环境洞察能力,并构成动态能力的维度之一,如表 12-5 所示。

表 12-5 选择式编码结果

动态能力(核心范畴)	动态能力的细分(主范畴)
环境洞察能力	环境监测
	机会利用
	风险感知
资源整合能力	外部合作
	共生文化
	动态管理

续表

动态能力（核心范畴）	动态能力的细分（主范畴）
创新变革能力	学习能力
	研发能力
	智慧生产能力

12.4 案例分析与讨论

本章一方面从动态能力视角观察 A 企业的智能化转型过程，另一方面在 A 企业智能化转型过程中探索其动态能力的演化。经过对 A 企业数据资料的分析，了解其智能化转型和动态能力演化遵循的逻辑和过程。

12.4.1 中小制造企业智能化转型中动态能力的演变机制

在 A 企业智能化转型的不同阶段，其动态能力也在不断演化。那么是何因素驱动其动态能力的不断变化呢？通过分析，主要有 4 种因素：一是智能技术的发展。A 企业在智能化探索阶段就把握了电子商务的发展风口，建立了线上销售渠道。随着智能技术的发展，在当前的智能化扩展阶段，又开始积极学习新的社交电商形式。二是消费需求的变化。消费趋势变化的速度越来越快，"她经济""宅经济""Z 世代"等给小家电市场的蓬勃发展带来了无限的想象空间。作为传统的制造行业，小家电企业的智能化转型既势在必行又得天独厚。同时从对消费者的需求满足到建立情感连接，再到开发新需求的过程也驱动着 A 企业的动态能力不断变化。三是企业家精神的激发。管理者洞察市场的敏锐眼光和高瞻远瞩的战略定性，是 A 企业能够迅速成长并成为"创意小家电第一股"的原因之一。四是数据资产的管理。A 企业利用前端营销数据和互联网流量数据对用户画像，及时把握需求形势变化，且将这些用户及其消费信息视为最重要的数据资产，直接指导后续研发、营销策略调整以及售后反馈，由数据驱动的动态能力演化已成为无可争辩的事实。综上，可以总结 A 企业智能化转型中动态能力的演变机制，如图 12-1 所示。

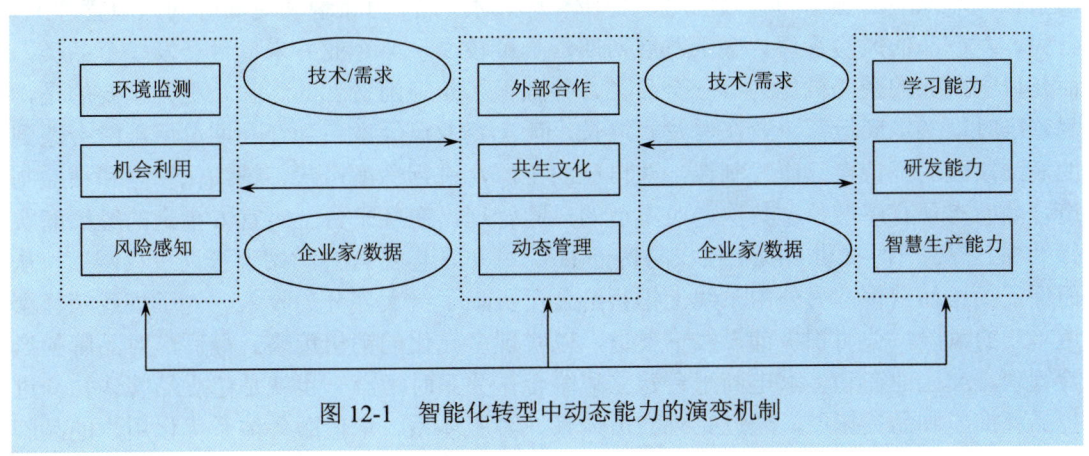

图 12-1　智能化转型中动态能力的演变机制

12.4.2 智能化探索阶段的动态能力：环境洞察能力为主导

1. 环境监测

A 企业在成立之初，对于行业环境的变化做出了三个重要判断：一是家电行业消费人群及其偏好发生了较大的变化，"新生代消费者对产品外观、功能、品质的追求与父辈不同"。二是传统家电品类如冰箱、洗衣机等趋于饱和，增长逐渐乏力，而生活类小家电，如料理机、吸尘器等存在较大的市场空间。三是敏锐地感觉到互联网的价值，2005 年某网站成为亚洲最大的网络购物平台，预示着电商黄金时代的到来。由此，企业负责人判断零售的三大要素"人、货、场"开始重构，新消费趋势和全新商业形态在当年开始逐步形成，因此，将企业定位于产品销售渠道与互联网深度融合的"创意小家电+互联网"企业。

2. 机会利用

一旦感知到市场机会，就需要通过投入开发和商业化活动形成新产品或服务，并抓住机会（Teece，2007）。为了迅速把握小家电行业的市场机会，A 企业一方面深入研究和精准探索消费者的生活方式及市场需求变化，并快速响应进行新品研发、设计，实现产品量产。如针对主张智能化、个性化和精细化的"新消费人群"，小巧好用的煮蛋器、养生壶、电热饭盒等层出不穷的创意小家电陆续问世。另一方面，2008 年 A 企业率先提出了"线上授权经销商"的创新商业模式，在某平台上对官方指定的经销商实行"线上授权"和直接供货，成为某平台上第一家进行网络分销授权的家电厂商；并可以及时获取线上消费者对产品体验的反馈信息，对产品进行优化升级，实现公司生产经营的良性循环。正是对层出不穷的用户需求的满足，并得益于电子商务的不断发展，A 企业才能够快速成长。

3. 风险感知

A 企业在智能化转型探索阶段能够实现稳健发展，不仅在于充分利用了各种机会，而且在于对风险的感知和有效应对，集中体现在对产品、对渠道和对品牌的风险管理上。首先，对产品的风险管理。鉴于发展初期资金量较少，A 企业并未盲目开发多个品类，而是以刚兴起的酸奶机作为第一个品类，并赢得了年轻消费者的青睐。更为重要的是，尽管当时很多电商运营企业在爆发式增长，但 A 企业已经意识到红利期过后可能会遇到的瓶颈，因而坚持自己研发制造，建自己的工厂，进行深度运营、精细化管理和精益制造，从而实现有序增长。其次，对渠道的风险管理。在某平台上对官方指定的经销商实行"线上授权"时提供"线上授权防伪证书"，并可在自身官方网站上查询授权网店，从而保证了正品销售。另外由于线上销售给公司贡献了绝大部分的收入，为了规避销售渠道单一的风险，公司积极铺设线下渠道，以实现多元化的销售策略。最后，对品牌的风险管理。A 企业在和多家电商平台建立战略合作关系时，第一步就是建立品牌认知，进行品牌推广和品类拓展，通过完善会员体系、客服体系、增值服务体系优化用户的品牌体验，强化 A 企业追求时尚、注重个性与品质的品牌形象，提升和维持客户的忠诚度。

12.4.3　智能化转型发展阶段的动态能力：资源整合能力为主导

动态能力明确了根据环境变化重新配置资源的重要性，强调资源重构能在企业内实现不同的能力（Teece，2007），这也是企业间的竞争优势差异所在。A 企业在智能化转型构建阶段的动态能力主要体现在资源整合能力上，对外加强与电商平台等第三方的合作，传达与消费者共生的品牌文化；对内则强化管理者的动态管理能力。

1. 外部合作

相较大企业而言，中小企业的智能化转型一般存在资源有限、能力不足的困境，因此利用第三方数字平台提供的服务和功能，进行管理更新和组织能力构建等，可以助推其智能化转型。A 企业在智能化发展中，积极整合外部资源，其产品主要通过线上经销、电商平台入仓和线上直销方式在各大主流和新兴电商平台进行销售。A 企业利用上述平台与生态系统为其提供技术和分布式计算基础设施支持，有效拓展了销售渠道，实现企业的稳健增长。

2. 共生文化

除了拓展外部合作渠道外，在智能化转型的构建阶段，A 企业以大数据捕捉年轻一代的消费和生活方式趋势，挖掘和洞察用户需求，推动产品创新，积极构筑并传达与消费者共生的品牌文化。根据年轻一代的"一人食""社交分享""养生"等多元化生活习惯场景，以及对圈层文化和艺术的崇尚和偏好，与经典 IP、知名艺术家联名合作。如 2014 年，A 企业就开始携手某知名 IP 打造立体营销，在合作活动中 A 企业发布了全新的电炖盅。此后 A 企业又陆续联合知名艺术家，推出相关产品，与知名 IP 某绘本作家联名共创相关新品。在将文化艺术、价值理念与产品审美、功能、体验融为一体，孵化出高颜值的产品，推动多元化的产品创新和体验创新的同时，A 企业与年轻人建立了更深的情感链接和文化认同，从而为品牌和市场释放出更多势能。

3. 动态管理

智能化转型和企业组织架构的变化往往都由企业家推动。中小企业的智能化转型面临巨量信息需要处理，面对复杂多变的外部环境，企业家需要在有限的时间内，整理、处理并管理海量信息以进行经营决策。现有文献大多关注数字化转型过程中高管角色的变化，高管能力及其协作是确保数字化转型计划成功的重要因素之一（Matt et al.，2015）。Kor 等（2013）强调企业首席执行官的动态管理能力是推动企业进化升级的关键能力。一般将管理者构建、整合和重构组织资源与竞争力的能力定义为动态管理能力（Adner et al.，2003），是动态能力在个人层面上的体现。Helfat 等（2018）将其细分为管理者的人力资本（技能）、社会资本（拥有的内外部社会关系网络）与管理者认知（知识结构、认知模式和价值观体系等）三个维度。A 企业的高管团队，特别是企业负责人的学习轨迹、知识结构、实践经验、关系网络等直接影响企业捕捉市场机会、识别风险以及重新配置资源的能力。A 企业创始人从哈尔滨工业大学电器专业后，十多年深耕于家电行业，在不同的家电公司先后担任过生产技术员、工程师、品质部经理、副总经理、总经理等，其间攻读工商管理硕士学位并萌生创业的想法。他的动态管理能力是 A 企业能够不断根据环境变化进行智能化转型的主要动因之一。

12.4.4　智能化转型升级阶段的动态能力：创新变革能力为主导

1. 学习能力

企业消化、利用以及转化外部知识的一系列组织惯例和过程即为学习能力（马文甲等，2018），这一能力可以帮助企业实现快速有效的创新。A 企业一方面通过长期主动学习积累隐性技术知识，另一方面持续培训研发人员获取显性技术知识。这种学习能力的获取可以保持其创新的主动性和灵活性，既能降低研发成本，又能迅速抢占市场，满足并引导层出不穷的消费新需求。2020 年，佛山企业大会上，其企业负责人在作主题为"危中寻机，疫情下的需求响应"的演讲时表示，今后要通过挖掘新用户需求和抢抓电子商务快速发展的风口，开启新商业时代。A 企业的学习能力最充分地体现在对用户需求的把握以及对渠道的拓展上。一方面，针对小家电的需求核心，有品类的细分化和产品的时尚化这两大趋势，A 企业除了做好产品，更会思考去做什么产品、为谁做产品，它把用户的画像由"家"定义成"人"，以单个的"人"作为用户需求挖掘的核心思路，并且把产品和具体的使用场景相结合，从而衍生出不同的产品形式。另一方面，针对线下渠道受疫情影响而线上渠道势头较好的形势，A 企业充分利用线上传播的深厚经验与优势，积极发展"线上引流+实体消费"新模式，利用直播带货的风口，积极学习新的社交电商形式，"现在多个直播小团队天天在做直播，每天直播时间达到 12 小时以上"，通过网络直播、跨境电商等成熟的互联网销售体系快速推广产品，深化其发展与转型。

2. 研发能力

作为"创意小家电第一股"，在家电圈看来，A 企业的成功上市正因为探索了一套全新的商业模式：围绕"创意小家电+互联网"的战略核心，以产品、管理、渠道、营销四大创新为抓手，占据更多细分市场，通过"以小见大"的产品理念，构建新的生态和格局，差异化创新。A 企业研发总监介绍，A 企业构建了三级研发体系，包括一级研发中心、二级事业部和三级工厂。其中，研发中心负责企业 3～5 年的产业大方向战略规划，事业部进行当期研发，工厂则会对产品进行必要的改良。三级研发体系的建立，是其抢占市场的关键。在 A 企业，平均每 4～6 个月就有一款新品完成从设计到上市售卖的过程。近年来，A 企业先后获得 1000 多项国家专利并获得多个创新类奖项，包括顺德区科技创新全球化先进企业、佛山市"智能制造、本质安全"示范企业、中国专利奖等。A 企业研发费用增长率远高于销售增长率，2016～2020 年，A 企业的研发费用分别为 1653.33 万元、2507.68 万元、4739.25 万元、7651.52 万元和 1.05 亿元，5 年间增长 5.35 倍，且近 3 年研发投入复合增长率在 60%以上，正如其研发总监声称"对于研发人员的数量和投入金额是不设上限的"。企业负责人认为，当 A 企业靠着单款爆品逐步成长为创意小家电行业的领先品牌后,"微创新"能力便成为品类扩张、持续增长的动力。

3. 智慧生产能力

基于人工智能、机器学习和大数据分析,制造业企业可利用自动化缺陷检测和预测工具来提升产品质量,如通用电气已经成功地利用数字化工具创建出新的服务产品。A企业认为产品力、制造力、渠道力和品牌力是其发展的驱动力,并以产品和品牌构筑企业"护城河"。特别是疫情过后,健康类、个人独享类和家庭生活类的产品开始有明显的需求呈现,需要不断地迭代更新产品,实现产品的多样化。这意味着要有强大的制造能力作为支撑。为此,A 企业一直以来积极开展智能制造,在上市募投时便提出了三大智能化工厂、研发中心以及信息化项目的建设目标,以提升企业的核心竞争力。如 2020年 A 企业创意小家电生产建设项目一期的启用和二期的奠基,预计在三期建设完成并进入投产阶段后,可实现新增家电年产能 2300 多万台,达产后年销售额可达 20 亿元。建成后的新工厂集研发、生产、销售、办公于一体,能极大提高资源配置效率、优化企业产品结构、提升企业制造"造血能力",大幅提高企业自动化生产水平和智能化制造水平。

可以看到,在 A 企业智能化转型的不同阶段,其动态能力在不断变化,并反过来推动其智能化转型。

12.5 中小制造企业智能化转型中的动态能力演化结论与启示

12.5.1 研究结论

动态能力可被视作企业智能化转型过程中组织行为模式变化的前置因素和后置结果,是检验中小制造企业智能化转型的有力视角。运用探索性案例研究方法,以 A 企业为案例,分析其智能化转型过程及动态能力演化机制。

(1) 中小制造企业的智能化转型并非一蹴而就,而是历经着探索—发展—升级的过程。智能化转型对绝大部分企业而言,都是一个崭新的管理课题,特别对资源较为匮乏的中小制造企业来说,往往缺乏现成的转型经验和样本可以借鉴,需要自身"摸着石头过河",并不断发展动态能力以支撑其智能化转型。

(2) 与智能化转型过程相匹配,中小制造企业的动态能力遵循着"环境洞察能力为主导—资源整合能力为主导—创新变革能力为主导"的演化过程。其中,环境洞察能力主要包括环境监测、机会利用和风险感知,资源整合能力主要包括外部合作、共生文化和动态管理,创新变革能力主要包括学习能力、研发能力和智慧生产能力。

(3) 中小制造企业智能化转型过程中的动态能力演化受多种因素驱动,包括但不限于技术、需求、企业家精神、数据等。智能技术和多元需求体现了企业经营环境和消费者习惯的变化,而企业家精神和海量用户数据改变了企业决策模式、运营模式和组织模式。

12.5.2 启示

中小制造企业的智能化转型势在必行，如何构建并发展与智能化转型相适应的动态能力是中小制造企业要考虑并解决的难题。通过对小家电行业中 A 企业的研究，本章对中小制造企业的智能化转型和动态能力发展有四点管理启示。

（1）做好智能化转型的整体规划。中小制造企业的智能化转型同样要做好顶层设计，明确转型的目的、目标、重点领域、具体步骤、时间协调和资源安排等，规划好智能化战略蓝图，有序推进智能化转型之路。

（2）积极应对外部环境变化。当前，企业的经营环境面临着快速的变化，如大数据、人工智能、5G 等智能技术不断发展，消费者需求也变得日益个性和多元，商业模式不断推陈出新等，这些变化对中小制造企业而言既是机遇也是风险。这就要求企业一方面增强对外部环境和消费趋势的感知能力；另一方面积极调整经营模式，趋利避害。

（3）加强内外部资源的整合。中小制造企业的规模决定了其拥有资源的有限性，但这不意味着其可利用资源是有限的，重要的是能够有效整合内外部资源。比如利用数字平台赋能，既能获得高质量的产品/服务解决方案，又能大幅降低成本；通过消费者参与，既能实现产品/服务创新，又能提升顾客满意度和忠诚度。对中小制造企业而言，通过资源的整合，坚持"小而特、小而专、小而精、小而智"的发展模式，可能更易获得竞争优势。

（4）提升创新变革能力。创新是所有企业都面临的主题，中小制造企业在基础研究和应用开发方面可能存在短板，但可以提升"微创新"能力。通过强化自身的学习能力，不断加大研发投入，中小制造企业在细分领域内精耕细作，才能获得更大的市场空间和生存机会，并谋求进一步地发展的可能。

本章将动态能力发展机制应用于智能制造情境与数字经济背景，有助于企业有效感知和利用智能技术，抓住机会以应对外部环境变化，进而实现智能化转型，从而解决企业面临的关键问题。尽管智能化转型会面临如经验缺乏、高管抗性、路径依赖等诸多阻碍，但是通过动态能力的发展和演化，提升了中小制造企业智能化转型成功的可能。

参 考 文 献

陈瑾, 李若辉. 2019. 新时代我国制造业智能化转型机理与升级路径[J]. 江西师范大学学报(哲学社会科学版), 52(6): 145-152.

陈应龙, 李大元. 2013. 动态能力视角下中小企业持续成长的机制[J]. 求索, 1: 254-256.

崔淼, 周晓雪. 2021. 在位企业的能力构建与数字化战略更新: 一项质性元分析[J]. 研究与发展管理, 33(1): 39-52.

韩凤晶, 缪大喜, 王冰. 2018. 高端装备制造企业动态核心能力测量研究[J]. 资源开发与市场, 34(11): 1499-1504.

侯娜, 刘雯雯. 2019. 新零售情境下企业动态能力如何影响价值链重构?——天使之橙和汇源果汁的双案例研究[J]. 管理案例研究与评论, 12(2): 136-151.

焦豪, 魏江. 2008. 企业动态能力度量与功效——本土模型的构建与实证研究[J]. 中国地质大学学报(社会科学版), 5: 83-87.

李璨. 2018. 企业动态能力的跨层整合框架[J]. 华东经济管理, 32(9): 158-164.

吕文晶, 陈劲, 刘进. 2019. 工业互联网的智能制造模式与企业平台建设——基于海尔集团的案例研究[J]. 中国软科学, 7: 1-13.

马文甲, 张琳琳. 2018. 企业敏捷性构建: 动态能力视角下的案例研究[J]. 财经问题研究, 7: 70-77.

孟凡生, 徐野, 赵刚. 2019. 高端装备制造企业向智能制造转型过程研究——基于数字化赋能视角[J]. 科学决策, 11: 1-24.

夏清华, 何丹. 2019. 企业成长不同阶段动态能力的演变机理——基于腾讯的纵向案例分析[J]. 管理案例研究与评论, 12(5): 464-476.

肖静华. 2017. 从工业化体系向互联网体系的跨体系转型升级模式创新[J]. 产业经济评论, 2: 55-66.

杨青峰, 任锦鸾. 2020. 智能工业时代的企业核心能力构成与作用机理——基于对223篇企业领袖公开谈话的扎根理论分析[J]. 中国科技论坛, 12: 86-97.

曾德麟, 蔡家玮, 欧阳桃花. 2021. 数字化转型研究: 整合框架与未来展望[J]. 外国经济与管理, 43(5): 63-76.

Augier M, Teece D J. 2008. Strategy as evolution with design: The foundations of dynamic capabilities and the role of managers in the economic system[J]. Organization Studies, 29(8-9): 1187-1208.

Augier M, Teece D J. 2009. Dynamic capabilities and the role of managers in business strategy and economic performance[J]. Organization Science, 20(2): 410-421.

Adner R, Helfat C E. 2003. Corporate effects and dynamic managerial capabilities[J]. Strategic Management Journal, 24(10): 1011-1025.

Eisenhardt K M, Martin J A. 2000. Dynamic capabilities: What are they? [J]. Strategic Management Journal, 21(10-11): 1105-1121.

Helfat C E, Raubitschek R S. 2018. Dynamic and integrative capabilities for profiting from innovation in digital platform-based ecosystems[J]. Research Policy, 47(8): 1391-1399.

Kor Y Y, Mesko A. 2013. Dynamic managerial capabilities: configuration and orchestration of top executives' capabilities and the firm's dominant logic[J]. Strategic Management Journal, 34(2): 233-244.

Matt C, Hess T, Benlian A. 2015. Digital transformation strategies[J]. Business & Information Systems Engineering, 57(5): 339-343.

Strauss A L. 1987. Qualitative Analysis for Social Scientists[M]. New York: Cambridge University Press.

Teece D J. 2007. Explicating dynamic capabilities: the nature and micro foundations of (sustainable) enterprise performance[J]. Strategic Management Journal, 28(13): 1319-1350.

Teece D J, Pisano G, Shuen A. 1997. Dynamic capabilities and strategic management[J]. Strategic Management Journal, 18(7): 509-533.

Warner K S R, Wager M. 2019. Building dynamic capabilities for digital transformation: an ongoing process of strategic renewal[J]. Long Range Planning, 52(3): 326-349.

Winter S G. 2003. Understanding dynamic capabilities[J]. Strategic Management Journal, 24(10): 991-995.

Yeow A, Soh C, Hansen R. 2018. Aligning with new digital strategy: A dynamic capabilities approach[J]. The Journal of Strategic Information Systems, 27(1): 43-58.

Zhou J, Li P G, Zhou Y H, et al. 2018. Toward new-generation intelligent manufacturing[J]. Engineering, 4(1): 11-20.

撰稿人：季良玉
审稿人：刘 军